· 全国党校行政学院系统应急管理系列教材 ·

危机决策

宋劲松　著

中国人民大学出版社
· 北京 ·

前　言

危机种类繁杂。对学者们来说，撰写一部危机决策的专著是一件很困难的事，写一本危机决策的硕士研究生教材更是难上加难。自 20 世纪 60 年代以来，西方危机管理的研究领域从政治领域向经济、社会领域扩展，从自然灾害领域向公共危机管理领域扩展，危机管理成为一门学科，形成了企业危机管理和公共危机管理两个既独立发展又相互融合的学科分支①；但对作为危机管理核心内容的危机决策还缺乏系统性的研究，相关学科成果积淀还难以集成一本硕士研究生教材。

在理论界，乌里尔·罗森塔尔（U. Rosenthal）认为："（危机是指）对一个社会制度的基本结构或者根本价值和制度范式所产生的严重威胁，在时间压力和高度不确定性的情况下，这一威胁使得关键选择的作出成为迫切的需要。"② 这一定义由于包容性与概括性较强，得到了学术界较为一致的认同。然而，也正是其包容性与概括性较强的特点制约了学术界对危机决策的研究。普适性的定义注定了相关研究针对性不强，不可能产生专业性强的危机决策理论。例如，虽然经济危机与公共安全危机的决策都具有时间压力和不确定性，但由于所采用的技术路径与方法完全不一样，很难说它们的决策理论是可以通用的。虽然破坏森林导致生态危机，以及不合理的发展模式导致雾霾出现，都对一个社会系统的基本价值和行为准则架构产生严重威胁，但它们与其他公共安全危机的决策差别很大，更多地需要长期的、治本的应对措施。

在现实中，危机的概念无所不在。按发生主体分，有个人的家庭危机、信仰危机、健康危机等，有组织的生存危机、人才危机、财务危机等，有政府的债务危机、信任危机等，有全球的生态危机、环境危机等。现实生活中，危机概念非常普遍，如企业中的危机概念就用得较多，企业危机有财务危机、经营危机等，但大部分企业并不会因此成立专门的财务危机或经营危机管理部门和日常机构，而公共服务、生产制造和高危行业中的企业则普遍设立危机管理常设机构或应急管理常设机构（往往是应政府或立法的要求）。危机

① 何海燕，张晓甦．危机管理概论．北京：首都经济贸易大学出版社，2006：54.

② 乌里尔·罗森塔尔，迈克尔·查尔斯，保罗·特哈特．应对危机：灾难、暴乱和恐怖行为管理．赵凤萍，译．郑州：河南人民出版社，2014：11（前言）.

管理上升到政府工作层面，则主要是指公共安全危机管理。同样，在政府层面，虽然经常面临经济危机、政治危机、生态危机，也不会常设相应的危机管理部门，但对于公共安全危机，各国政府普遍设立相应的危机管理部门或应急管理部门。正如国际著名政策科学家叶海卡·德罗尔（Yehezkel Dror）所说："很少有国家认真地建立根据具体情况设计的程序和机构来处理危机，除了在安全领域和偶尔为应付反复出现的重大事变以外。"①

在欧盟社会稳定战略中，危机的概念倾向于指社会动乱和自然灾害方面的危险状态。欧元区国家在管理公共安全事件中使用危机（crisis）概念，英国使用意外事故或偶发事件（contingency）② 概念，美国则是使用应急（emergency）概念。欧洲有的公用事业企业在出现公共安全事故后，其对公众发布关键信息的词汇表（glossary）是按意外（accident）、事故（incident）、灾害（disaster）、危机（crisis）这个顺序来确定事件级别的，以尽可能减少因关键词使用不当而带来的麻烦。

本书作为一部公共管理硕士研究生教材，主要以公共安全领域的危机决策为研究对象，并定义公共安全危机为：由于自然、技术和人为原因导致突然发生的，造成或者可能造成严重社会危害，需要采取短期措施（治标措施）进行紧急应对的事件。这里把生态危机、信仰危机、经济危机等需要短期（治标）与长期（治本）应对措施相结合，并且是以长期（治本）应对措施为主进行应对的危机排除在本书的研究范围之外。我国《突发事件应对法》定义突发事件为："突然发生，造成或者可能造成严重社会危害，需要采取应急处置措施予以应对的自然灾害、事故灾难、公共卫生事件和社会安全事件。"本书定义的公共安全危机与我国对突发事件的界定绝大部分是互相包含的，但有一定的区别：一方面，有些事件不属于突发事件，但属于公共安全危机；另一方面，有些事件属于突发事件，但不属于公共安全危机（参见本书第 2 章第 1 节）。本书把公共安全领域的危机决策定义为：决策者（群）在时间压力和信息不对称的约束下，为有效减缓、控制危机所造成或有可能造成的严重社会危害，以及尽快从危机中恢复，制定以短期应对措施（治标措施）为主的行动方案的决策活动。以上界定使得构建危机决策理论成为可能。

本书第 1 章"绪论"是关于决策和危机决策相关内容的前人研究成果的文献综述。第 2 章"危机决策对象"（客体）是从危机的定义与分类和危机处置措施两个方面进行研究。第 3 章"危机决策组织"（主体）从危机决策组织理论、中国危机决策组织和部分发达国家危机决策指挥组织模式三个方面进行研究。所有公共危机的决策主体，不管是个人决策还是集体决策，都是在一定的危机管理体制背景下进行的，危机的应对需要非常态的组织形式，即危机决策指挥组织。第 4 章"危机决策流程"介绍了管理决策流程与危机决策流程，以及美国与德国的危机决策流程，并用美国决策流程实例模拟危机决策。第 5 章"危机分阶段决策"介绍了突发危机、从计划到危机、渐进式危机三种不同类型危机的先期处置特点，危机响应升级和危机善后恢复的决策特点，以及通过危机决策塑造形象的策略。第 6 章"危机决策心理、伦理和压力"介绍了决策心理与决策偏好、危机决策中的伦

① 叶海卡·德罗尔. 逆境中的政策制定. 王满船，尹宝虎，张萍，译，张金马，校. 北京：国家行政学院出版社，2009：216.

② 英国内阁事务秘书处将 contingency 界定为"possible future emergency or risk which must be prepared for"。——笔者注

理道德困境、紧急情况下的决策策略和决策理论。

案例分析是一种高效的教学和学习方式。为便于学生学习，本书选取了 33 个案例，以专栏形式置于相关章节。在我给国家行政学院 2014 级公共管理硕士班授课结束后，要求 55 位学员为本书各章节编写相应的案例，并按我要求的理论框架或格式进行研究分析。我选择其中 12 位学员的作业进行了修改完善，并收录进本教材。在此，我对所有学员表示衷心感谢。

本书的撰写历时两年多，在这期间国家行政学院应急管理教研部多次召开会议集体研讨，对本书的目录大纲和有关内容提出了宝贵的修改意见。我对教研部的各位同事深表感谢。

尽管把危机界定在公共安全范畴内使我能够初步构建危机决策的理论框架，但是，我的研究还有待深化，有关危机决策的诸多理论问题和实践问题仍需深入研究。相关的学术研究成果还有很大的拓展空间，所虑所憾之处难以尽言。唯希冀同行们多提意见，以鞭策我不断完善本教材。

宋劲松

2017 年 3 月

目　录

第1章

绪　论

自上世纪60年代初古巴导弹危机以来，危机管理理论得到很大的发展，研究领域广泛，从传统安全到非传统安全，从公共安全危机到企业危机等，研究方法涵盖政治学、管理学、心理学、社会学和经济学等，各类分析工具也得以大量应用。危机管理理论也从对危机应对的研究发展到对危机管理全流程的研究，特别是注重前端的危机风险管理的研究，对危机决策的研究也取得了一些成果。本章主要对相关理论的研究成果进行简单介绍。第1节对决策与危机决策的有关概念进行了界定；第2节对管理决策的有关理论进行了回顾；第3节对危机不确定性的决策理论研究前沿进行了介绍；第4节在强调危机决策在危机管理中的重要性的同时，分析危机决策理论研究的成果与不足。

重点问题

- 决策与危机决策的概念
- 危机决策的分类
- 决策理论流派
- 危机不确定性及其应对策略选择理论
- 危机管理研究的历史

1.1 决策与危机决策

1.1.1 决策的概念、基本要素、类型

1.1.1.1 决策的概念

决策是决策科学的基本概念，是指人们在改造世界的过程中，寻求并决定某种最优化目标和行动方案。它以对事物发展规律及主客观条件的认识为依据。决策的分类有许多种。按决策性质，可分为规范性决策和非规范性决策；按决策范围，可分为宏观决策和微观决策；按决策主体，可分为集体决策和个人决策；按决策过程，可分为突破性决策和追踪性决策；按决策目标，可分为单目标决策和多目标决策①。

人们在生活中每天都面临着许多决策，但对决策的研究更多的是与组织的管理联系在一起，这些组织可能是工商业机构、政府机构、非政府组织（NGO），或者是军事组织。赫伯特·A. 西蒙（Herbert A. Simon）认为，管理是由一系列决策组成的，决策是管理的核心，管理的首要职能是决策，管理就是决策。

1.1.1.2 决策的基本要素

有学者认为，管理决策活动按情报活动（问题识别、问题定义）、设计活动、抉择活动及评审活动（贯彻实施、反馈控制）这四项活动六个步骤的顺序进行，但每个步骤都可能是一个或几个步骤反馈的循环过程②。管理决策的基本要素有五个：

1. 决策主体

作出决策的个体或个体的集合称为决策主体。很少有决策是单个主体在完全不考虑其他人观点的情况下作出的，即使一个组织的正式规程表明个人具有制定决策的权力，他也通常要搜集利益相关群体的观点，而且需要得到其他人和团体的同意或默许。当需要考虑其他管理者的观点时，他们就成为决策主体的一部分。决策主体按能否独立作决策分为：单个决策主体（独立决策结构）、群决策主体（非独立决策结构）、委员会决策主体（有主席或无主席）、某层级组织决策主体（主从递阶决策结构）和社会选择的群决策主体。针对决策主体进行规范性分析、描述性分析、神经性分析，分别有理性决策、行为决策、神经决策分析以及所形成的各种综合分析。

2. 初始状态空间

决策主体进行决策时拥有和能使用的各种资源状况的总称，由以前的管理决策和资源禀赋形成，为未来决策奠定现实基础。即决策主体要达到某种决策目标的起始

① 辞海编辑委员会. 辞海. 上海：上海辞书出版社，1999：1046.

② 张在地，吉迎东，胡琳娜. 管理决策理论、技术与方法. 北京：清华大学出版社，2013：2-6.

域，其各个分量有一定的变动范围，所有这些点所构成的集合就是决策的初始状态空间。

3. 预期状态空间

决策主体在进行决策时，对未来有多种预期目标值，称为该决策的预期状态点。考虑到每种预期目标值可能有一定的波动范围，就会有很多预期状态点。全体预期状态点的集合称为决策的预期状态空间。

4. 损益效用函数空间

一般地，从初始状态空间的某初始状态点到预期状态空间的某预期状态点会有若干种路径或者方案。有些方案可能收益高，但风险也大；有些方案内部收益好，但具有外部环境的负效应。损益效用函数用来表示各种路径或者方案的收益效用和机会损失效用。全体损益效用函数的集合称为损益效用函数空间。损益效用函数空间的损益效用函数的某种“优化”，常常成为决策方案选择的准则，称为决策准则，它的确定与决策者密切相关。

5. 决策意境

决策意境或决策环境是指管理决策系统的前述四个要素不可分离的环境要素或氛围和背景。决策者只有身临其境，才能准确把握决策问题的实质。

管理决策系统是由决策主体、初始状态空间、预期状态空间、损益效用函数空间和决策意境五要素构成的。

1.1.1.3 决策的类型

表 1－1 从不同视角对决策进行分类①，但这种分类没有把军事行动与危机决策考虑在内。

表 1－1 决策的分类

分类标准	类型 1	类型 2	类型 3
层级性	业务决策	战术决策	战略决策
目标性	单目标决策	多属性决策	多目标决策
连续性	静态决策	跨期决策	动态决策
结构性	程序化决策	半程序化决策	非程序化决策
确定性	确定型决策	风险型决策	纯不确定型决策
独立性	个体决策	群体决策	社会决策
思维性	理性决策	行为决策	神经决策
民主性	独裁式决策	中庸式决策	民主式决策
逼近性	一次决策	多步决策	激进决策

以上各种决策并非各自独立。在现实中，一项决策往往涉及以上多种决策。上述决策类型也是互相关联的，如图 1－1 所示。

① 张在地，吉迎东，胡琳娜. 管理决策理论、技术与方法. 北京：清华大学出版社，2013：8-12.

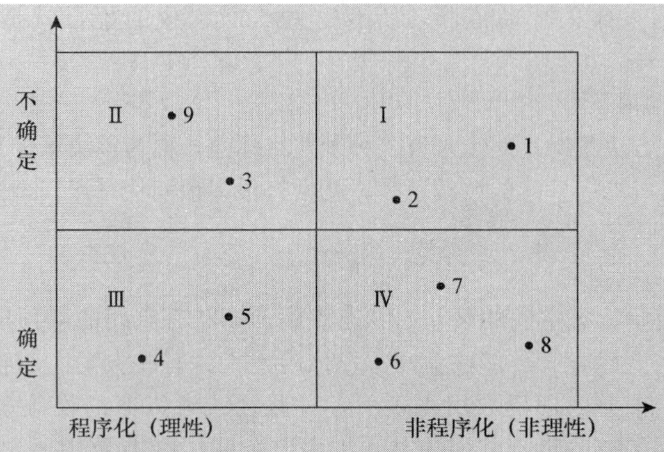

图 1-1 各类决策关联图

说明：1. 市长 2. 厂长、经理 3. 律师 4. 车间调度 5. 车间主任 6. 设计师 7. 审计师 8. 教授 9. 导弹发射指挥长

越是符合理性原则的决策就越有可能应用程序化决策技术，完全依靠直觉判断的决策必然是非程序决策，纯“程序化”“理性化”或纯“非程序化”“非理性化”决策的观点、学派也都曾有过。例如，20 世纪四五十年代决策分析发展初期，许多文献热衷于通过数学模型寻求最优化决策，完全摒弃个人的主观因素；中国佛学禅宗则把直觉判断推向极端，认为任何反映在左半脑思维的语言、文字只不过是人为的枷锁，要求人们彻底抛弃，称“道，不可言，不可状，不可说，若言若状若说是伪道焉”，“不立文字”，而靠意念来领会和传递那些原本被认为不可以表达和传递的东西。在现实世界中，两种极端情况都是少见的，绝大多数都处在两端之间。

在图 1-1 中，横轴表示程序化程度，纵轴表示确定性程度。各类人员的决策可以相应地在平面中找到相应的位置。例如，专业人员的决策相对来说问题的不确定程度并不太高，但在很大程度上依靠直觉思维、经验判断，可归于图中的区域Ⅲ、Ⅳ之内。车间管理人员、计划人员或管理工程师则可运用管理科学技术求解存储、生产计划调度上的一些决策问题。厂级领导面临内外环境的不确定程度较高，管理决策问题涉及面广、错综复杂，应归于区域Ⅰ。至于公共决策，不确定性程度高，涉及更多的社会政治因素，需要靠直觉判断。有些不确定性程度高的问题可用一些程序化的技术和理性原则去决策，如有关城市交通控制问题就可利用仿真技术帮助作出抉择，处于区域Ⅱ内。

1.1.2 危机决策的定义、特点、类型

1.1.2.1 危机决策的定义

对于危机决策，国内不同学者有不同定义，例如：薛澜、张强、钟开斌认为，危机决策就是要求组织（决策单位和人员）在有限的时间、资源、人力等约束条件下完成应对危机的具体措施，即在出现预料之外的某种紧急情况下，为了不错失良机而打破常规，省去决策中的某些“繁文缛节”，以尽快作出应急决策。因此，危机决策是一次性的非例行的决

策活动①。又如：郭瑞鹏、孔昭君认为，危机决策是指决策者在有限的时间、资源等约束条件下，确定应对危机的具体行动方案的过程，是危机管理的核心②。按照危机发生所涉及的领域和职责，可把危机分为企业危机管理和公共危机管理。郭瑞鹏、孔昭君研究的危机决策主要是公共危机管理领域的决策，他们认为危机决策与和平时期的常规决策又共同构成了公共决策体系。

这两种定义的不同点是，薛澜、张强、钟开斌把危机决策定义为“具体措施”，郭瑞鹏、孔昭君把危机决策定义为“确定应对危机的具体行动方案的过程”。相同之处在于，都明确了“有限的时间、资源等约束条件”，以及是非例行的决策活动。不足之处是没有明确决策措施的短期效应和治标性。

本书把公共安全领域的危机决策定义为：决策者（群）在时间压力和信息不对称的约束下，为有效减缓、控制危机所造成或有可能造成的严重社会危害，以及尽快从危机中恢复，制定以短期应对措施（治标措施）为主的行动方案的决策活动。

1.1.2.2 危机决策的特点

与常规决策相比，危机决策具有以下六个主要特点：

1. 时间紧迫、压力巨大

公共安全领域危机的突发性，以及严重的社会危机性，使得危机决策的时间紧迫、决策者的压力巨大。由于事件的突发性和决策的紧迫性，决策者不可能有充足的时间分析事件并作出决策，而必须在最短的时间内迅速地作出决策，否则，就会贻误战机，形成难以控制的局面。1979—1981 年美国卡特总统对伊朗人质危机的处理以及 2001 年日本首相森喜朗对美国核潜艇撞沉日本“爱媛”号渔业实习船事故的应对，都是由于危机决策不够及时而导致民众和舆论普遍批评。因此，突发事件危机决策，时间是个极为重要的因素，赢得了时间就等于赢得了机会，就可以迅速扭转被动的局面。

2. 信息严重不对称

危机决策信息具有高度的不对称性。这种不对称性主要表现在信息的不完全、不及时以及不准确三个方面。首先，信息不完全。危机的形成以及危机态势的发展具有很大的未知性和不确定性。危机信息随着危机态势的发展而不断演变，决策者不可能完全掌握危机的态势信息。另外，由于人们对危机本身机理认识的有限性，也导致了决策者对危机信息认识的不完全。决策者在作出决策之前，要对信息进行价值和时效性分析，尽可能掌握关键信息。其次，信息不及时。信息不及时主要是指信息的采集和传递不及时，以及由于对信息加工处理的拖延而导致时间的滞后。通常情况下，危机信息从危机现场传递给决策者时，要经过一些中介环节，因此，最高决策者对信息的掌握就可能出现滞后。另外，提取、加工进而得到有用的信息，是要花费一定的时间的，这在一定程度上也占用了决策者用于决策的思考时间。因此，要尽可能缩小信息的时间滞后差。最后，信息不准确。人们可将危机决策的过程看作一个信息由输入到输出的过程。在这个过程中，要经过发现问题、确定目标、选择评价标准、拟订方案、评估方案以及最后的方案实施等步骤。信息在

---

① 薛澜，张强，钟开斌．危机管理：转型期中国面临的挑战．北京：清华大学出版社，2003：162-164.

② 郭瑞鹏，孔昭君．危机决策的特点、方法及对策研究．科技管理研究，2005（8）：147-149.

传递和反馈的过程中可能会造成信息失真，难以保证信息的准确性和有效性，因此，在危机决策过程中应尽量减少中介环节。另外，要加强监督，建立严密有效的监督网络①。

3. 资源与人力约束大

危机突发后，在紧急状态下，随手可调用的物力与人力资源有限，极大地影响应对危机的行动措施决策。一方面，在突发与紧急情况下，能用于危机应对的有效装备不足、专业人员奇缺。如危化品爆炸后，短时间内专业处置人员难以就位，或者防护装备缺乏，或者不能及时联系到危化品专家；又如，“5·12”汶川地震发生后，全国安置灾民的帐篷储备严重不足，需要紧急动员有关企业加班生产；再如，大规模传染病应对中，有效疫苗储备严重缺乏，也需动员企业加紧研制。在危机信息不明时，即使相关资源与人力储备足够多，也存在如何合理有序调配的问题，以免过度供给，造成资源混乱无序。常规决策主客观条件已知，时间、信息、资源、人力和技术都相对充分，而危机决策受到时间紧迫、信息不对称、人力资源短缺和技术支持匮乏等因素的限制，并且决策条件随机变化不定。

4. 决策目标为有效减缓、控制和消除危机所造成的严重社会危害

常规决策由于背景、特点和规律基本掌握，可靠性强，但危机决策变数和不确定的因素很多，很难把握预期的目标与最终的效果是否一致，只能选择可靠性强的次优或满意的结局。因此，减缓、控制和消除危机所造成的严重社会危害常常成为危机决策的目标。美国联邦紧急事务署认为，减缓是“旨在减轻重大灾害或紧急事件影响的活动或最大限度减轻未来灾害的负面影响的活动”②。从导致危机的因子来讲，可以有以下几类减缓活动：一是作用于危机因子，如人工影响天气活动；二是使危机因子改向，如在洪灾中分洪泄流；三是与危机因子互动，如在人质事件或群体性事件中，与对抗群体进行有效沟通，缓和对抗情绪；四是规避危机因子，如在毒气扩散中疏散人群，在传染病处置过程中隔离感染者。控制是危机处置中最为常用的措施，例如，在古巴导弹危机中，美军封锁相关海域，阻止苏联进一步在古巴部署导弹，有效控制事态。公共安全危机发生后，最为重要的是对危险源、危险区域和所划定的警戒区实施有效的静态控制，为最后解决危机创造条件。在有效控制和化解危机后，需尽快恢复受危机影响的区域、空间和组织，使社会迅速恢复常态。

5. 决策步骤非程序化

决策程序是决策规律的概括和总结。按决策问题的性质，可将决策分为程序化决策与非程序化决策两种。程序化决策是指所解决的问题结构良好，可按固定的程序和方法进行。非程序化决策又叫作非定型化决策或非结构化决策。非程序化决策所要解决的问题结构不良，无法用常规的程序和方法来解决。当决策缺少程序化决策特征中的某一项时，我们即可将其作为非程序化决策处理。从上面对危机决策的界定可以看出，危机决策是典型的非程序化决策，没有固定的决策模式可供遵循，而且决策过程往往表现为新颖、无结构，甚至使人感到似乎没有规律可循。因此，在进行危机决策时，应该尽量简化决策步骤，抓住关键步骤和步骤中的关键环节，因势利导，靠自己的经验、洞察力和直觉，果断

① 郭瑞鹏，孔昭君．危机决策的特点、方法及对策研究．科技管理研究，2005（8）：147-149.

② 王宏伟．应急管理理论与实践．北京：社会科学文献出版社，2010：103.

地作出决定；在分析和处理非程序化决策时，要大胆、要敢于创新。与常规决策主要是民主讨论、集体决策不同，危机决策因紧迫性和风险性，只能是危机处理机构高度集权、随机应变、快速决断。

6. 应对措施以短期“治标”为主

为达到有效减缓、控制和消除危机所造成的严重社会危害的目的，需采取临时性的保护性措施、救助性措施、控制性措施、保障性措施、预防性措施、动员性措施和稳定性措施，等等。这些是主要的危机决策措施，也是只能“治标”的措施，只能短期使用，不宜长期持续使用。

1.1.2.3 危机决策的分类

1. 按决策主体分类①

（1）四种危机决策类型。

美国应急管理学院定义了个人决策、磋商式决策、集体决策和授权式决策四种类型。这四种类型表明领导人对决策的控制逐渐从全权控制减弱到毫无控制，但领导人都是最终的责任承担者。

工作辅助表1-2中的问题将帮助决定某种情况下是集体决策还是个人决策。

- 如果你对表1-2第1题的回答是“不是”，那么单独式或磋商式决策就更可取。
- 如果你对表1-2第2题的回答是“不是”，那么最好通过磋商、集体或授权的形式作决策。
- 如果你对表1-2中的问题大部分的回答都是“是”，那么集体决策就更可取。
- 如果你对表1-2中的问题大部分的回答都是“不是”，请选择个人单独决策。

表1-2　　选择决策方式工作辅助

序号	问题	是	不是
1	有合理足量的时间作决策吗？	□	□
2	领导人有足够的专业知识来作出好的决策吗？	□	□
3	小组成员有足够的专业技术知识来保证作出好的决策吗？	□	□
4	参与的其他人员有共同的解决问题的组织目标吗？	□	□
5	该问题很复杂以至于有多种可能解决方案吗？	□	□
6	别人对该决策的恪守很重要吗？	□	□
7	该决议可能会在受其影响的人群中产生比较严重的分歧吗？	□	□
8	该决定会对许多机构、个人和社区成员产生直接影响吗？	□	□
9	该决定只对个别人产生直接影响吗？	□	□

（2）成功的集体决策。

集体决策的成功需要较强的领导能力。集体决策需要特殊的条件，比如足够的时间等。当然，也有一些集体决策独有的陷阱，比如“集体思考”。

避免“集体思考”。“集体思考”经常发生在凝聚力较强的集体里，在这种集体里，小

---

① FEMA Course of Independent Study. Unit 3：identifying decision-making styles and attributes，decision making and problem solving，November 2005.

组成员之间相互赞同的需求会影响他们以批评的眼光考虑问题的能力。

会导致“集体思考”的条件：

1）过高估计集体的能力。

- 允许成员忽视报警信号。
- 允许成员洋洋自得。
- 由最近的失败或困难产生的低自尊反应过度造成。

2）一个“我们”和“他们”较量的态度。

- 导致外来人员的模式化。
- 鼓励决策的一致性。

3）达成一致需求的压力。

- 可能是由于集体给那些持不同意见人员的压力导致。
- 也可能是由于集体成员为了保持自己的成员身份从而对自己的不同意见保持沉默。

避免或减轻集体思考影响的关键在于集体领导人的行为。如果你是一个有集体思考倾向的集体的领导人，你可能会想采取以下一项或多项行动来防范：

- 鼓励发表不同意见或疑惑，虚心接受批评。
- 在描述问题时避免流露个人偏好的解决办法。
- 把整个团队再进一步分成几组，让他们分别对问题进行评估。
- 邀请外面专家挑战已作出的决策。
- 要求小组成员之间互相挑毛病。

基于以下两条原因，集体思考更可能发生在紧急情况下：

- 时间压力要求尽快决策。
- 救灾人员往往有高度的凝聚力。

如何使集体思考在紧急条件下影响最小：

- 始终如一地鼓励发表不同意见。
- 在紧急情况发生之前和救灾人员讨论，从而让大家对各种可能性保持开放态度。
- 分析以前紧急情况下的决策制定模式，从而采取正确的方法。

如果领导人能让自己的团队避免集体思考，那么健康有效的一致性决策就成为可能。一致并不是100%的同意。当达成一致时，小组成员就会积极地响应集体的决策，尽管此决策可能不是他们的个人选择。

当每个成员都表达下列意见时，说明已达成一致意见：

- “我的个人观点已经被认真地听取并考虑了。”
- “我已经认真地听取并考虑了每一个小组成员的意见了。”
- “尽管这不是我的选择，但我会支持这项决策并致力于它的实施。”

达成一致意见的小窍门：

- 不要利用一方受益会导致另一方受损的方法，比如投票或为了达成赞同意见而反复协商。
- 寻找仅次于最佳方案的替代方案来打破僵局。
- 不要鼓励成员妥协或为了同事关系而放弃自己的观点。

（3）高效决策者的品质特征。

1）知识丰富。要想作出有效合理的决策，最重要的就是要对各种要素有足够深刻的理解。决策的好坏主要取决于决策者知识的多寡。

2）主动性强。高效的决策者从一开始就勇于承担责任并坚持到最后。为了把事情做得更好，他们积极参与。

3）征求意见。好的决策者知道他们需要别人的协助。他们能分辨谁能对决策过程作出贡献，并向这些人征求意见建议。

4）选择性。高效的决策者能分辨相关有用信息，从而避免自己陷入大量无关事实和数据的泥潭中。

5）综合性。高效的决策者会审视所有可用的建议，考虑每一个备选解决方案，并从中选出最好的。

6）实时性。好的决策者能考虑当前的情况并充分利用当时的各种机会。

7）灵活性。高效的决策者思想开明，善于倾听新的观念和想法。如果有更好的选择，他们愿意更改路线或尝试新的方法。

8）好的判断力。好的决策者不仅需要遵守程序，还必须审时度势，及时作出判断。

9）愿意承受预期风险。好的决策者对于各种风险以及由众多解决方案产生的结果必须认真权衡，勇于接受各种后果，不管是积极的还是消极的。

10）自我认识。好的决策者了解自己的能力、偏见以及局限性。

另外，聪明的决策者在开始时会认真学习手中现有的资料（应急行动预案、标准操作程序等）。如果计划过程已经结束，许多共同情况会被预测到，在这种情况下，操作程序也自然会就绪。

专栏

尼泊尔地震中樟木镇现场的磋商式决策、个人决策和集体决策

2015年4月25日14时11分，尼泊尔发生8.1级地震；当日14时45分，发生7.0级余震；26日15时09分，又发生7.1级余震。此次地震波及我国西藏地区19个县，逾30余万人受灾，4.1万户房屋受损。西藏聂拉木县樟木镇通信道路受阻，成为“孤岛”。随时可能发生的山体滑坡、泥石流等重大次生灾害，危及近6 000名干部群众的生命安全。4月25日中午，西藏聂拉木县县委副书记李冬（山东省烟台市援藏干部）带队到樟木镇开展规划前期调研，随即组织开展相关救援工作，并成立了以李冬为总指挥的应急指挥部，选择建设9个安置点，安置3 500人左右。

1. 第一次决策：余震无伤亡

26日中午时分，一个叫李强的年轻人来到指挥部为其驻村申请物资。其间，李强无意中提到，村里有人收听尼泊尔广播，预测北京时间当天下午3点左右会有一次大的余震，并反映来的路上鸡飞狗跳。因所有信息中断，无法判断是否会发生余震，指挥部出现了意见分歧。有人说，地震预测都是谣言；鸡飞狗跳是迷信。有人说，如果公布这个消息，容易造成恐慌。沉吟良久，李冬下了决断：“宁可信其有，不可信其无。”他下

令：下午1点到5点之间，全镇进入紧急状态。3点10分左右，余震爆发。因得到了妥善安置，各安置点没有新增伤亡。

此次决策为磋商式决策。李冬把问题告知指挥部成员，并征求他们的意见建议，再自己作决定。领导人会考虑大家的意见建议，但最终的决定也许完全不会受到这些意见建议的影响。

2. 第二次决策：防范可能的风险

4月27日清晨5点，发生了一波持续十多分钟的大滑坡，又有坏消息传来：下午3点半左右将再次发生较大余震。震后的樟木镇第二次进入紧急状态。此时的樟木镇山体早已被震松，再震就更容易垮了。下午4点多钟，连发两次余震，却只是轻微晃了晃。李冬又陷入了另一种矛盾：想松口气，却又觉得真正的大震还没来。他将原定下午5点解除的紧急状态推迟到6点。到6点仍然没事，并发现一条黑狗趴在帐篷旁边睡觉，说明暂时没有大的余震了。

此次决策为个人决策。余震的预警信息明确，个人决策推迟解除紧急状态。之后解除紧急状态也是个人基于经验的判断。

3. 第三次决策：全镇大转移

4月27日19时27分，樟木镇联系恢复。此时的樟木镇地质结构已发生较大变化，随时可能发生山体滑坡、泥石流等重大次生灾害。地震使樟木镇大约10%的房屋倒塌，几乎所有的房屋受损歪斜。地震震酥了大山，樟木危机四伏，狭小的城镇内找不到合适的安身之处。余震、飞石、塌方、暴雨、泥石流又接踵而至。

4月28日下午16时43分，通往樟木的道路抢通。自治区党委书记陈全国指出：樟木镇在尽最大努力抢通道路的同时，想尽一切办法动员组织群众撤离是当务之急。自治区抗震救灾指挥部在认真评估的基础上果断决策：连夜制定方案、开展群众工作，有序组织受灾群众向外转移。到29日21时30分，被困120多个小时的群众全部安全撤离樟木镇。

此次决策是在自治区抗震救灾指挥部决策的基础上，樟木镇指挥部集体决策制定方案。

资料来源：根据国家行政学院公共管理硕士2014级学生沈智敏作业修改。

2. 按危机管理流程分类

危机决策按危机管理流程分类可分为危机事发决策、危机事中决策和危机事后决策。

（1）危机事发决策。

危机刚发生，或者预警到马上要发生，需要在时间高度紧迫、各种信息极不对称、各种资源极不明确的情况下，以经验为主作出决策行为。

（2）危机事中决策。

伴随着危机的发展与应对，危机信息逐步明确、丰富，各种资源清单和准备也逐步到位。此时，危机决策的科学性得到增强。但由于时间仍然紧迫，决策方案选择和试验仍受到制约。

（3）危机事后决策。

在危机平息后，须进行以临时恢复为主的决策，此时的时间紧迫性弱化，各类信息基本明确，可以用常态的管理决策流程与方法进行决策。

3. 按危机决策性质分类

危机决策按危机决策性质分类可分为政策类决策、管理类决策和战术类决策。

（1）政策类决策。

虽然危机往往突发性强，社会危害性大，但在危机决策中仍然需要依法决策。为了有效应对危机，有时需在法律允许的范围内紧急制定政策，以便迅速有效地应对危机。这类决策属政策类的危机决策。如在天津2015年“8·12”爆炸中，李克强总理16日在天津泰达医院看望伤者，回答记者追问“编外消防员”问题时说：参加施救的现役和非现役消防人员都受过培训，他们明知火场有危险，但把危险留给自己。他们的牺牲让我们痛心。他们都是英雄，英雄没有“编外”！这为“编外消防员”牺牲这个焦点问题确定了相关政策。

（2）管理类决策。

在危机应对决策中，除了需针对危机制定处置危机的可行方案外，为执行该方案，还需要制定大量的管理类决策，如有关资源与人力的组织调配、社会稳定管理、社会动员管理和交通管理等。

（3）战术类决策。

这类决策更多是针对危机现场的决策，具有技术性强、专业性强的特点。例如针对危化品爆炸的处置方案决策、针对传染病疫情的决策，等等。

1.2 决策理论概述①

在中国古代，诸葛亮《隆中对》中致三分天下的战略决策，孙膑为田忌赛马献策而胜齐王的战术决策，都是决策者智慧与经验的结晶，但这些也许只能称为经验决策。决策从经验决策发展成为科学决策，始于20世纪50年代。

1.2.1 管理决策理论的发展脉络

从决策理论的发展脉络来看，存在着两个不同的主要研究方向：第一个研究方向是从理论上探讨人们在决策过程中的行为机理，又分为描述性决策分析与规范性决策分析。所谓描述性决策分析，是研究人们实际上是按照什么准则、方式进行决策，这主要是决策心理学探讨的问题；规范性决策分析是研究人们应当按照什么准则、什么方式作决策才是合理的或理性的，期望效用理论是这一方面研究的主要成果。第二个研究方向是对实际决策问题的研究，如将一些典型的具体问题模型化，以指导实际决策过程。图1-2勾画出了决策理论的发展脉络。

---

① 张在地，吉迎东，胡琳娜．管理决策理论、技术与方法．北京：清华大学出版社，2013：15-25.

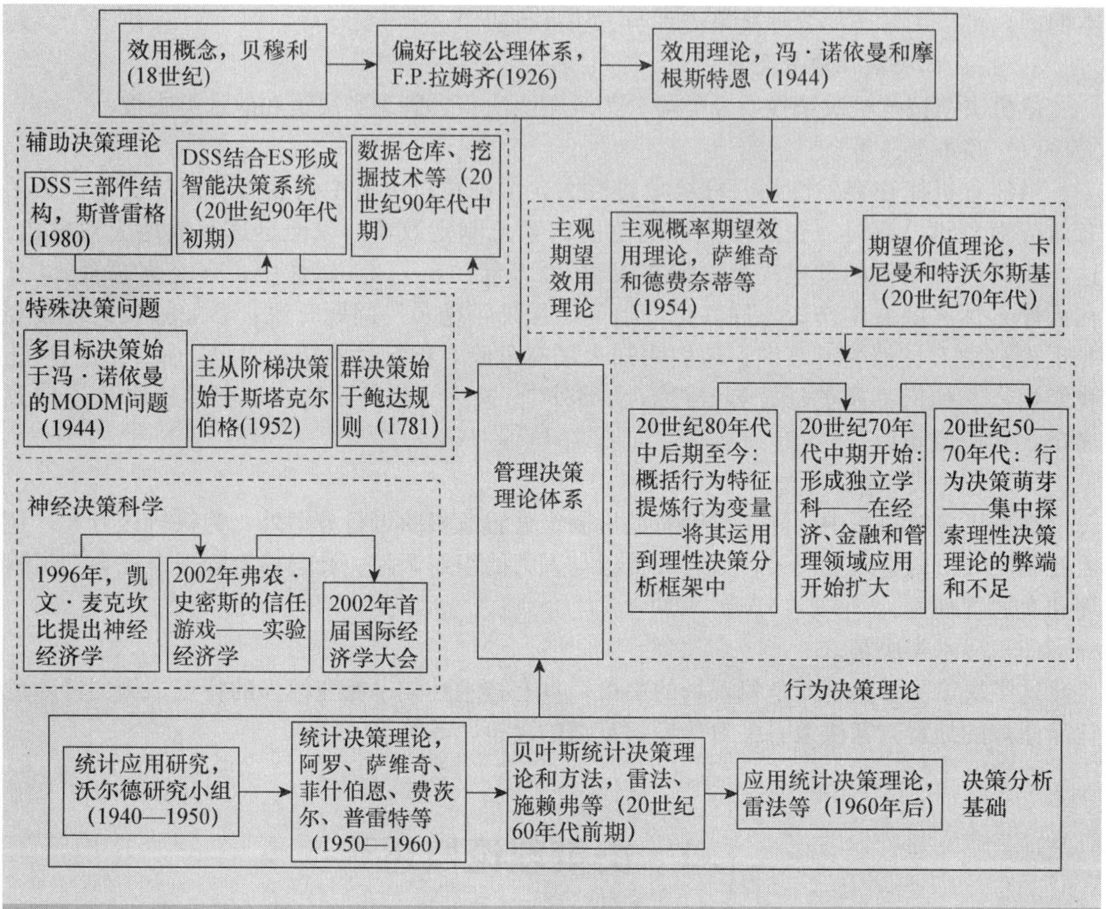

图 1-2　决策理论发展脉络

但实际决策背景往往比决策分析模型要复杂得多。从概念来说，决策复杂性可分为规范复杂性、描述复杂性和沟通复杂性。

1.2.2　主要管理决策理论学派

1.2.2.1　决策理论学派

决策理论学派（Decision Making School）是在第二次世界大战之后发展起来的管理学派，主要代表人物是美国管理学家和社会学家赫伯特·西蒙（Herbert A. Simon）。他的研究形成了系统的决策过程理论。以赫伯特·西蒙为代表的决策理论学派的主要贡献为：提出了决策是管理的核心职能，建立了系统的管理决策过程理论，提出了有限理性的管理人假设，建立了满意决策准则，提出了程序化和非程序化决策分类，提出了组织决策过程决定其集权和分权的程度。

1.2.2.2　群决策理论

对群决策的研究始于 200 多年前。早期群决策理论的基本原则是：决策群体的最优选择应该是使社会福利达到极大，或者群效用极大。1785 年，法国数学家、思想家孔多塞提出了著名的“投票悖论”，也被称为“孔多塞悖论”：假设甲、乙、丙三人，面对A、B、C三个备选方案，有如下的偏好排序。

甲：A>B>C

乙：B>C>A

丙：C>A>B

由于甲、乙都认为B好于C，根据少数服从多数原则，社会也应认为B好于C；同样，乙、丙都认为C好于A，社会也应认为C好于A。所以，社会认为B好于A。但是，甲、丙都认为A好于B，这就出现了矛盾。投票悖论反映了直观上良好的民主机制潜在的不协调。因此，以投票的多数规则来确定社会或集体的选择会产生循环的结果，没有一个能够获得多数票而通过，这被称作“投票悖论”。1951年，美国经济学家阿罗（Kenneth J. Arrow）在《社会选择与个人价值》中从数学上证明了给定合理性假设，没有任何决策是公正的。该不可能性定理是群决策研究的一个里程碑。

1.2.2.3 多目标决策理论

对多目标决策比较集中的研究与运用是从20世纪70年代开始的，所采用的准则是：(1) 方法在计算上必须是可行的和有效的；(2) 必须有助于在诸目标下进行协调的明确定量表示；(3) 必须提供充分的信息，以便能采取一项有根据的决策。多目标决策已经成为运筹学和管理科学中最有发展动力和应用价值的领域之一。

1.2.2.4 主从递阶决策理论

在管理决策系统中，决策者各自处于不同的层次上。一般地，高一级决策机构自上而下地对下一级若干决策机构行使某种控制和引导权，而下一级决策机构在这一前提下也可以在其管理范围内行使一定的决策权，但这种决策权比较起来处于从属地位。在这种层级决策系统中，最终的决策结果往往是寻求使各层级决策机构之间达成某种协调的方案。具有以上特征的决策问题称为主从递价决策问题。自20世纪70年代以来，许多学者以数学规划理论和方法为基础，通过建立多级数学规划模型来研究主从递阶结构的决策问题。

1.3 危机不确定性的决策理论

大部分关于不确定性情境下的决策研究集中在经济学领域，也有少量研究涉及危机不确定性情境下的决策研究。

1.3.1 不确定性情境下的决策问题

1.3.1.1 不确定性内涵的理解①

随着时代的演变，相对于人类过去的知识范式，眼下的状态和未来的情景正成为一个

① 卞华舵. 关于不确定性情境下决策理论的研究综述. 湖南社会科学，2007 (5)：29-32.

不可知区域。以往在确定性时代的决策模式不再具有完整意义上的适应性，因此理论界涌现出了对不确定性问题研究的热潮。不确定性的内涵本身就蕴涵了经济学的基本人性假设。不确定性只有在人与事物发生认识关系的情况下，即只有在认识和实践中才有意义。从不确定性的属性来看，包括三种：随机不确定性、模糊不确定性和灰色不确定性。前者是因果律的亏缺，如一因多果、多因多果等；后两者则是由于主体认知能力有限或信息不完备导致主观对客观事物认识不足造成的。

有关不确定性行为决策的理论研究尽管在 20 世纪 50 年代才蓬勃兴起，但其理论内核早在古典经济学研究中就有所体现。在决策行为学中，对于不确定性情境理论的研究则主要集中在对不确定性环境影响企业的问题上。汉布里克和雷（Hambric & Lei，1985）两位学者指出，企业所面对的不确定性问题通常与经营环境有关。邓肯（Duncan，1972）和彭宁斯（Pennings，1981）等人提出，环境的不确定性是指对未来事件发生的可能性无法用概率的形式来表示的模糊状态。邓肯（Duncan，1972）、劳伦斯和洛奇（Lawrence & Lorsch，1967）认为，环境不确定性是因缺乏事件因果关系的信息所致。米利肯（Milliken，1987）根据上述讨论，将环境不确定性分为三种类型：状态不确定性、效果不确定性以及反应不确定性，如表 1－3 所示。

表 1－3　　不确定性分类表（Milliken，1987）

不确定的类型	不确定性的定义
状态不确定性（state uncertainty）	对于环境的可变动的结果，以及影响环境变动的因素间的关系缺乏了解
效果不确定性（effect uncertainty）	对于环境改变及组织变动间的因果关系缺乏了解
反应不确定性（response uncertainty）	对环境的变动无法提出可能的应急方案，或无法预测反应行为的可能结果

实际上，不确定性决策是一种个性化、多样化的现实经济学。只有将不确定性引入经济决策中，才能推动经济学向前发展，使其真正成熟起来。不确定性决策在决策研究中关注两个方面：一是人所不能及的客观不确定性结果；二是与决策主体行为相关的个体特征要素。

1.3.1.2 不确定性行为决策焦点问题研究

1. 决策偏好研究

这类研究主要源于主观期望效用理论（subjective expected utilities，SEU），但实验经济学家和认知心理学家认为此模型在评价决策偏好时存在不足，因此着重对人类的实际辨优过程进行探究。爱德华兹、卡尼曼、泰勒（Edwards，Kahneman，Taylor）等人通过系统实验发现了实际偏好与理性偏好的种种偏差效应和作用机理，推翻了规范性理论所一直认为的决策偏好固定性理论。

2. 决策模式研究

基于决策时信息的复杂性以及筛选的困难度，目前决策模式的研究多关注于直感决策模式。在继承理性决策模式研究成果的基础上，直感决策模式的研究主要集中在对直感决策的偏差研究、参考方法研究、认知过程及机制研究以及环境不确定性关系等问题上。美国社会学家汤普森（James D. Thompson）提出了战略策略与环境不确定属性的匹配模型。国内学者郑文富、李怀祖提出了低值参考点、高值参考点、匹配型参考点以及背景型参考点模型。

3. 决策风格研究

决策风格被认为是决策主体在决策活动过程中所惯用的思维模式和决断方式。在很大程度上，人的决策模式和风险认知会对决策的效果和效率产生重大影响。对决策风格的研究起源于现代决策学派代表人物西蒙将决策视为管理核心之后。当前决策风格领域的理论和实证研究正方兴未艾，大致分为三种理论取向，即个性主义观点（personalogism）、情境论观点（situationism）以及相互作用论（interactionism）观点。

4. 决策策略研究

决策策略的研究意在提高不确定性决策的有效性，使决策更加科学化。现代决策理论学派的奠基人西蒙（H. A. Simon，1972）提出基于满意原则的简捷发现法策略，确立了研究决策策略的大致方向。佩恩（Payne，1976）将认知理论纳入行为决策研究中，探讨了决策任务复杂性与决策信息加工特点的关系，指出：在决策判断中，不同的决策情境会使决策者采用不同的策略判断解决问题。卡尼曼、特沃尔斯基和斯洛维克（Kahneman，Tversky & Slovic）等人认为，人类的实际决策判断活动很少按照概率和统计规则，而是采取启发式规则，把评估概率与不确定性量值这种复杂任务简化为几个简单的判断操作，常见的启发式策略有易得性策略、代表性策略和锚定（定位与调整试探）策略，它们对不确定决策的认知策略研究起到了里程碑式的开创性作用。吉根纳尔策（Gerd Gigerenzer）等人构建了基于有限理性和生态理性假设的“快速节俭启发式”的理论框架，拓展了决策认知策略的研究视野。

5. 决策思维偏差研究

卡尼曼、特沃尔斯基和斯洛维克（Kahneman，Tversky & Slovic，1982）对信息加工理论进一步深化，为不确定条件下描述性行为决策理论奠定了研究基础。普劳斯（Plous，1993）、西蒙森（Simmonson，1992）、安德森（Anderson，1986）、吉根纳尔策（Gigenerzer，1991，1995）从直感思维与偏差的视角对实际决策思维过程进行了深入细致的研究，并探寻了具有规律性的认知偏差效应。洪格拉特（Hongarth，1987）在决策偏差的系统性研究方面，从信息加工理论出发，提出了包括信息获取、信息加工、信息输出、信息反馈四个环节在内的直感决策思维的概念模型。通过对决策思维过程机理和认知策略的系统考察，对各类偏差进行了科学分类和合理解释，从源头上找到了纠正决策偏差的理论依据。

总的来讲，决策模式的局限性是近几年的研究重点，在 SEU 理论的基础上发展了诸如前景理论、权变理论等新的决策模式，但由于受到决策风格和文化背景的影响，这些模式存在一定的局限性。决策行为理论大多与心理学理论相关。然而，在现实中，决策行为受到各方面影响，因此在探索决策行为时还应该加强理论基础，与其他学科和理论，如管理学、经济学、神经网络理论和模糊系统理论等相互渗透，这样才能更加科学地分析个体的决策行为。

1.3.2 危机不确定性内涵①

不确定性是危机的三个最重要的基本特征（不确定性、威胁以及紧迫性）之一。在几

① LV X L. Managing uncertainty in crisis：exploring the impact of institutionalization on organizational sensemaking. Utrecht，the Netherlands：Utrecht University，2014：15-21.

乎每一个危机中，不确定性以不同的伪装形式出现，例如，危机的原因与性质不明（What and Why），被卷入的不确定的利益相关者（Who），不确定危机冲击的范围（Where）与时间（When）。危机管理者不能得到关于危机原因与现状的所有情报。

1.3.2.1 危机不确定性分类

由于与危机严重性的影响和规模有关的情报不足，使得危机响应的关键决策受到制约。机构之间的协调是危机响应中不可或缺的，并且常常伴随着意想不到的其他机构的介入。常态下一起工作的机构为了在危机中更有效地配合，不得不打破它们的专业操作规程和标准惯例，这会产生新的不确定性。并且由于“新组织综合征”，第一次参与响应危机的机构的表现往往失常。

危机管理者在制定危机响应策略时，由于缺乏对干预后的未来形势和可能结果的知识而受到冲击。在危机响应中，利益相关者争相对正存在的危机和响应框架进行解读。这个框架解读过程增强了危机社会建构的不确定性。开始时，危机管理者通常并不知道媒体报道、政党争论和公众意见最终会把这一框架定义为何种情形。这阻碍了危机管理者预测公众对其努力的能力评估。表 1-4 列出了部分危机案例的不确定性和应对策略。

表 1-4　　基于危机案例的不确定性和应对策略（Xiaoli Lü，2014：20）

案例	不确定性	应对策略
中国 2003 年 SARS 危机	未知疾病的影响	否认/打压
美国加尔维斯敦市市长古斯曼纽尔（E. Gus Manuel）对 1983 年艾丽西亚飓风的反应	潜在飓风的影响	
美国宇航局 2003 年哥伦比亚航天飞机灾难	“泡沫罢工”的后果［泡沫附着在外部油箱（包含航天飞机低温燃料）以防止在油箱外面形成结冰。在发射过程中，成形冰可能会损坏航天飞机］	正常化（以前也有过类似情况，但没形成灾难）
中国温州地方官员应对台风的到来	天气预报对台风冲击的不确定性	依赖预案所规定的规则和程序
英国石油公司 2010 年墨西哥湾漏油事故	防油方法的有效性未知	与历史案例进行类推，把历史上内陆的防油方法运用于深海漏油处理
英国和欧盟 1996 年疯牛病危机	对疯牛病是否导致人死亡未知	依赖专家
美国得克萨斯州 1964 年卡拉飓风	飓风未知	得克萨斯州没有下达疏散的州级命令，而是把疏散命令权授予了地方官员

理论界认为，由于危机不确定性的类型不同，导致危机决策者在应对危机中的不确定性时会选择不同的策略。因此，必须对危机不确定性进行分类。

汤普森基于可能结果的偏好和因果关系信念这两个维度对不确定性进行分类，如表 1-5 所示。

表1-5 汤普森的不确定性分类（Xiaoli Lü，2014：30）

确定		关于可能结果的偏好	
		不确定性	
因果关系信念	确定	计算策略	妥协策略
	不确定	判断策略	鼓舞人心的策略

说明：（1）随着不确定性程度的增强，需要选择不同的策略。选择的变化范围可以从基于理性的计算策略到基于易变性和直觉性的策略。（2）汤普森确定了不确定性分类的两个维度，并形成应对不确定性的不同策略：因果关系信念和关于可能结果的偏好。

索伦森和米勒提（Sorensen & Mileti，1985，1987）创建的疏散决策模型强调在决策过程中的不确定性，并提供一种基于面对自然灾害和人为灾难时的应急预警和疏散决策过程的分类，把组织预警过程中的不确定性类型分为理释、沟通、影响感知和外生影响。

1.3.2.2 应对危机不确定性的策略分类

明茨伯格（Mintzberg，1978）和沃特斯（Waters，1985）提出了两种理想类型的策略：基于规则的策略和临时性策略。前者是基于现有的组织意图，在没有组织环境的干扰下执行，后者不是基于组织的意图。在实践中，大多数使用的策略是上面两种理想类型的组合，但这两种理论类型不能涵盖应对危机不确定性的所有可能方法。因此，吕孝礼（Xiaoli Lü，2014）增加了基于半规则的策略和无策略两种类型。这四种类型的情况如表1-6所示。

表1-6 基于操作的应对危机不确定性的策略（Xiaoli Lü，2014：48）

项目	指标
基于规则的策略	根据正式的计划或规则生成的组织系列的情景建构行动
基于半规则的策略	意义建构的行动受由上级组织或利益相关者临时创建的条件约束。条件可能是一个新的或调整的任务，或增加外部干预或监督
临时性策略	意义建构的行动有限地受现有框架或期望的影响。组织会调查不确定的情况，并在深思熟虑分析的基础上对每一个不确定性定义
无策略	组织能力不堪重负时，组织意义建构崩溃；组织意义建构的策略受到利益相关者的强烈影响；组织认为形势还在控制中，等待进一步的信息

虽然应对不确定性策略选择的制度化研究是非常困难的，但可从内部和外部两个维度进行分析。为检验组织成员是否能够共享工作方式，可以假定组织成员能够自由地脱离单一的工作方式，如表1-7所示。

表1-7 制度化运作的内部维度（Xiaoli Lü，2014：50）

项目	指标
组织使命、一般信念与工作哲学	政策计划是否得到组织成员的认可和支持
	组织成员是否按工作手册实施计划
	组织成员在何种程度上会偏离组织的工作方式

续前表

项目	指标
完成关键任务的必要专业知识和能力	对能力和专业知识要求的选择标准高低
	组织是否为员工提供培训以维持其专业知识和组织的工作方式
	是否基于业务能力提升员工

通过利益相关者支持的类型可检验外部制度化，如表 1-8 所示。

表 1-8　制度化运作的外部维度（Xiaoli Lü，2014：52）

项目	指标
政治支持	该组织是否针对政治利益相关者进行了公关
	管理机构和/或监管机构定期冲击组织的工作方式吗
	资源配置（在具有高级别外部制度的组织中，稳定的预算意味着总统的支持；在具有高水平制度化的私人机构中，稳定的股票价格意味着投资者的支持）
公众支持	主流媒体对组织持正面或负面的态度
	组织是否针对利益集团和专业组织进行了公关
	来自法院的挑战或来自利益相关者的投诉
	对组织的民意调查

1.3.3 应对危机不确定性的策略选择理论①

自然决策理论、组织理论和灾害管理学的学者提出了几种不同的与应对策略匹配的不确定性分类。虽然不确定性统计经常出现在风险相关的研究中，但以概率为导向的策略选择在灾难或危机的情形下并不能起到好的作用，因此，很多学者的研究不涉及不确定性统计学分析。对危机管理者来讲，危机具有低可能性、后果严重的特点。每一个危机的原因、发展和结果都具有唯一性，不具有统计学的意义。因此，风险研究的效用概率函数在危机和灾害管理中的用处不大。应对不同类型不确定性的策略选择理论如图 1-3 所示。

1.3.3.1 应对不确定性的 R. A. W. F. S. 模型

R. A. W. F. S. 模型［R，A，W，F，S，是五个词和短语（reduction，assumption-based reasoning，weighing pros and cons，forestalling，suppressing uncertainty）的缩写，意为减少、基于推理的假设、利弊权衡、预防和抑制不确定性］把危机不确定性分为理解不充分、信息不完全、策略无差别三类。

R. A. W. F. S. 模型如图 1-4 所示，这是一个由自然主义决策理论学者们发展的模型。这个模型是基于危机管理战术层面的研究结论，而不是组织层面的结论。

---

① LV X L. Managing uncertainty in crisis：exploring the impact of institutionalization on organizational sensemaking. Utrecht，the Netherlands：Utrecht University，2014：28-44.

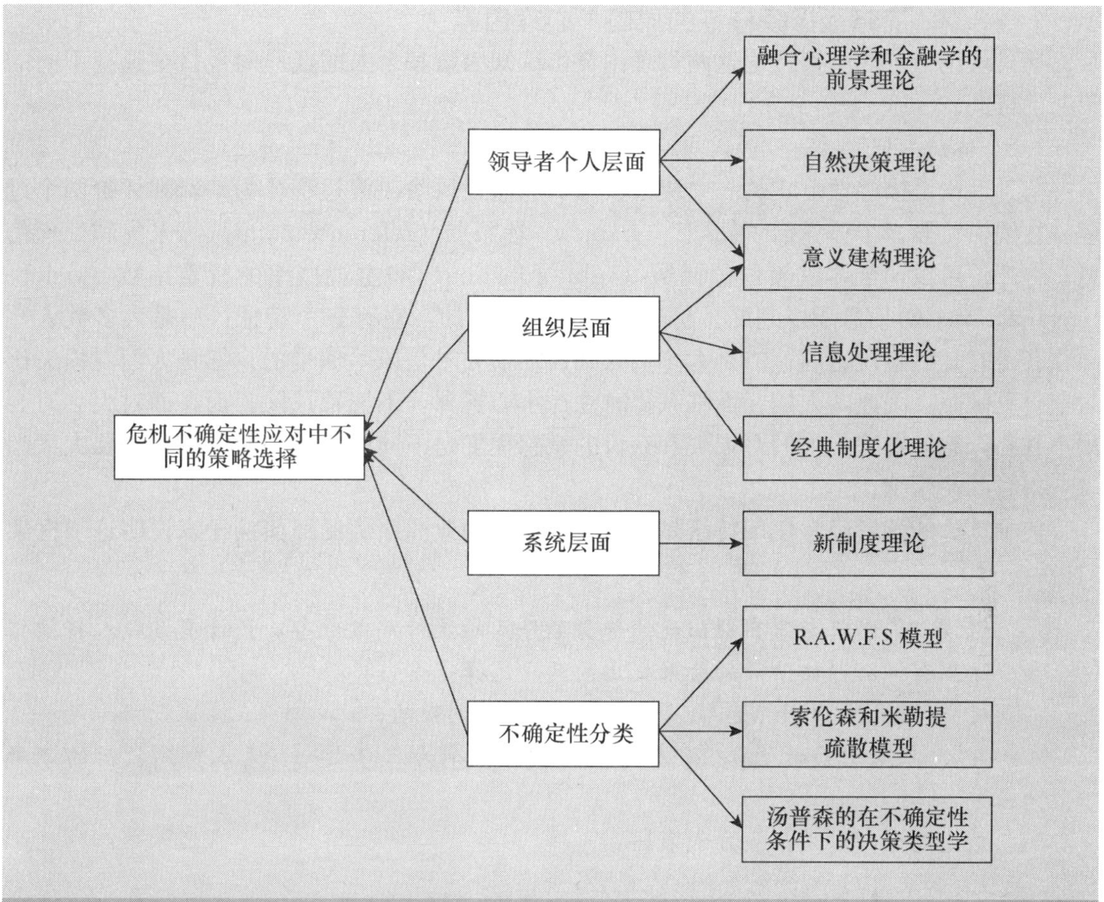

图 1-3　危机不确定性应对中的不同理论（Xiaoli Lü，2014：28）

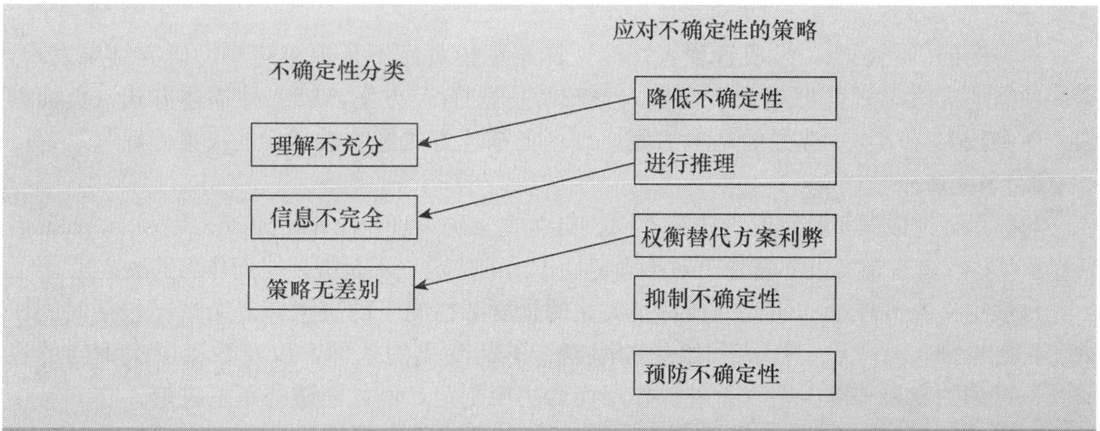

图 1-4　应对不确定性的 R. A. W. F. S. 模型（Xiaoli Lü，2014：29）

说明：降低不确定性，即收集额外的信息，征求意见，依靠标准的操作程序；进行推理，即填补信息缺失，即使新的情况与当前的假设冲突，或当前情况不符合以前的经验；权衡替代方案利弊，即在潜在收益和损失中进行选择；抑制不确定性，即忽视不确定性，根据直觉进行赌博；预防不确定性，即改进准备工作，避免不可挽回的行动，先发制人。

1.3.3.2 策略选择多样性的原因：心理因素

前景理论与自然决策理论这两种理论突出认知因素和个人的经验对危机中选择不同的策略的帮助。

1. 个体认知问题

前景理论是描述性范式的一个决策模型，它假设风险决策过程分为编辑和评价两个过程。在编辑阶段，个体凭借“框架”（frame）、参照点（reference point）等采集和处理信息；在评价阶段，个体依赖价值函数（value function）和主观概率的权重函数（weighting function）对信息予以判断。价值函数是经验型的，它有三个特征：一是大多数人在面临获得时是风险规避的；二是大多数人在面临损失时是风险偏爱的；三是人们对损失比对获得更敏感。因此，人们在面临获得时往往小心翼翼，不愿冒风险；而在面对失去时会很不甘心，容易冒险。人们对损失和获得的敏感程度是不同的，损失时的痛苦感要大大超过获得时的快乐感。

前景理论的学者经常使用特沃尔斯基和卡尼曼的亚洲疾病的经典例子来说明这一框架效应：

> 假设：美国正在为亚洲出现的一种不寻常的流行病做准备，预计有600人将被传染。这里有根据确切估计的后果提出的两种选择：
>
> 1. 如果采用A计划，600人中的200人得到救治；
>
> 2. 如果采用B计划，600人得到救治的概率为三分之一，无人得到救治的概率为三分之二。
>
> 该问题也可以用如下方式表述：
>
> 1. 如果采用A计划，400人死亡；
>
> 2. 如果采用B计划，无人死亡的概率为三分之一，600人死亡的概率为三分之二。

对美国的研究表明，危机管理者往往选择避免指责而不是追求声誉。研究结果发现，第一种描述方式（正面框架）下多数人（72%）选择A方案，第二种描述方式（负面框架）下多数人（78%）选择的是B方案，即任务描述方式影响被试者的决策偏好①。

2. 事先经验

与前景理论根据实验室假设研究不同，自然主义决策理论（naturalistic decision making）旨在解释操作者在现实世界背景下对不确定性作出的决定（不是战略层面作出的决定）。

自然主义决策理论的研究人员特别关注的是复杂情况下的决策，复杂情况包括时间压力、目标模糊、高风险、团队和组织的限制、不断变化的条件，以及数量层次不同的经验。一系列的成果来源于突发事件操作层面的决策制定，例如消防与军事决策。

基本认知决策（recognition primed decision）理论为自然主义决策理论模型之一，强调在应对不确定性时经验与专长的作用。自然主义决策理论认为，有经验的决策者倾向于使用一种态势评估能力，可以帮助决策者作出更快的决定；经验丰富的决策者采用第一个

---

① 李纾，房永清．再探框架对风险决策行为的影响．心理学报，2000，32（2）：229-234.

可行的解决方案，而不是比较不同的由前景理论所建议的各种选项。

钟开斌认为，“认知—心理视角”是以个体为中心，包括认知学和心理学两个方面。认知视角倡导一种由外到内、由上而下、由宏观到微观的特殊视角，它强调“主观性”和“表征”，认为危机决策具有主观的、社会建构的属性，决策结果是行为者基于不完全信息形成的具有有限理性的集体①。

认知和表征主要受到如下因素的影响：

（1）决策者的历史记忆：决策者经常用过去的历史和现在的情况作类比，这些历史经历在决策者所积累起来的表征系统中被编码，从而影响决策者对未来危机情景的认知；（2）决策者的期望：在高度不确定的条件下，决策者十分倾向于看到他们想要看到的东西，并会把新的信息套进既有印象的框架中，忽略与既有印象不符的信息，或曲解这些信息，以使它们能够支持既有印象，或起码不要与既有印象相冲突；（3）决策中的信息流：在危机情境下，决策者的信息收集和处理能力总是有限的，信息传递的方式、途径将影响决策者对危机的认知；（4）社会结构与文化、环境：决策者在进行危机决策时不可避免地会受社会与组织的文化、结构、环境等因素的影响；（5）决策者的个性：个人特有的认知能力会影响决策者的认知状态与决策选择；（6）决策者的身心状态：领导者的体质、体力和精力等身体素质因素会影响危机决策过程。

与认知学不同，心理学则说明了心理动机、需求以及情感状态对危机决策者认知和判断的影响，强调行为的内在源泉和动因，认为所有行为都存在各自的动机与目的。各种动机偏见（否认、空想、严重的价值冲突以及可感知的改变观点）都会影响决策者的行为选择，强烈的心理动机甚至容易诱发决策者在信息处理和判断过程中发生突变，最终导致决策失效。欧文·贾尼斯（Irving Janis）等学者还对决策单元进行集体危机决策时的心理与情感状态进行了研究，指出集体危机决策过程中容易产生两种病理：第一种是群体盲思，即群体压力导致决策者思考能力、事实检测和道德判断退化；第二种是新群体综合征，即在不同的发展阶段，组织团队具有不同的行为范式，团队成员或组织运作变化迅速，使得新形成的团体无法对各种危机事件进行非常规决策。在危机决策的过程中，认知心理因素所导致的三种常见病理为：高估过去的成功经验；对现有政策过分自信；对披露现有政策各种缺陷的预警信息不够重视。

“认知—心理视角”这种过度简化的分析视角也有明显的局限性。第一，危机决策很少是由一个人作出，它通常是由一个决策团体作出的，决策者通常需要通过与其他成员之间的互动才能形成决策，而认知—心理学方法并不研究人际关系。第二，从操作角度讲，“认知—心理视角”把决策者个人作为被观察的对象，认为危机是引起其紧张和压力的刺激，决策则是决策者对刺激的反应以及反应的结果，它依赖于观察刺激作用于肌体后的反应方式，因此用生物学理论研究危机决策存在操作上的困难。第三，决策单位常常是由具有不同官僚机构的小团体构成的，政府是一个松散的结盟组织和聚合体，而认知—心理学方法并不涉及组织结构问题。

---

① 钟开斌．认知—心理、官僚—组织与议程—政治：西方危机决策解释视角的构建与发展．世界经济与政治，2007（1）：38-45.

1.3.3.3 策略选择多样性的原因：组织因素

组织理论家长期研究组织环境的不确定性如何影响组织和组织如何适应这些不确定性。在组织理论中，信息加工观、意义建构理论给不确定性下的决策提供了两种选择。

1. 信息处理

信息加工观源自组织研究中的权变学派，强调组织的结构因素和信息处理能力对不同策略选择的作用。意义建构理论从过程的角度描述了如何应对不确定情况。经典制度理论质疑组织结构因素的纯粹影响，主张隐藏在正式组织结构背后的“社会文化压力”影响策略选择。这些理论的绝大多数研究并没有运用于危机情形，却对研究危机不确定情况下的策略选择很有帮助。

处理信息的能力是组织应对自身环境固有不确定性的一个重要因素（Galbraith，1974）（见图 1-5）。随着不确定性的增加，应采取不同的策略来应对不确定性。在可预见的情形下，组织可以在事件发生前制定规则和计划。当出现预期之外的情况时，应向上级汇报。当不确定性超出其上级的能力范围时，决策者可以选择重置方向或目标。

加尔布雷思（Galbraith，1974）提出了两种设计方案，以应对环境不确定性的影响：减少对信息的需求和增加处理信息的能力。对于减少信息，组织主要用两种方法。一是创造闲置资源。例如，如果组织知道在准备应对一些潜在危机时可能会缺少一些关键资源，他们可能会创建一个缓冲库存（如洪水沙袋）。二是建立独立任务，以便减少组织之间需要的协调。例如，在正常的情况下，如果社区 A 和社区 B 有一项联合指挥中心的紧急医疗救援服务，危机期间，两个社区就可以独立运作得更好，可以减少信息交换和协调工作量。

有两种措施可以提高信息处理能力。一是对不同层次之间的垂直通信系统进行投资，这会加快不确定性下的信息处理。二是建立横向关系。在危机应对过程中，建立一个多部门领导小组以应对突发性危机，有助于在横向组织间共享信息流，降低纵向维度的信息流。

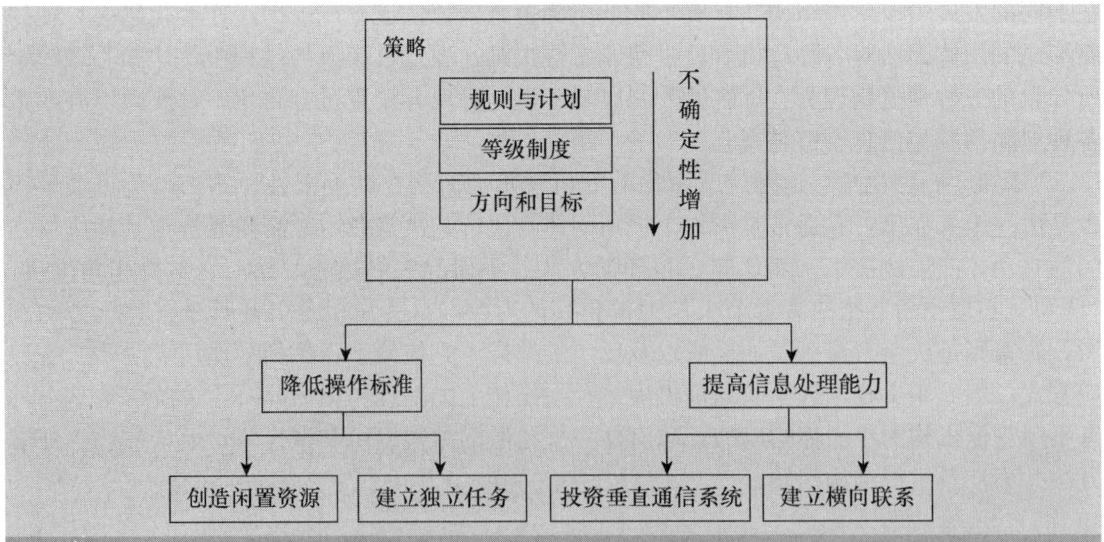

图 1-5　处理不确定性的组织策略：信息处理（Xiaoli Lü，2014：38）

也有学者从“技术”视角对信息进行研究，认为要尽量运用信息科学、工程科学、数学等自然科学的知识和方法，确保决策者决策前能够收集充分的信息，并提高其分析能力，最大限度地降低决策者所面临的危机情境的“不确定性”，从而尽可能地保证决策者作出“科学”的决策，避免因信息匮乏而导致片面的决策后果①。总的来讲，这些研究基本聚焦于三个方面：一是有关如何提高人们信息收集与传输的能力，如帕里尼特尔（Pallinetal）提出的基于证据的信息技术，加强各应急部门信息的共享，避免资源的重复浪费，降低信息收集中存在的各种不确定性；二是有关如何提高人们信息处理与分析的能力，如罗比尼特尔（Rongbinetal）提出的多面自治知识启发系统——其有效性与灵活性取决于人力资本（专家）、社会网络资本，来整合数据收集、动态自主分类、信息结构化和知识传递等进程，从而降低应急决策所需信息的不确定性、复杂性和有效性，提高应急决策的能力；三是有关如何利用一定的技术手段增强组织间的协作决策。危机的复合型特征，使得危机的应对通常超出了单个部门的能力，需要联合多部门共同应对，因此部门间的合作与协调就成为一项关键的任务，如维斯尼特尔（Vesnaetal）提出的多媒体式的应急管理平台，为协作式决策（collaborative decision making）提供支持。简言之，“技术”视角下的危机决策研究，主要围绕“信息”这个关键变量来展开，将危机情境下决策的失败归因于决策者对信息的收集与分析能力不足，所以应加强对各种相关信息技术的研发与利用，从而弥补这一局限，提高危机决策的效果。

钟开斌根据“信息源—信息渠道”的解释框架②，对2003年“非典”疫情（应急决策情形Ⅰ，信息源模糊、信息渠道不畅）、2008年四川汶川特大地震（应急决策情形Ⅱ，信息源清晰、信息渠道不畅）、2008年山西省临汾市襄汾县“9·8”特别重大尾矿库溃坝事故（应急决策情形Ⅲ，信息源模糊、信息渠道畅通）三个典型的应急决策“失败”案例，进行个案及相互比较研究。三起事件发生后，都不同程度地存在信息源模糊或信息渠道不畅或两者兼而有之的情况，上级部门和决策者对事态的认识、判断和决策经历了一个由“抵消型”向“弥补型”逐步演变的曲线上升过程，上级决策者最终缺少信息或以错误的信息为依据来研判事态，从而作出错误的判断，所采取的应急措施不符合实际事态的情况。

2. 应对不确定性的意义建构或组织过程

意义建构是近年来关于应对不确定性的策略选择理论的重要成果。组织意义建构理论视角提供了个体或组织对其环境中的新奇、不确定、意外或模棱两可的事件给予释义的一般过程模型，如图1－6和表1－9所示。这一理论视角由威克（Weick，1969）在其著作《组织过程的社会心理学》中完整提出，后经不断发展完善，已成为后现代组织理论中的一个重要视角。组织意义建构始于组织环境变化（ecological changes），其中一些变化因与预想不同而被组织成员感知到。被感知到的环境变化会被组织成员标识出来（enactment），同时组织需要为这些被标识出的模棱两可的环境变化提供必要的释义。提供释义

---

① 薛文军，彭宗超．西方危机决策理论研究与启示：基于技术、制度与认知的视角．国家行政学院学报，2014(6)：111-115.

② 钟开斌．应急决策：理论与案例．北京：社会科学文献出版社，2014.

的过程存在模式选择集（selection），即使用组织既有解释框架来提供阐释或者为之提供新的阐释。若是所选阐释被组织成员所接受，就会存储为解释框架，供为未来的意义建构备用（retention）。危机所带来的组织环境变化恰好为意义建构提供了大量素材。在危机应对中常表现为：危机管理者需要不断回答诸如“到底发生了什么?”“怎么会这样?”“还有哪些人会受影响?”“怎样应对目前的情形?”等之类的问题。威克在其书中介绍了一种不同于主流组织理论的观点，试图“打破组织理论中已有决策和理性模型的束缚”。

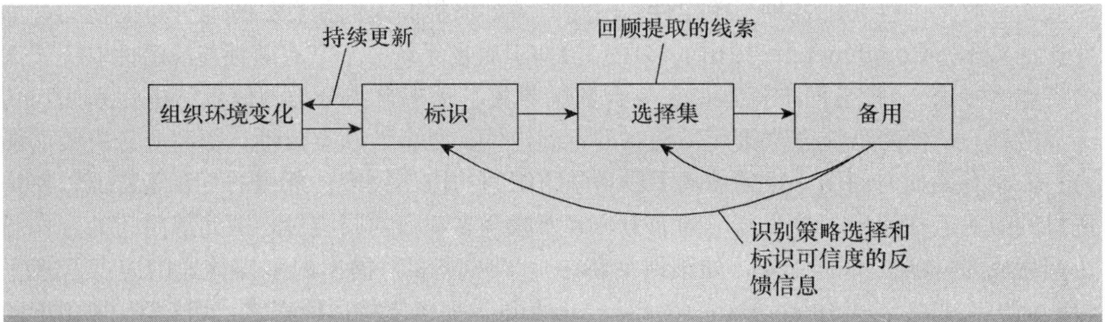

图 1-6　威克的标识、组织和意义建构之间相互关系的观点（Xiaoli Lü，2014：37）

表 1-9　意义建构模型的过程演示（Xiaoli Lü，2014：37）

	输入	过程	产出
标识（enactment）	组织环境变化	注释与囊括（notice and bracket）	模棱两可的数据
选择（selection）	模棱两可的数据 标识之前工作的解释（可能不存在）	选择合理的解释	标识环境
保留（retention）	标识环境	保存成功的意义建构	标识解读

1.3.3.4　策略选择多样性的原因：制度因素

制度学派提供了两种理论视角来解释不确定性条件下策略选择的多样性。古典制度主义聚焦于组织的制度化过程、制度化是如何促进组织的行动（作为行动的策略选择）。

新制度主义认为策略的选择不仅仅取决于个人的选择和组织结构，也是由组织所处情境或宏观环境所决定的。

吕孝礼认为，很少有研究关注危机领导者如何在危机中处理不确定性①。从现有的三个层面的理论研究来看：个人层面的理论研究主要采用了心理学和微观行为学，心理学家强调个人经验在面临损失和收益方面的差异。中观（组织）层面的理论研究主要围绕信息处理和经典的制度观点，前者强调策略随信息量增加而变化，后者则强调常规方式在组织行为方面的影响力。第三个层面的理论研究主要集中于新制度主义理论，该理论主要论述外部环境如何影响组织的策略选择。意义建构理论可以从微观和中观层面对不确定性进行建模，但是该理论没有结合环境因素进行分析。吕孝礼认为，新制度主义理论恰恰可以弥

① LV X L. Managing uncertainty in crisis：exploring the impact of institutionalizatien on organizational sensemaking. Utrecht，the Netherlands：Utrecht university，2014：43－44.

补这一缺陷，因此他提出了一种制度化的意义建构模型，综合考虑三个层面的因素，如图1-7所示，试图探讨制度对意义建构的影响。

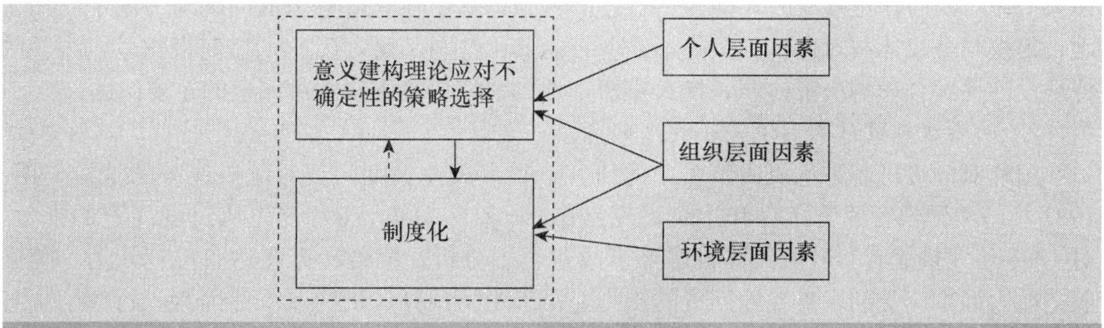

图1-7　意义建构的制度模型（Xiaoli Lü，2014：44）

国外危机决策制度方面的研究有许多是围绕"权"与"责"两个方面来展开的，即有关集权与分权体制以及问责机制的讨论①。

1. 集权与分权选择的困境

学界对危机决策集权与分权的研究，主要探讨集权与分权谁更有利于提高危机决策的效果。集权更多地体现为一种自上而下的决策，分权则更多地体现为一种自下而上的决策。传统的、主流的观点认为，基于协调与效率的需要，政府危机决策应高度集权化，危机决策的情境是内在的、集权性的，集权应成为危机响应的主导模式。但是，大量基于案例的经验性研究也表明，集权性决策结构的弊端不断凸显，日益受到强烈的质疑与批判。

集权体制最为主要的弊端是危机决策反应滞后，下层管理者在危机面前不作为。不同危机事件的发生原因、发展规律以及可能产生的后果方面，都具有很大的差异性，人们并非先知先觉，也并非通过对已发生的事件进行归纳与演绎就能够发现。因此，危机管理者不可能事先形成一定的规则以及具体的应对策略，他们需要在危机情境下作出适应性的决策。在集权体制下，决策权高度集中在上层，而上层由于距离事发现场较远，获取信息的渠道有限，以及信息传递中各种失真现象的存在，使得他们经常缺乏充分的信息而未能及时作出适应性的决策，这会导致危机决策反应滞后，丧失危机决策的"黄金期"。

与集权体制相比，分权体制在危机情境下具有更大的优越性，主要是赋予基层管理者更多的决策权，即他们具有更大程度的自由裁量权。当基层管理者具有危机处置的自由裁量权时，不仅可以克服集权体制所带来的上下层级冲突、决策滞后性以及无效性，更为重要的是可以最大限度地调动他们的主动性与积极性，确保其能够根据实际情况，快速、有效地作出适应性的决策，进而控制危机事态的发展。危机决策权应该从科层制的顶端向下转移，第一响应者应该具有更多的决策权。虽然分权体制具有各种集权体制所无法企及的优势，但是它也并非完美无缺。除紧急性与不确定性之外，危机情境通常还具有复杂性与新颖性的特征。在面对这些危机时，即使最有能力与经验的人都很难作出决策，更不用说基层管理者，他们通常很少具有充分的知识、精力与资源来应对这些挑战，尽管他们具有

① 薛文军，彭宗超. 西方危机决策理论研究与启示：基于技术、制度与认知的视角. 国家行政学院学报，2014(6)：111-115.

充分的自由裁量权，他们却很难有效地使用这些权力。哈特（T. Hart）认为，他们的视野狭窄，对问题及其解决方案缺乏全面而深入的理解，并将这种现象称为“隧道效应”，即人们在对威胁作出反应时，通常将自己的注意力集中在非常有限的问题与方案上。简言之，集权与分权体制对危机决策的影响各自有其优势与不足，因此，如何根据危机事件的特征设计一种合理的决策体制，扬长避短，成为研究决策体制不可回避的重要问题。

2. 问责机制设计的困境——过度问责

国外对问责机制与危机决策关系的研究，重点关注过度问责对危机决策的消极作用。1987 年，美国学者罗美泽克和达布尼克（Romzek & Dubnick）首先从过度问责的视角，对 1986 年“挑战者”号航天飞机爆炸事故进行了分析。罗美泽克和达布尼克认为，美国航空航天局本应受到来自专业问责的压力，结果由于预算、机构改革等因素，行政问责与政治问责取代了专业问责，从而使其作出在低温条件下发射的错误决策，导致“挑战者”号航天飞机的爆炸。尽管问责机制可以促使决策者作出更好的决策，但是决策者在面临来自各方面且相互冲突的问责压力时，反而作不出好的决策。柯培尔（Koppell）进一步将这种现象称为“多重问责的扭曲”——当组织面临来自不同问责主体相互冲突的预期时，如果组织想尽力满足各方要求，结果是哪一方的要求都得不到满足，最终导致组织的瘫痪、无能。也就是说，危机情境下过度问责不仅不会提高决策的效果，反而还会降低决策的效果。

此外，危机情境的不确定性，使得决策者面临问责的压力时，决策者的首要目标不是如何最有效地控制事态，而是如何使自身承担的责任风险最小化，即“决策目标置换”。许多决策者在危机情境下总是迟疑不决，因为他们总是试图寻找到一种对自身不会产生任何损失的决策，而这种决策往往是很难找到的。也就是说，决策者对问责机制的理解存在一种“消极主义的偏差”——避免承担责任成为其决策的主导目标，他们通常会采取一种防御型的风险策略来应对危机。因此，需要设计一种适当的危机问责制度，以充分调动决策者的积极性，使其尽最大的努力收集、利用不完备的信息，尽量采取一种适应性的决策行为。即对问责机制的研究，不仅要关注问责机制的惩罚作用，更要关注其预期与预防作用；不仅要关注事后的研究，更要将其作为一种事前的决策输入来进行研究。

1.4 危机决策研究的意义

危机决策是一种特殊类型的决策，它要求在相当有限的时间和资源约束下作出重大决策和快速反应。决策者认定的重大安全利益和核心价值观念受到严重威胁或挑战。危机的突发性、紧急性及其所造成的不确定前景，给决策者带来了高度的紧张和压力。为使组织在危机中得以生存，并将危机所造成的损害限制在最低限度内，决策者必须尽快作出相对满意的重要决策和应急反应。一般而言，危机决策的构成需要具备三个要素：第一，决策问题的发生、发展具有突然性、急剧性，需要决策者当机立断；第二，可供决策者利用的时间和信息等资源非常有限；第三，事态的发展危及决策所涉主体、决策者的根本利益，并且决策的后果很难预料①。

1.4.1 危机决策理论是危机管理理论研究的核心

从国内外对危机管理理论的研究成果来看，危机管理理论首先是从危机应对决策案例研究开始的，后来发展到对危机生命周期的全过程研究，涉及众多危机领域，更加注重对危机减缓、预警的研究，但危机决策仍然是危机管理研究的核心。

1.4.1.1 西方危机管理研究

1962年，古巴导弹危机发生后，美国国防部前部长麦克纳马拉有一句名言："今后，战略可能不再存在了，取而代之的将是危机管理。"美国出现危机管理研究热潮，并逐渐形成了危机管理学科。以美国为代表的一些西方发达国家的各种危机管理的理论著作很多，研究方法也各有千秋，囊括了基本理论、历史案例研究和模拟实践等方面。研究的重点是危机发展演变的过程、危机的预警、危机管理决策、危机的控制与评估等。较有代表性的研究成果是卡罗特科夫（Karotokov）的《反危机管理》和罗伯特·希斯（Robert Heath）的《危机管理》②。

危机理论是西方政治学研究的传统课题，主要分析的是政治危机，包括政治制度变迁、政权与政府的变更、政治冲突和战争等，危机研究的目的是探索政治危机的根源，寻找处理和应对政治危机、维护政治稳定或促进政治变革的方法，研究方式主要是学院式研究和经验性研究，研究方法则是定性或思辨性的。另外，自然灾害从古至今困扰着人类社会，人类的历史是一部和自然灾害作斗争的历史。可是，从抗灾实践到灾害学理论却是上个世纪的事，而从灾害管理到公共危机管理的发展更是在此之后。因此，从本质上说，这一阶段科学的危机管理理论体系尚未形成③。

受1962年的古巴导弹危机影响，危机管理理论创始于20世纪60年代初。1975—1976年，国际政治科学学会（IPSA）在耶路撒冷召开的国际危机问题研讨会，是国际危机管理研究走向繁荣的一个标志。20世纪60—80年代，是西方危机管理研究的一次高潮，研究领域从政治领域向经济、社会领域扩展，从自然灾害领域向公共危机管理领域扩展，危机管理成为一门学科，形成了企业危机管理和公共危机管理两个既独立发展又相互融合的学科分支，前者的代表人物有巴顿（Barton）、福斯特（Foster）、格林（Green）、米卓夫（Mitroff）等，后者的代表人物有罗森塔尔、罗伯特·吉尔（Robert Girr）、科塞（Cose）等。大量的研究著作出版，危机管理成为大学的学科和专业，也成为一种社会职业④。从20世纪80年代起，伴随着国际关系的缓和及跨国公司的迅速发展，地区性冲突以及针对跨国公司的恐怖主义暴力事件层出不穷，因此，人们又将危机管理理论的服务对象拓展到了企业，尤其是跨国公司的决策者们，企业危机管理理论得到发展⑤。1979年美国三里岛核事

① 彭宗超，钟开斌，喻彤钰. 我国危机决策机制的转型特点与未来选择分析. 中国行政管理，2005，240（6）：36-39.

② 林怡. 中外军事危机管理研究的历史回顾. 军事历史，2012（3）：13-18.

③④ 孙多勇，鲁洋. 危机管理的理论发展与现实问题. 江西社会科学，2004（4）：138-143.

⑤ 魏加宁. 危机与危机管理. 管理世界，1994（6）：53-58.

故、1982 年强生公司泰诺胶囊中毒事件、1986 年切尔诺贝利核泄漏事件、1989 年埃克森公司“瓦尔德斯号”油轮原油泄漏事件等，使危机决策从政治、军事和外交领域拓展到自然灾害、事故灾难、公共卫生等民事保护领域，公共安全危机管理理论得到大发展。

西方公共危机管理研究出现高潮有其历史背景。首先，20 世纪 60—80 年代，世界风云变幻，动荡不安，社会主义与资本主义两大阵营对抗，美国与苏联在全球争霸，亚洲、非洲一些国家在民族独立后政治不稳、战争不断，全球南北差距拉大，冲突凸显，美国国内种族冲突、反战斗争、能源危机波澜迭起。危机现象成为全球的普遍课题。其次，一些国家进入现代化行列，经济、社会系统日益庞大和复杂，公共管理领域迅速扩张，任何薄弱环节都可能带来巨大的灾难，成为整个公共管理领域的问题；另一些国家正处于向现代化的发展过渡之中，矛盾冲突更多、更易于爆发。最后，人类社会现代化的进程对自然资源破坏严重，自然以灾害对人类进行回报，自然灾害带来的损失日益巨大。正是在这种背景下，危机研究成为政治学、经济学、社会学、管理学直面的重要课题。与此同时，公共危机管理理论的相关理论基础和分析工具也逐渐成熟，政治学的行为主义走向巅峰，经济学实现了从凯恩斯主义到新自由主义和新制度主义的理性复归，行政学经历了从古典行政到公共行政再到公共管理的范式转变，社会学开始了对市民社会和非政府组织的研究，心理学的发展则提供了从个体心理分析到社会心理分析的方法，信息经济学、博弈论则为危机冲突研究提供了新的分析框架和工具，而对灾害的研究形成了灾害学理论。总之，公共危机管理理论发展高潮的出现既是时代的需要，也为相关学科理论的发展提供了可能①。

现代公共危机管理理论研究具有如下特征：其一，研究内容从单一的政治危机扩展到公共管理的各个领域，这是因为现代社会是一个大系统，牵一发而动全身，任何领域的突发事件都有可能带来整个公共管理领域的危机；其二，研究目的由原来的政治目标转变为建立整合的公共危机管理体系，实现有效的危机管理，维护稳定，确保经济、社会的正常发展；其三，研究重点由原来重视危机现场应对到重视危机的全生命周期，尤其重视危机前的预警研究；其四，研究导向由本国情况研究走向跨国比较研究，美国、日本、欧洲诸国危机管理实践各具特色，现代危机理论是在总结各国危机实践的基础上发展起来的，这一点对研究刚刚起步的中国尤为重要；其五，研究方法上的立体分层研究体现了当代危机管理研究多元化和全面融合的趋势，从单纯定性研究到定性定量相结合，在个体层面上运用心理学、博弈论，在组织层面上运用组织理论、管理理论，在社会层面上运用社会学、政治学、经济学等②。

纵观国外危机管理理论的发展，早期危机研究的目的是探索政治危机的根源，寻找处理和应对政治危机、维护政治稳定或促进政治变革的方法；在 20 世纪 60—80 年代，危机管理研究领域从政治领域向经济、社会领域扩展，从自然灾害领域向公共危机管理领域扩展后，研究重点为危机现场应对。因此，早期危机管理研究的核心主要是危机决策。之后的危机管理研究重点由原来重视危机现场应对到重视危机的全生命周期，尤其重视危机前的预警研究，但危机决策也贯穿危机全生命周期的各个阶段，自然是研究的重点与核心。正如国际著名政策科学家叶海卡·德罗尔所说：“危机决策不过就是控制危机并使其转化

①② 孙多勇，鲁洋. 危机管理的理论发展与现实问题. 江西社会科学，2004（4）：138-143.

为原先的状态。”①

1.4.1.2 中国危机管理研究

1994年，我国学者魏加宁介绍了西方的危机管理研究，但此后研究成果不多。在“9·11”事件影响下，经历了2003年的“非典”之后，危机管理成为中国政府和学界的重要课题，中国开始了危机管理的理论研究。薛澜、张成福等高校学者开始在国内研究危机管理的相关理论，对国外公共安全领域的危机管理一般原理进行了较为系统的介绍。

根据《国务院关于实施国家突发公共事件总体应急预案的决定》(国发〔2005〕11号)和中编办《关于增设国务院办公厅国务院应急管理办公室的批复》(中央编办复字〔2005〕47号)，国务院办公厅设置国务院应急管理办公室(国务院总值班室)，承担国务院应急管理的日常工作和国务院总值班工作，履行值守应急、信息汇总和综合协调职能，发挥运转枢纽作用②。以国务院应急管理专家组组长闪淳昌为代表的众多专家以应急管理为研究对象，出现了大量研究成果，主要集中在国内外应急管理比较、中国应急管理“一案三制”(应急预案和应急管理体制、机制、法制)的研究；2008年南方部分地区低温雨雪冰冻灾害和汶川特大地震进一步引发学者们投身于应急管理的研究，形成了应急管理研究的又一个高峰期。相关研究从“一案三制”转向应急管理全过程的能力建设研究。《国家应急平台体系关键技术研究与应用示范》成为国家“十一五”科技支撑计划重大项目。2008年，国家自然基金委实行“应急管理重大研究计划”，重点围绕非常规突发事件的信息处理与演化规律建模、非常规突发事件的应急决策理论、紧急状态下个体和群体的心理与行为反应规律等三方面的核心科学问题开展研究。随着移动互联网技术的发展，危机网络舆情管理也成为危机管理的重要研究内容。

目前，国内危机管理研究呈现出如下几方面特点：(1)一部分研究结合中国的现实和危机应对过程中所凸显出的问题发表一些零散的观点，这在一个领域的初期研究中也比较常见，更多的应算是初步的探索性分析，这些分析还没有形成系统性的框架。(2)现有涉及理论的研究中，更多的是将国外理论搬来用于解释国内危机管理中的一些问题，急于推出各种不同的概念框架用于解释现实中的现象，对于理论是否具有普遍的适用性则缺乏检验。这些零散的概念解释框架缺乏必要的辨析来分清相互认同之处和存在差异的观点，在对于西方理论和模型中的概念进行操作和测量时，与中国社会现实的衔接不紧密。(3)从中国现实和案例中提取概念，进行理论建构的研究偏少。自然灾害、事故灾难和公共卫生事件的研究多采用西方理论解释本土现象，这些事件本身也具有一般性。相比之下，作为社会安全事件主体的群体性事件则带有明显的中国转型期特征，也已形成了一些本土化的解释或理论③。

从国内情况来看，我国在危机管理方面的前期研究成果主要是学习借鉴国外的理论，

---

① 叶海卡·德罗尔. 逆境中的政策制定. 王满船，尹宝虎，张萍，译，张金马，校. 北京：国家行政学院出版社，2009：215.

② 国务院办公厅关于设置国务院应急管理办公室(国务院总值班室)的通知. (2006-04-30). http://www.gov.cn/gongbao/content/2006/content_320626.htm.

③ 吕孝礼，张海波，钟开斌. 公共管理视角下的中国危机管理研究：现状、趋势和未来方向. 公共管理学报，2012(3)：112-128.

将国外理论搬来用于解释国内危机管理中的一些问题。危机决策无疑也是国内危机管理研究的核心。

1.4.2 理论界对危机决策的研究系统性不足

虽然危机决策理论在危机管理理论中占有核心地位，但相比危机管理理论，理论界对危机决策的研究还存在系统性不足的问题，这可能主要是因为危机种类繁杂，不利于形成规律性的危机决策理论，同时，危机决策是一种非常规决策，不利于相关决策模型的运用。国外的相关研究表现为：研究视角主要集中在决策的影响因素或危机不确定性策略多样性选择理论；在研究方法上，涉及政治学、行政学、心理学、经济学等学科的研究方法；尝试从定性研究到定量研究，在危机决策研究中运用数学规划、统计、仿真、多属性决策等方法来解决危机响应过程中的资源调度、分配等问题。

国内学者对危机决策的研究方面，主要集中在危机决策的概念、危机决策的系统构成、危机决策的方法和危机决策的影响因素等。近年来，我国也有理工科领域的学者，借鉴国外的研究方法进行危机决策的定量研究。例如：

邱美荣对21世纪前国外的国际危机的概念、决策的影响因素（系统结构因素、集体思考、军方在危机决策中动用武力的态度以及作用、决策者的领导能力、历史的记忆以及经验教训等）、决策模式（“刺激—反应”模式、敌意的互动模式、个人压力模式、认知模式、组织过程模式、成本计算模式、预期理论模式）进行了研究与介绍①。

王克馨和李宏认为，国内对危机决策的研究主要集中在应急决策概念、应急决策的主要内容与方法探讨，以及应急决策绩效评估与能力提升研究②。

郭瑞鹏和孔昭君认为，危机群体决策方法包括：选择群体成员、构建决策群体、群体决策和群体解散③。

桂维民认为，应急决策的系统是由外部信息、决策主体、决策对象和决策结果构成的一个有机系统。如果把决策的过程视为信息加工与处理的过程，那么整个系统由决策主体、决策对象客体以及主体与客体之间的联系等要素构成。其基本构成包括决策目标、决策环境。危机情境下的决策目标往往是多元的，但在一定条件下，可以简化、归并和缩减。危机发生之前的事前决策的主要目标是以预防为主。一旦危机爆发，应急决策的首要目标是控制危机的蔓延和事态的进一步恶化。现实中的应急决策大多数是多目标决策。应急决策主体也叫应急决策者，一般将其分为决策个体和决策群体。应急决策客体是指决策的对象和环境。应急决策行动方案，是应急决策选择的结果和达到危机管理目的的手段。在公共危机管理中，决策方案的制定是最为重要的一个环节。影响应急决策流程的约束条件主要有硬约束条件和软约束条件，前者是指应急决策中客观的、不能人为改变的制约因素，主要包括时间的紧迫性、信息的有限性、人力资源的紧缺性、技术支持的稀缺性等；

---

① 邱美荣．国际危机研究述评．欧洲研究，2003（6）：85-100.

② 王克馨，李宏．国内应急管理决策理论研究述评．中国管理信息化，2015，18（2）：218-219.

③ 郭瑞鹏，孔昭君．危机决策的特点、方法及对策研究．科技管理研究，2005（8）：147-149.

后者是指对于应急决策过程许多主观方面的制约因素，如道德伦理范畴的价值选择问题①。

本书作者认为，当前危机决策的理论研究取得了一些成果，例如，对危机决策概念、危机决策流程、危机决策影响因素、危机决策方法等方面的研究。但总体表现为，绝大多数的研究是结合危机个案（常常是失败的案例），研究造成危机决策失败的原因或影响因素，对于普适性的危机决策规律探讨不足。另外，国内外理论界对危机决策的组织理论、危机决策的对象、危机决策的原则和规律等方面的研究表现出系统性不足的特点。

本章小结

1. 决策。决策是指人们在改造世界的过程中，寻求并决定某种最优化目标和行动方案。它以对事物发展规律及主客观条件的认识为依据。决策的分类有许多。按决策性质，可分为规范性决策和非规范性决策；按决策范围，可分为宏观决策和微观决策；按决策主体，可分为集体决策和个人决策；按决策过程，可分为突破性决策和追踪性决策；按决策目标，可分为单目标决策和多目标决策。管理决策系统是由决策主体、初始状态空间、预期状态空间、损益函数空间和决策意境五要素构成的。

2. 决策理论的发展。存在着两个不同的主要研究方向：第一个研究方向是从理论上探讨人们在决策过程中的行为机理，又分为描述性决策分析与规范性决策分析。所谓描述性决策分析，是研究人们实际上是按照什么准则、方式进行决策，这主要是决策心理学探讨的问题；规范性决策分析是研究人们应当按照什么准则、什么方式作决策才是合理的或理性的，期望效用理论是这一方面研究的主要成果。第二个研究方向是对实际决策问题的研究，如将一些典型的具体问题模型化，以指导实际决策过程。

3. 决策理论学派。以赫伯特·西蒙为代表的决策理论学派，形成了系统的决策过程理论。群决策理论认为，以投票的多数规则来确定社会或集体的选择会产生循环的结果，没有一个能够获得多数票而通过，这被称作“投票悖论”。多目标决策理论从20世纪70年代开始研究多目标决策，要求在方法和计算上必须是可行的和有效的，必须有助于在诸目标中进行协调的明确定量表示，必须提供充分的信息以便能采取一项有根据的决策。主从递阶决策理论认为，在管理决策系统中，决策者各自处于不同的层次上。在这种层级决策系统中，最终的决策结果往往是寻求使各层决策机构之间达成某种协调的方案。

4. 公共安全危机决策。公共安全危机决策，是指决策者（群）在时间压力和信息不对称的约束下，为有效减缓、控制危机所造成或有可能造成的严重社会危害，以及恢复危机所造成的社会危害，制定以短期措施（治标）为主的行动方案的决策活动。

5. 公共安全危机决策特点：时间紧迫、压力巨大；信息严重不对称；资源与人力约束大；决策目标为有效减缓、控制和消除危机所造成的严重社会危害；决策步骤非程序化；应对措施以短期“治标”为主。

6. 个人决策与集体决策。从决策主体上说，有四种类型。这四种类型表明领导人对决策的控制权逐渐从全权控制减弱到毫无控制，但领导人都是最终的责任承担者。个人决

① 桂维民. 应急决策简论. 中国应急管理，2007（12）：14-17.

策：个人决策时，领导人必须一个人作决定，来自别人的资源也仅限于搜集的相关信息。磋商式决策：在此情况下，领导人会把问题告知一个或多个人，并征求他们的意见建议，之后再自己作决定。领导人会考虑大家的意见建议，但最终的决定也许完全不会受到这些意见建议的影响。集体决策：此决策形式中，领导人和其他人一起努力直至达成一致意见。每一个成员的意见和立场都会被考虑。因为参与了决策的制定，每一个成员的意见都被最终的决定所考虑，当然，他们也会不遗余力地去执行该决定。授权式决策：当作这种决策时，领导人设定一些参数标准，允许一个或更多的其他人作最终决策。尽管领导人自己没有作决策，但是他或她支持此决策。

7. 危机不确定情形的分类：有 R. A. W. F. S. 模型的理解不充分、信息不完全、策略无差别分类。汤普森（1967）基于可能结果的偏好和因果关系信念的二维度，对不确定性进行分类。索伦森和米勒提（1985，1987）创建的疏散决策模型强调在决策过程中的不确定性，并提供一种基于面对自然灾害和人为灾难时的应急预警和疏散决策过程的分类，把组织预警过程中的不确定性类型分为理释、沟通、影响感知和外生影响。

8. 危机不确定情形下的决策理论：大部分关于不确定情形下的决策研究领域集中在经济学，也有一些研究涉及危机不确定情形下的决策研究。对于危机不确定性应对中的策略选择，在决策者个人层面，有融合心理学和金融学的前景理论、自然决策理论、意义建构理论；在组织层面，有意义建构理论、信息处理理论、经典制度理论；在系统层面，有新制度理论。

9. 西方危机管理研究历史：危机管理理论创始于 20 世纪 60 年代初古巴导弹危机发生后。20 世纪 80 年代，危机管理理论的研究对象拓展到了企业。1979 年 3 月 28 日的三里岛核事故对公共安全的危机管理理论起到了重要的推进作用。此后，危机管理的研究内容从单一的政治危机扩展到公共管理的各个领域；研究目的由原来的政治目标转变为建立整合的公共危机管理体系，实现有效的危机管理；研究重点由原来重视危机现场应对到重视危机的全生命周期，尤其重视危机前的预警研究；研究导向由本国情况研究走向跨国比较研究；研究方法上，从单纯定性研究到定性定量相结合，在个体层面运用心理学、博弈论，在组织层面运用组织理论、管理理论，在社会层面运用社会学、政治学、经济学等。

10. 中国危机管理研究：1994 年，我国学者魏加宁介绍了西方的危机管理研究，但此后研究成果不多。在“9·11”事件影响下，经历了 2003 年的“非典”之后，危机管理成为中国政府和学界的重要课题，中国开始了对危机管理的理论研究。薛澜、张成福等高校学者开始在国内研究危机管理的相关理论，对国外公共安全领域的危机管理一般原理进行了较为系统的介绍。2006 年，国务院办公厅正式成立国务院应急管理办公室和应急管理专家组后，以闪淳昌为代表的众多专家以应急管理为研究对象，产出了大量研究成果，主要集中在国内外应急管理比较、中国应急管理“一案三制”（应急预案和应急管理体制、机制、法制）的研究；2008 年南方部分地区低温雨雪冰冻灾害和汶川特大地震进一步引发学者们投身于应急管理的研究，形成了应急管理研究的又一个高峰期，相关研究从“一案三制”转向应急管理全过程的能力建设研究。目前国内危机管理研究呈现出如下几方面特点：（1）一部分研究结合中国的现实和危机应对过程中所凸显出的问题，发表一些零散的观点。（2）现有涉及理论的研究中，更多的是将国外理论搬来用于解释国内危机管理中的一些问题，对于理论是否具有普遍的适用性则缺乏检验。(3) 从中国现实和案例中提取概念，进行理论建构的研究偏少。自然灾害、事故灾难和公共卫生事件的研究多采用西方理论解释本土现象，这些事件本身也具有一般性。相比之下，作为社会安全事件主体的群体性事件则带有明显的中国转型期特征，也已形成了一些本土化的解释或理论。

复习思考题

1. 管理决策的理论发展方向有哪些？主要有哪些管理决策理论学派？
2. 公共安全危机决策的定义有何特点？有哪些分类？
3. 什么是意义建构理论？

第2章

危机决策对象

危机决策的对象包括危机本身，以及应对危机的措施与方法。危机概念涉及领域广泛，相关定义并没有明确所研究的是社会领域还是经济领域，或是生态与环境领域。因此，本章首先把危机研究对象界定在公共安全领域，并给出了公共安全危机的定义。应对危机的措施与方法也应是危机决策研究的对象。由于危机种类繁多，特别是许多危机需要技术类操作才能应对，因此，危机应对措施也千变万化。本章从管理学的角度总结具有普遍性意义的危机应对措施。

重点问题

- 罗森塔尔的危机定义
- 公共安全危机的定义，公共安全危机与突发事件的关系
- 自然灾害、事故灾难和公共卫生事件的六大处置措施
- 社会安全危机的四大处置措施

2.1　危机的定义与分类

2.1.1　危机的相关概念

2.1.1.1　危机的学术定义

追溯危机管理的源头，我们可以发现，以往对于危机的处理仅限于军事和外交。所

以，在早期危机管理的萌芽阶段，对付危机的人士也主要在部队中进行招募①。危机管理这一概念由美国学者于 20 世纪 60 年代初提出。危机管理作为一门学科，是决策学的一个重要分支，它首先被运用于外交和国际政治领域。早期，危机理论是西方政治学研究的传统课题，主要分析的是政治危机，包括政治制度变迁、政权与政府变更、政治冲突和战争等。20 世纪 60—80 年代，西方危机管理的研究出现了一次高潮，研究领域从政治领域向经济、社会领域扩展，从自然灾害领域向公共危机管理领域扩展，危机管理成为一门学科，形成了企业危机管理和公共危机管理两个既独立发展又相互融合的学科分支②。

一些国外学者对危机进行了定义③：

——赫尔曼（Hermann）认为：危机就是一种情境状态，其决策主体的根本目标受到威胁，在改变决策之间可获得的反应时间有限，其发生也出乎决策主体的意料。

——1975—1976 年在耶路撒冷举行的危机问题研讨会提出的定义是，危机是和平进程的断点，它必须具备以下四个条件：（1）国家内部或外界环境发生变化；（2）形成了对基本价值的威胁；（3）卷入军事敌对行动的可能性极大；（4）对威胁作出反应的时间有限。

——罗森塔尔等人认为：危机就是对一个社会系统的基本价值和行为准则架构产生严重威胁，并且在时间压力和不确定性极高的情况下，必须对其作出关键决策的事件。

——巴顿认为：危机是“一个会引起潜在负面影响的具有不确定性的大事件，这种事件及其后果可能对组织及其人员、产品、服务、资产和声誉造成巨大的损害”。

——桑德里尔斯（Sundelius）、斯特恩（Stern）和拜楠德尔（Bynander）认为，作为一个国家所面对的危机就是指中央决策者面对这样一种场景：重要的价值受到威胁，而且可以采取处理行动的时间有限，同时环境的变化具有高度的不可确定性。

赫尔曼的定义提出了危机的三要素：决策集团的高度优先目标受到威胁、作出反应的时间有限和意外性。该定义是“决策取向的”，优点在于强调了危机情境中决策的困难。罗森塔尔倾向于把危机定义为一个过程，其定义突出了处于危机形势下的决策集团必须在时间约束与前景不明的条件下作出决策的重要性。

“crisis”一词，《美国传统词典》定义为“an unstable condition，as in political，social，or economic affairs，involving an impending abrupt or decisive change”，《朗文现代英汉双解词典》定义为“a turning point of anything；uncertain time or state of affairs；moment of great danger or difficulty”，《牛津现代高级英汉双解词典》定义为“turning-point in illness，life，history，etc；time of difficulty，danger or anxiety about the future”④。

上述对危机的定义各不相同，一方面可能是因为不同学者的研究领域不同，另一方面也可能是受各个时代的标志性危机事件的影响。例如，1962 年的古巴导弹危机，引发了

① 薛澜，等. 危机管理. 北京：清华大学出版社，2003：42.

② 何海燕，张晓甦. 危机管理概论. 北京：首都经济贸易大学出版社，2006：54.

③ 同①25.

④ 闪淳昌，薛澜. 应急管理概念：理论与实践. 北京：高等教育出版社，2012：27.

对国际政治危机的研究热浪；1979 年的三里岛核事故危机，引发了发达国家学者以国内突发事件为研究对象的危机应对研究浪潮。但以上各类定义的相同点是：决策时间有限，重要目标受到威胁，负面影响不确定。

“危机”一词在我国《辞海》中并没有定义。“危”在《辞海》中有六种含义：危险、忧惧、危害、高耸貌、屋脊和星名（二十八宿之一）①。“机”在《辞海》中有十二种含义：古代弩箭上的发动装置，特指织布机，古代抬尸体的用具，道家谓万物所由产生的虚无状态，素质，极细微的迹象，时机（机会），事物的枢要、关键，灵巧，危殆，肌骨和髋骨相结合处，事物发展的内部原因②。因此，根据中文字义，可以把“危机”理解为“危险时刻与机会”。

在国内，自 2003 年“非典”事件之后，我国学者对危机的研究主要以突发事件为研究对象，在某种程度上是把“危机”与“突发事件”二者混同，但在 2005 年国务院应急办成立后，我国学者的相关研究从“危机管理”转向“应急管理”。

2.1.1.2 现实中危机管理概念主要针对公共安全领域

现实中，虽然危机概念非常普遍，并且有可能存在滥用情况，但危机管理上升为政府工作层面，则主要是指公共安全危机管理。例如，企业中的危机概念用得最多，企业危机有财务危机、经营危机等，但企业并不会因此专门成立财务危机或经营危机管理部门和日常机构。公共服务、生产制造和高危行业的企业则普遍设立危机管理常设机构或应急管理常设机构。同样，在政府层面，虽然经常面临经济危机、政治危机、生态危机，也不会常设相应的危机管理部门，但对于公共安全危机，各国政府普遍设立相应的危机管理部门或应急管理部门。正如国际著名政策科学家叶海卡・德罗尔所说：“很少有国家认真地建立根据具体情况设计的程序和机构来处理危机，除了在安全领域和偶尔为应付反复出现的重大事变以外。”③

因此，从现实工作需要来讲，以公共安全危机为对象研究危机管理是一种现实选择，意义重大。

1. 企业中的公共安全危机概念

巴黎轨道交通系统管理公司有 4.5 万名员工，管理着巴黎的公共汽车、有轨电车、地铁和城际火车四个系统。轨道交通事故发生后，其对公众发布关键信息的词汇表（glossary）是按意外（accident）、事故（incident）、灾害（disaster）、危机（crisis）这个顺序来确定事件级别的，以尽可能减少因关键词不当带来的麻烦。由此可见，在法国企业的文化中，危机是事件的最高阶段。

2. 欧美有关国家政府管理中的公共安全危机概念

欧元区国家在应对突发事件时，使用危机（crisis）概念，英国使用紧急事务（contingency）概念，美国则是使用应急（emergency）概念。

（1）德国危机管理、应急规划和民事保护学院（AKNZ）。德国联邦内政部下的联邦

---

① 辞海编辑委员会. 辞海. 上海：上海辞书出版社，1999：1325.

② 同①3547.

③ 叶海卡・德罗尔. 逆境中的政策制定. 王满船，尹宝虎，张萍，译，张金马，校. 北京：国家行政学院出版社，2009：216.

民事保护与灾难救助局（Bundesamtfür Bevölkerungsschutzund Katastrophenhilfe，BBK）和危机管理司负责德国的危机管理。联邦民事保护与灾难救助局下的 AKNZ 负责相关培训，目标是进行公民保护，保护公民及其生活基础免受以下影响：战争或武装冲突（联邦民事保护法），灾难及其他严重紧急状况（联邦州灾难保护法对联邦灾难救援进行补充），日常危险（消防法、救援法与救护法）。其危机管理流程是：预防——准备——（鉴别）克服——后续行动。

（2）法国国家安全战略中的危机管理。法国国家安全战略包括五方面的内容：一是国防与国家安全会议；二是国防政策；三是国土安全与公民安全政策；四是外交政策；五是经济政策与安全。其中，国家与地方的危机管理包含在国土安全与公民安全政策中，由内政部负责。法国中央政府层面，危机管理架构主要有四部分，分别是：总理危机室（CCPM），部际危机管理中心（CIC），警察、宪兵和公民保护危机中心，以及其他部委的危机管理中心。其中，CCPM 属于战略层（strategy level），把握方向，负责政治和战略决策；CIC 属于决策层（decision level），由相关部长参加，进行事项管理决策，为战略决策提供支持；警察、宪兵和公民保护危机中心属于行动层（action level），根据战略层和决策层的指示采取国家应急响应行动。CIC 的运行依靠三个机构发挥作用，分别是决策室（Decision Cell）、形势室（Situation Cell）和沟通室（Communication Cell）。其中，形势室的信息来自包括内政部危机管理与协调中心（Centre opérationnel de gestion interministérielle des crises，COGIC）在内的各部委的信息中心。内政部民事保护和危机管理总局（La Direction Générale de la Sécurité Civile et de la Gestion des Crises，DG-SCGC）设有规划与危机管理分局，下设四个处，分别是：规划、演练与经验学习处，部际危机管理运行中心，专家与风险防范处，预警与公民教育处。

（3）英国的紧急事务管理概念。英国政府内阁办公室下设 39 个分委员会（2010 年），置秘书处为其工作机构，与突发事件有关的委员会是国民紧急事务委员会（Civil Contingencies Commitment，CCC），相应的秘书处为国民紧急事务秘书处（Civil Contingencies Secretariat，CCS）。国民紧急事务秘书处有 85 名编制，下设“三部一院”，即评估部、行动部、政策部和应急规划学院。所属的应急规划学院（EPC，于 2010 年因金融危机政府削减财政预算而私有化），设在约克郡，主要负责跨部门综合性应急管理培训，让领导者学会如何协同应对突发事件。英国突发事件使用的是 contingencies 一词，英国应急管理工作中特别注重业务连续性管理（business continuity management，BCM）。业务连续性管理“是一个全面的管理过程，识别对机构的潜在威胁，这些威胁如果发生，会对业务操作产生冲击，它提供支持机构建立一个有效响应，以保卫其主要利益相关者、声誉、品牌和价值创造活动的抗逆力的框架”。2006 年和 2007 年，英国先后出台业务连续性国家标准 BS25999-1 和 BS25999-2，指导国内各机构实施业务连续性管理。抗逆力（resilience）是英国应急管理的核心概念，英国内阁应急管理官方网站使用的网名就是 resilience 一词。根据英国应急管理词汇表的解释，抗逆力指社区、服务和基础设施对突发事件后果的承受能力，业务连续性管理有助于提高抗逆力①。

① 宋劲松. 英国应急管理中的业务连续性管理及启示. 学术研究，2011，205（4）：90-93.

(4) 美国的应急管理概念①。美国1933年成立的国家应急管理委员会(National Emergency Council),其主要职责是处理经济危机带来的后果,并救助自然灾害中的灾民。此外,其他与灾害管理相关的新政项目还包括:由公共道路交通管理局(Bureau of Public Road)修复道路和桥梁,1936年的《洪水控制法案》(Flood Control Act)授权相关部门修复堤坝与码头等。当经济开始复苏时,国家应急管理委员会于1939年更名为应急管理办公室(Office of Emergency Management),与新成立的民防办公室(Office of Civil Defense)联合办公。二战后,这个办公室被解散,但在1949年又作为民防办公室的一部分重新建立。与此同时,联邦政府陆续成立一些部门,用以应对各类灾害,这些新机构各自独立运行,并按民防的理念和管理架构建立了有效的应急管理模式,但它们之间并没有形成协调性的规划。同时,随着冷战加剧,美国更倾向于关注民防问题,而新出现的整合式应急管理理念则逐渐淡化,直到1979年联邦紧急事务管理局(Federal Emergency Management Agency,FEMA)成立时,才得到官方认可。

(5) 欧盟社会稳定战略中的危机概念。在欧盟社会稳定战略中,危机的概念倾向于指社会动乱和自然灾害方面的危险状态。2006年11月15日,欧盟理事会和议会通过关于建立社会稳定机制(instrument for stability,IFS)的第1717/2006号法案(EC),该法案属强制性的出版法案,该机制2007—2013年预算为21亿欧元,其第三优先项目为"有效应对危机的能力建设"。2012—2013年的预防冲突和危机应对能力的重点为:1)在脆弱和受冲突影响的情况下,支持国内非国家行为体防止和应对危机;2)加强政策制定者和国内社会在预防冲突、危机准备及和平建设问题之间的合作与对话;3)促进第三国危机的全球早期预警,并使从早期行动到有效地先发制人和响应连贯起来;4)增强危机前和危机后的能力及与国际社会的合作,特别是在与自然资源和矿产冲突有关的方面;5)在构建第三国危机前和危机后的能力方面,加强与欧盟成员国的合作。

2.1.2 危机分类

现实中,危机概念无所不在,按发生主体分,个人的有家庭危机、健康危机等,组织的有生存危机、信仰危机、财务危机等,政府的有债务危机、信任危机等,地球的有生态危机、环境危机等。

闪淳昌、薛澜认为危机有十种分类方法②:

(1) 自然的或人为的突发性事件(如自然灾难和事故灾难)与社会冲突危机(如战争、暴力对抗)。

(2) 一致性危机(如全民救灾)与冲突性危机(如战争、革命)。

(3) 结构良好的危机与结构不良的危机。

(4) 有形损失危机与无形损失危机。

---

① 闪淳昌,周玲,方曼. 美国应急管理机制建设的发展过程及对我国的启示. 中国行政管理,2010,302(8):100-105.

② 闪淳昌,薛澜. 应急管理概念:理论与实践. 北京:高等教育出版社,2012:38-41.

（5）直接危机与间接危机。

（6）显在危机与潜在危机。

（7）一般危机与严重危机。

（8）内部危机与外部危机。

（9）蔓延性危机、周期性危机与突发性危机。

（10）按主要成因及其涉及范围划分：政治危机、法制危机、经济危机、社会危机、天然危机。

但以上危机分类框架存在分类标准模糊的问题。

乌里尔·罗森塔尔、迈克尔·查尔斯、保罗·特哈特以危机的可预见性和与产生危机有关的意愿为基础，把危机分为六大类①：

（1）难以想象的危机。产生于复杂和耦合环境中的“难以应对的”危机局面。

（2）被忽略的危机。只有当危机出现时，卷入各自体系计划和管理中的“制度的冒险者”才意识到他们可能错了。这些危机是可以想象的，但在社会和政治的范围内是不受欢迎的。

（3）准不可避免的危机。它们的发生源于不受约束的预防和缓解措施的无法实施。如火灾、毒气下的疏散、骚乱。

（4）难以抑制性的危机。作出防止危机的努力越多，危机自己出现的可能性就越大。一旦达到如此不受欢迎的程度，它将不可避免地突然出现。如比阿特丽克斯女王的加冕仪式（1980 年，荷兰女王朱莉安娜宣布她将在 4 月 30 日退位，她的大女儿比阿特丽克斯将在同一天举行加冕仪式。加冕当天肯定会发生持异议者和当局之间的严重冲突，如有持异议者提出“没有住房，没有加冕”。加冕当天，荷兰发生二战以后警察和暴乱者之间规模最大和最激烈的冲突）。

（5）想要的危机。有些人员希望危机发生。在危机中，一些人员带着使“另一方”大吃一惊的简单计划到达事发地点，以制造尽可能多的混乱和紧急状况。

（6）故意的危机。这类危机与单纯的对峙、沟通失误和最终以暴力冲突告终的社会冲突有关。如美国费城的 MOVE 案例（MOVE 是以费城为基地的黑人解放团体，提倡“回归自然”的生活方式并且宣传反对技术。费城警察局在 1978 年和 1985 年突袭了他们的住宅。在 1985 年的事件中，费城警察向 MOVE 总部发射了催泪瓦斯，之后投掷了一枚 4 磅重的军事等级 C-4 的塑性炸弹，造成 11 人死亡，65 座住宅在大火中被毁）。

乌里尔·罗森塔尔、迈克尔·查尔斯、保罗·特哈特从危机应对的角度把危机分为三类：突发危机、从计划到危机和渐进式危机②。

除了上述分类以外，可能更具有现实意义的分类是按应对主体、应对措施和影响后果来分。有些危机需要“以政府为主导、社会协同”来应对，有些危机是以企业或其他非政府组织为主导来应对的。例如，一般企业的经营危机，需以企业为主进行处置和应对，但

① 乌里尔·罗森塔尔，迈克尔·查尔斯，保罗·特哈特. 应对危机：灾难、暴乱和恐怖行为管理. 赵凤萍，译. 郑州：河南人民出版社，2014：444-447.

② 同①26-29.

具有公共服务性质的企业，如自来水公司、电力公司、地铁公司等的事故和其他企业的安全生产事故，需要由企业先期处置，当企业处置不了，危害到社会时，需由政府与企业共同处置。有些危机与公共安全是直接相关的，例如，自然灾害、事故灾难、公共卫生事件等。有些危机与公共安全是间接相关的，例如，经济危机导致失业率上升、犯罪率上升，影响公共安全。有些危机只能短时间处置，其后果是“治标不治本”，如火灾、爆炸。有些危机只能长时间处置，需要“治本”才能解决危机，如生态危机、环境危机、经济危机等。甚至有些危机，需要同时运用“治标”和“治本”的措施，例如，债务危机需要通过注入流动性“治标”，但同时，债务危机反映经济结构和系统出了问题，需要长期性的经济结构调整措施进行“治本”。

2.1.3 公共安全危机的定义

正是由于危机类型复杂，涉及领域与学科广泛，试图为所有的危机给出一个统一的定义，反而制约了危机管理理论的研究，特别是对危机管理的核心——危机决策的研究。例如，公共安全类的危机与经济危机、生态危机，以及企业财务危机与企业生产事故危机的决策程序、方法和措施差别相当大。因此，本书把危机界定为公共安全危机，并定义公共安全危机为：由于自然、技术和人为因素导致突然发生的，造成或者可能造成严重社会危害，需要采取短期措施（治标措施）进行紧急应对的事件。这里把生态危机、经济危机等需要短期（治标）与长期（治本）应对措施相结合，并且是以长期（治本）应对措施为主进行应对的危机排除在本书的研究范围之外。我国《突发事件应对法》定义突发事件为：“是指突然发生，造成或者可能造成严重社会危害，需要采取应急处置措施予以应对的自然灾害、事故灾难、公共卫生事件和社会安全事件。”突发事件的社会危害性，是指事件给人民的生命财产或者国家、社会带来严重危害。这种危害往往是社会性的，受害主体也往往是群体性的①。本书作者认为，这里的“财产”应该把投机性的财产排除在外。

本书定义的公共安全危机与我国突发事件绝大部分是互相包含的，但有一定的区别。一方面，有些事件不属于突发事件，但属于公共安全危机。例如，2008 年媒体报道很多食用三鹿集团生产的婴幼儿奶粉的婴儿被发现患有肾结石，随后在其奶粉中发现化工原料三聚氰胺。中国国家质检总局公布对国内的乳制品厂家生产的婴幼儿奶粉的三聚氰胺检验报告后，事件迅速恶化，包括伊利、蒙牛、光明、圣元及雅士利在内的 22 个厂家 69 批次的产品中都检出三聚氰胺。该事件重创了中国制造商品信誉，多个国家禁止中国乳制品进口。此次事件早就已经发生，因为媒体报道而突然发现，因此很难定义为突发事件，却是一起严重的公共安全危机事件，需要采取短期的紧急措施，保护婴儿健康，维护政府信誉和中国奶产业的发展。但短期的应对措施只能治标，不能治本，完善食品安全监管需要多方长期共同努力。再如，2016 年 4 月至 5 月初发生了网民关注的一起医疗事件——魏则西事件。22 岁的滑膜肉瘤癌症患者、西安电子科技大学学生魏则西通过百度搜索到武警北京总队第二医院，医院承诺该院“生物免疫”疗法技术先进，治愈率可达 80%～90%，至

① 汪永清. 中华人民共和国突发事件应对法解读. 北京：中国法制出版社，2007：9.

少保证再活 20 年，魏则西在接受 4 次“生物免疫”治疗、花费 20 余万元后，病情未见好转，于 4 月 12 日去世。虽然魏则西事件所反映的问题早就存在，因而该事件不能定义为突发事件，但由于该事件不仅暴露出患者得不到合理诊疗，耽误病情，危及大量患者生命安全，而且相关企业、医院、媒体广告和医疗监管方都涉事其中，引起社会公愤，因此，该事件属于公共安全危机事件。

另一方面，有些事件属于突发事件，但不属于公共安全危机。我国《突发事件应对法》定义我国突发事件包括自然灾害、事故灾难、公共卫生事件和社会安全事件四大类。国家突发公共事件总体应急预案（2006 年 7 月 4 日）明确社会安全事件“主要包括恐怖袭击事件、经济安全事件和涉外突发事件等”。经济安全事件中的经济危机与金融危机就不宜作为公共安全危机的研究对象。在学术文献中，研究企业危机、经济危机和金融危机的文献特别多。经济危机（economic crisis）指的是一国或多国国民经济或整个世界经济在一段比较长的时间内不断收缩（负的经济增长率）。经济危机是资本主义经济发展过程中周期爆发的生产相对过剩的危机，也是经济周期中的决定性阶段。自 1825 年英国第一次爆发普遍的经济危机以来，资本主义经济从未摆脱过经济危机的冲击。当大机器工业发展到对整个社会生产产生决定性影响的程度时，地方性的、局部性的危机才逐渐转变为波及一切主要工业部门、震撼整个资本主义社会的周期性生产过剩的经济危机。

经济危机虽然会引发社会危机，但经济危机的应对往往通过经济手段即可解决，并且经济危机往往是周期性的，属经济学研究范畴，特别是金融危机，主要应对手段是流动性管理。当经济危机通过经济手段难以调整时，往往会出现暴乱，甚至对外输出矛盾，如从国外购买廉价原材料，对国外输出产品，有时运用战争手段来达到输出矛盾的目的。但上述经济与金融危机因与公共安全间接相关，且主要处置措施是长期性的，以“治本”措施为主，以“治标”措施为辅，所以不宜作为公共危机管理的研究对象。

专栏

债务危机应对：注入流动性

A. 太阳高挂，一个慵懒的小镇，街道无人，每个人都债台高筑。一位外地旅客走进旅馆，拿出一张千元银票放在柜台上说：先看看房间。

B. 就在此人上楼之际，店主抓起银票，跑到隔壁肉铺付了欠的肉钱。

C. 屠夫收了银票，立刻横过马路到猪场付了猪钱。

D. 猪农接过银票，急忙付了所欠的饲料款。

E. 卖饲料的老兄马上找歌女付清了服务费。

F. 有了银票，歌女到旅馆付了所欠房钱。

G. 旅店主刚把钞票放回柜台上，客人正好下楼，拿起银票说客房不行，转身离开了。

H. 这一天，没人生产什么，也没有人得到什么，可镇上的债务全部结清了，大家都很开心。

资料来源：丁捷. 追问. 北京：中共中央党校出版社，2017：118. 收录本书时略有改动。

2.2 危机处置措施

各种类型的危机事件的处置措施或工具都有各自的特点，危化品事件需要专业的装备与物资进行处置，核泄漏事件更是如此，公共卫生事件有专门的流行病学调查处理。但从公共管理的角度研究，也可总结出一些共性的措施。

2.2.1 自然灾害、事故灾难和公共卫生事件处置措施

《突发事件应对法》第四十九条规定："自然灾害、事故灾难或者公共卫生事件发生后，履行统一领导职责的人民政府可以采取下列一项或者多项应急处置措施：（一）组织营救和救治受害人员，疏散、撤离并妥善安置受到威胁的人员以及采取其他救助措施；（二）迅速控制危险源，标明危险区域，封锁危险场所，划定警戒区，实行交通管制以及其他控制措施；（三）立即抢修被损坏的交通、通信、供水、排水、供电、供气、供热等公共设施，向受到危害的人员提供避难场所和生活必需品，实施医疗救护和卫生防疫以及其他保障措施；（四）禁止或者限制使用有关设备、设施，关闭或者限制使用有关场所，中止人员密集的活动或者可能导致危害扩大的生产经营活动以及采取其他保护措施；（五）启用本级人民政府设置的财政预备费和储备的应急救援物资，必要时调用其他急需物资、设备、设施、工具；（六）组织公民参加应急救援和处置工作，要求具有特定专长的人员提供服务；（七）保障食品、饮用水、燃料等基本生活必需品的供应；（八）依法从严惩处囤积居奇、哄抬物价、制假售假等扰乱市场秩序的行为，稳定市场价格，维护市场秩序；（九）依法从严惩处哄抢财物、干扰破坏应急处置工作等扰乱社会秩序的行为，维护社会治安；（十）采取防止发生次生、衍生事件的必要措施。"

分析《突发事件应对法》第四十九条，可以总结出以下六类处置措施：

1. 救助性措施。以人为处置对象的措施，具体手段有对受害人员的营救、医疗救治，以及对受到危机事件威胁人员的疏散、撤离及妥善安置。突发事件处置坚持"以人为本"的原则，将社会公众的生命安全放在首位。处置过程中要先避险、后抢险，先救人、后救物。因此，在《突发事件应对法》第四十九条中，该措施体现在第一款中。

2. 控制性措施。以危险源区域为处置对象的措施，目的是防止次生伤害。具体手段有：迅速控制危险源，标明危险区域，封锁危险场所，划定警戒区，等等，防止次生危机事件对有关人员的伤害。特别要实行交通管制，有利于事件的现场处置，有利于各类救援队伍、装备和物资能够顺利地到达事发现场。在《突发事件应对法》第四十九条中，该措施体现在第二款和第十款中。

3. 保障性措施。以基础设施和公共服务产品为处置对象的措施，具体处置对象为被损坏的交通、通信、供水、排水、供电、供气、供热等公共设施，保障这些关键的公共业务的连续性，确保正常生活与生产的业务连续。一方面，为应急救援队伍、装备和物资的运输提供有力的保障；另一方面，稳定社会公众情绪。在《突发事件应对法》第四十九条

中，该措施体现在第三款和第七款中。

4. 预防性措施。以相关人员或组织的活动为对象的措施，以防止事态进一步扩大，或者发生类似事件。在处置过程中，禁止或者限制使用有关设备、设施，关闭或者限制使用有关场所，中止人员密集的活动或者可能导致危害扩大的生产经营活动，以及采取其他保护措施。比如，伦敦地铁爆炸案发生后，在场的应急管理人员要求禁止使用手机，目的是防止手机信号引爆未被发现的炸弹。天津2015年“8·12”爆炸后，不仅要清查天津港的相关仓库危险物资，全国各地也都要进行相应风险的排查。在《突发事件应对法》第四十九条中，该措施体现在第四款和第十款中。

5. 动员性措施。以应急所需的人、财、物等资源为对象的措施。危机事件的处置需要各种类型的人才、专家、队伍，也需要各种装备与物资，这些资源有些在本级政府的储备中，有些在上级政府或其他兄弟辖区政府的储备中，也有些在政府以外的社会各类组织和个人手中。因此，在启用本级人民政府设置的财政预备费和储备的应急救援物资的同时，需要进行广泛的社会动员，调用其他急需的物资、设备、设施、工具；组织公民参加应急救援和处置工作，要求具有特定专长的人员提供服务。在《突发事件应对法》第四十九条中，该措施体现在第五款和第六款中。

6. 稳定性措施。主要针对人的两类行为进行处置的措施。一是影响市场秩序的行为，包括囤积居奇、哄抬物价、制假售假等扰乱市场秩序的行为。二是影响处置的违法行为，包括哄抢财物、干扰破坏应急处置工作等扰乱社会秩序的行为。这些都会造成不必要的社会混乱，干扰应急处置工作的开展。具体措施为市场管理与司法管理措施。在《突发事件应对法》第四十九条中，该措施体现在第八款和第九款中。稳定性措施还应包括危机沟通和心理干预等方面。

专栏

深圳康泰公司乙肝疫苗疑似预防接种异常反应事件

事件简单经过

2013年12月11日，湖南经视报道“3名婴儿注射乙肝疫苗后出意外”，衡阳市2名婴儿不幸死亡，常德市的1名婴儿仍在重症监护室抢救。12月13日，央视报道“致婴儿死亡乙肝疫苗被暂停使用”后，新浪、搜狐、新华网等网站纷纷转载，社会舆论开始升温。2013年12月19日至2014年1月3日，各地陆续报道一些婴儿注射疫苗后死亡病例，媒体炒作进入高潮阶段，公众关注度急剧上升。18个省市的媒体累计报道类似病例39例，其中涉及深圳康泰18例（共涉及8个批次的产品）。国家食品药品监督管理总局（以下简称总局）会同国家卫计委于1月17日发布调查结果通报：“未发现深圳康泰生物制品股份有限公司生产的乙肝疫苗存在质量问题。”此后，舆情热度迅速下降，乙肝疫苗事件逐渐淡出社会关注视野。

政府响应

1. 第一阶段（2013年12月13日至18日）

总局于12月13日下发通知，暂停湖南发生死亡病例涉及的2个批号的乙肝疫苗使用。

当日下午，总局派出调查组到湖南现场开展调查工作，了解事件情况，对当地疾控中心库存的深圳康泰公司生产的疫苗进行抽样，组织检验机构进行检验。广东省食品药品监管局组织对深圳康泰公司进行了现场检查。

2. 第二阶段（2013年12月19日至24日）

12月19日，总局与国家卫计委建立工作联络机制，联合下发通知，暂停深圳康泰公司所有批次乙肝疫苗的使用；通过电子监管系统，迅速查清该企业所有批次乙肝疫苗的生产和销售流向信息；对深圳康泰公司生产现场进行全面检查，抽取样品开展检验；及时摸清其他乙肝疫苗生产企业库存产品和批签发情况，做好疫苗调剂和供应，保障规划免疫工作正常开展。总局配合卫计委做好死亡病例的原因调查。

12月24日，总局与国家卫计委联合召开新闻通气会，对热点问题进行回应。组织开展知识普及和宣传引导，减少事件对规划免疫工作产生的影响。

3. 第三阶段（2013年12月25日至2014年1月17日）

首先，完成检查和检验工作，形成判断依据。其次，主动与世卫组织联系，与世卫组织专家共同召开会议，对检查和检验结果进行研判。卫计委完成尸检和死亡病例原因调查。2014年1月3日，两部委第二次联合召开新闻发布会，通报检查、检验结果和病例分析情况。同时，请世卫组织专家发声，肯定中国政府的调查工作。1月17日，全部病例原因分析结束，两部委联合发布通报，明确事件原因，恢复深圳康泰公司产品使用。事件得到平息。

六类应对措施分析

1. 控制性措施。12月19日，总局与国家卫计委联合下发通知，暂停深圳康泰公司所有批次乙肝疫苗的使用；通过电子监管系统，迅速查清该企业所有批次乙肝疫苗的生产和销售流向信息。通过采取这些措施，防止康泰公司乙肝疫苗出现次生危机事件。

2. 保障性措施。及时摸清其他乙肝疫苗生产企业库存产品和批签发情况，做好疫苗调剂和供应，保障规划免疫工作正常开展。疫苗接种在我国属免费接种，疫苗产品具有公共产品性质，需要保证疫苗产品供应的连续性。

3. 预防性措施。12月13日，总局派出调查组到湖南现场开展调查工作，了解事件情况，对当地疾控中心库存的深圳康泰公司生产的疫苗进行抽样，组织检验机构进行检验。广东省食品药品监管局组织对深圳康泰公司进行了现场检查。12月19日，对深圳康泰公司生产现场进行全面检查，抽取样品开展检验。全面预防类似事件的再次发生。

4. 动员性措施。主动与世卫组织联系，与世卫组织专家共同召开会议，对检查和检验结果进行研判。请世卫组织专家发声，肯定中国政府的调查工作。12月24日，召开新闻通气会，对热点问题进行回应。组织开展知识普及和宣传引导，减少事件对规划免疫产生的影响。但救助性措施和稳定性措施采取得不够。

5. 救助性措施。由于疫苗致婴儿死亡概率极低，因此，其在医学界被称为“恶魔抽签”，对于任何家庭无异于“天使遇到恶魔”，需要相应的补偿机制。西方国家对由于疫苗所致的婴儿死亡有明确的补偿机制。我国规定各省（自治区、直辖市）人民政府制定具体补偿办法，但实际执行不多。我国新生儿绝大多数死亡案例与疫苗无关，但对于贫困家庭来说，无异于“贫困遇到灾难”，需要民政部门进行适当的“救助补助”，体现人道主义关怀。新生儿死亡，对于任何家庭都是“希望遇到失望”，大多数亲人会表现出“愤怒、悲伤、内疚、无助、恐惧、失望和思念”的情绪。如果死亡原因不详，亲人情绪更易失控。需要相关部门本着“上门不上街、平等沟通”的理念，耐心做好家属的沟通工作，有效化解矛盾与冲突。

6. 稳定性措施。社会上，对于包括媒体出现了谣言、盲目报道等干扰破坏应急处置工作的事件，没有进行有效的责任追究。事件得到平息后，深圳康泰公司和有关政府部门没有利用此次事件公众关注度高的特点加强疫苗知识科普宣教、加大国产疫苗质量安全的宣传、提高公众对国产疫苗的信任度，错失了有效阻止危机演变的机会。此次乙肝疫苗事件发生4个月后，10个省（自治区、直辖市）的调查显示，中国儿童乙肝疫苗的报告接种率骤降30%。

2.2.2 社会安全危机处置措施

《突发事件应对法》第五十条规定：“社会安全事件发生后，组织处置工作的人民政府应当立即组织有关部门并由公安机关针对事件的性质和特点，依照有关法律、行政法规和国家其他有关规定，采取下列一项或者多项应急处置措施：（一）强制隔离使用器械相互对抗或者以暴力行为参与冲突的当事人，妥善解决现场纠纷和争端，控制事态发展；（二）对特定区域内的建筑物、交通工具、设备、设施以及燃料、燃气、电力、水的供应进行控制；（三）封锁有关场所、道路，查验现场人员的身份证件，限制有关公共场所内的活动；（四）加强对易受冲击的核心机关和单位的警卫，在国家机关、军事机关、国家通讯社、广播电台、电视台、外国驻华使领馆等单位附近设置临时警戒线；（五）法律、行政法规和国务院规定的其他必要措施。严重危害社会治安秩序的事件发生时，公安机关应当立即依法出动警力，根据现场情况依法采取相应的强制性措施，尽快使社会秩序恢复正常。”明确了四大类处置措施：强制隔离措施、保护控制措施、封锁限制措施、重点保卫措施。

在实际应对中，也常常出现冲突一方为政府的情形，强制隔离措施须以分割参与冲突一方为目的，化解其破坏力，同时避免伤及无辜群众。

专栏

2011年温州老板“跑路”事件

温州人特别注重血缘与地缘关系，温州亲友互助民间借贷经久不衰，借钱非常容易，仅需口头协议，不用字据。温州的民间借贷之风，古已有之，信用基石是其根本。由于民营企业资金需求量大、正规金融不能有效满足资金需求，因此，温州民间借贷一直是我国每次借贷风波的“风暴眼”。

据人民银行温州市中心支行2011年发布的《温州民间借贷市场报告》，温州市民间借贷市场估计规模约1 100亿元。温州市大约89%的家庭个人和59%的企业都参与了民间借贷。

“跑路”事件概述

2011年4月，温州出现规模以上企业老板“跑路”的首个案例。之后，老板“跑路”愈演愈烈。网络上盛传一份2011年10月前26位温州大老板“跑路名单”，被公布的这些当事企业均为温州规模以上企业，另有占比很大的规模以下中小企业“跑路”老板未被网络关注。大批老板“跑路”，成了压垮民间借贷“骆驼”的最后一根稻草，温州民间借贷市场濒于崩盘。老板“跑路”事件引发了相关的企业互保、联保圈危机。往往一家企业资金链中断会波及20多家企业资金链断裂，不仅导致相关企业员工拦路讨薪、供货商讨债，而且进一步牵出了民间借贷问题，涉及人数众多。专业讨债公司、暴力讨债团伙应运而生，温州城一片恐慌，进一步加剧了温州老板“跑路”风潮。截至2011年7月，全市公安系统受理的有关民间借贷的案件共7 400多起，涉案金额50亿元。8月份以后，趋势更加突出，当月立案超11亿元。

对2011年温州民间借贷风波的处置①

温州市政府应对2011年民间借贷风波的原则：“属地管理、行业归口、一企一策、一事一策、依法处置”，债权债务自理，政府不出资，行政与法律手段为主。

市政府成立稳定规范金融秩序促进经济转型发展工作领导小组，由市政府领导担任组长，相关部门主要负责人为成员（见表2-1）。领导小组办公室设在市金融办。领导小组下设企业协调组、金融协调组、维稳组和宣传组。

表2-1　温州市政府应对民间借贷风波政府部门分工

政府部门	职责
社保部门	民工讨薪（对于“跑路”企业，成立工人组成的“清算组”，拍卖企业资产发薪）
经信局	通过协调会灭火（确保银行不抽贷、担保链不中断）
公安局	应对暴力讨债和防止“跑路”
法院	审理大量案件
宣传部	正面引导
处非办	综合协调，按街道、村组、社区建立民间借贷数据库，防范民间借贷风险升级

主要手段可以概括为六个字：“打、防、稳、劝、疏、扶”。

打：对借助黑恶势力暴力讨债、非法拘禁违法行为从严打击；对企业主转移隐匿资产、恶意欠薪逃匿并造成后果的，要依法查处；同时，对银行等金融机构工作人员违法发放贷款、收受贿赂和高利转贷的，也将依法予以打击。该措施属“强制隔离措施”。

防：规范民间借贷。引导各类融资性中介机构开展正常的经营业务。加强对典当商行、担保公司、各类投资公司、寄售行、旧物调剂行等的管理。暂缓各类融资性中介机构的审批设立。开展调查摸底，开展企业资金链风险排查，进行风险监测分析，制定预

① 宋劲松，代冬聆．我国民间借贷风险管理研究．金融与经济，2013，424（9）：37-40．

案，做好预警。列出风险黑名单，防止“假倒闭”“假出走”“假破产”。该措施属“封锁限制措施”。

稳：要求银行不抽资（否则取消财政基本户和予以通报批评），成立封闭运行的应急转贷基金（帮助企业还贷，相当于过桥资金，但不向企业收利息）。强化宣传，注重舆论导向。对捏造事实、恶意散布虚假消息的，依法予以处理。该措施属“重点保卫措施”。

劝：2011 年 10 月 5 日，负债 20 多亿元、“跑路”美国的浙江温州信泰集团董事长胡福林回国。胡福林表示，政府、行业协会、工商联都对他回来表示大力支持，银行也表态继续支持企业，他心里觉得有了靠山。“原来是一个人在战斗，现在背后有一大帮人在支持我，想法就不一样了。有信心，离恐慌就远了。”该措施属“重点保卫措施”。

疏：涉及规范引导民间借贷市场的具体措施。包括：开展民间借贷登记服务中心试点；规范民间借贷中介行为；规范中介机构自身借贷行为；规范寄售行业、旧物调剂行（店）业务经营；规范注册登记程序，严防超范围经营；规范账户结算，强化资金监管；建立分类综合评价激励机制；完善扶持政策；理顺监管体系，强化监管力度；健全应急预案，做好风险处置。该措施属“保护控制措施”。

扶：政府和银行均出台有关中小企业减税减负政策。该措施属“保护控制措施”。

在国家层面，由于我国民间借贷得以发展的根本原因在于中小企业发展的需要，为了促进中小企业的发展和拓宽民间资本的投资渠道，2012 年 3 月 28 日，国家决定设立温州金融综合改革试验区。2012 年 4—6 月，交通运输部、铁道部、卫生部、国资委、证监会、银监会等国家六部委密集出台文件（统称为“新 36 条”实施细则），鼓励民间资本进入传统垄断行业和领域。

2.3 危机处置的分割原理与动员性措施

自然灾害、事故灾难和公共卫生与食品安全事件的六类处置措施中的控制性措施和预防性措施，以及社会安全危机的处置措施中的隔离、保护、限制和保卫四大措施，都需要广泛运用分割原理。分割原理是危机处置的重要原理。本节介绍分割原理[①]，以及自然灾害、事故灾难和公共卫生与食品安全事件的六类处置措施中的动员性措施，动员性措施是其他各类措施的重要保障。

2.3.1 危机处置的分割原理

2.3.1.1 分割原理

系统论认为，整体的功能不等于各部分功能之和，任何系统由若干部分（要素）组

① 宋劲松．领导干部在应急管理中要善用分割原理．学习时报，2011-02-21.

成；但在功能上，各部分功能的总和不等于整体的功能，任何系统的整体功能等于各部分功能的总和，加上各部分相互联系形成结构产生的功能。亚里士多德的名言“整体大于部分之和”和中国谚语“一根筷子容易折断，一把筷子不易折断”就是这一系统论原理的朴素表述。

反过来，如果把一个整体系统分割成若干部分，则整体各部分相互联系形成结构产生的功能就不存在了，被分割的所有单个部分的功能的总和小于整体被分割前的功能总和。与系统论原理相对应，这可以被称为分割原理。这一原理可以广泛运用于突发事件应急处置，即把处置对象分割成若干不相关联的单个个体，则危机的整体功能被肢解，突发事件的影响和冲击就有可能减轻或容易得到控制，即把“一根筷子容易折断，一把筷子不易折断”的系统论原理转为“一把筷子不易折断，一根筷子容易折断”的分割原理。我国《突发事件应对法》第四十九条第二款的规定就是分割原理的总结和具体运用。它规定：自然灾害、事故灾难或者公共卫生事件发生后，履行统一领导职责的人民政府可以迅速控制危险源，标明危险区域，封锁危险场所，划定警戒区，实行交通管制以及其他控制措施。

2.3.1.2　分割原理在危机处置中的应用

在自然灾害的应急处置中，运用分割原理的历史久远。例如，岷江是长江上游一条较大的支流，发源于四川北部高山地区，每当春夏山洪暴发之时，江水奔腾而下，从灌县进入成都平原，由于河道狭窄，古时常常引起洪灾，洪水一退，又是沙石千里。公元前256年，李冰父子建设都江堰治水工程，将岷江水流分成两条，其中一条引入成都平原，既可以分洪减灾，又达到了引水灌田、变害为利的目的。2 200多年来，李冰父子建设的都江堰治水工程仍然发挥着巨大效益。

在森林火灾扑救中，最主要、最有效也是最根本的灭火方法是开设隔离带，防止林火蔓延，先控制蔓延，再消灭余火。在实践中，往往采取“打隔结合，分割包围”的分割原理战术，即灭火队员直接靠近火线灭火与开设隔离带相结合的方法。灭火队员在火头前方一定位置，利用有利时机和地形，采取人工（使用油锯和铁锹）或机械设备开设出生土隔离带，或有计划地烧除一部分可燃物，形成一条准防火隔离带，使林火燃烧到此处时强度降低、蔓延速度减慢，再投入直接灭火兵力，配合两翼部队分割合围，各个消灭，最后夺取胜利。

在事故灾难的应急处置中，如果对事故现场不能很好地进行分割处置，往往会衍生出更大的灾难。2005年11月13日，中石油吉林石化公司双苯厂因处理一堵塞装置不当发生连续爆炸，造成5人死亡、1人失踪、60多人受伤。虽然吉林石化公司立即启动消防应急预案，切断各装置间物料供应，市消防支队官兵快速赶到现场实施扑救，使事故得到了有效控制，但是，事故区域排出的污水没有得到分割隔离，污水通过吉化公司东10号线进入松花江，产生的主要污染物为苯、苯胺和硝基苯等有机物，殃及拥有近400万人口的哈尔滨，导致该市全面停水七天，松花江和黑龙江千余公里的水质严重污染，俄罗斯沿江居民健康亦受到威胁，引发国际环保事件。

在公共卫生和食品安全应急处置中，分割方法是必须采用的处置方法。2003年春夏，非典型肺炎突然袭来。2003年5月9日，国务院公布施行《突发公共卫生事件应急条例》，并制定相关法律，建立公共卫生应急反应机制，设立“防火墙”，控制危机蔓延；依法采取严格的隔离措施，封锁发现疫情的居民楼、学生公寓和医院等，隔离和观察可能被患者传染的人员。通过这些措施，全国迅速形成了一个立体的防疫体系，有效地防止了疫情扩散和蔓延。

1999 年 6 月初，比利时和法国的一些中小学生饮用美国饮料可口可乐，发生了中毒情况。比利时政府颁布禁令，禁止本国销售可口可乐公司生产的各种品牌的饮料。已经拥有 113 年历史的可口可乐公司，遭受了历史上鲜见的重大危机。6 月 18 日，可口可乐公司宣布，将比利时国内同期上市的可乐全部收回，尽快宣布调查化验结果，说明事故的影响范围，并向消费者退赔。而可口可乐其他地区的公司，如中国公司，则宣布其产品与比利时事件无关，市场销售正常，从而稳定了事故地区外的人心，控制了危机的蔓延。

在群体性事件处置中，也往往采取多种形式的分割处置方法。2008 年，南方出现雨雪冰冻灾害，广州火车站广场滞留了几十万旅客，随时有可能发生拥挤、踩踏群体性事件，武警部队插入形成人墙，强行把人群分成若干片，确保了不出现拥挤、踩踏事故；2010 年，青海玉树“4·14”地震应急处置物资发放时，最初按基层组织领取的方式发放，但由于地震后基层组织不健全，外来人口和流动人口多，物资发放一度出现了哄抢现象，后来把州政府所在地结古镇受灾地区划分成 21 个片，按片区发放物资，至 4 月 17 日，物资发放基本做到有序。

分割原理在危机公关中表现为“撇清关系”。2010 年 8 月 24 日 22 时 10 分左右，河南航空客机在黑龙江省伊春市降落时失事，造成 42 人死亡、54 人受伤。为了避免同名之累，河南省工商行政管理局三天后发布公告，撤销河南航空名称，恢复其“鲲鹏航空”旧名。河南省民航发展建设委员会发言人强调，河南省未持有其任何股份。但是，也有一些不以事实为依据的“撇清关系”的危机公关方式，不能有效地化解危机，如 2009 年 4 月 10 日《人民日报》报道，社会广为关注的浙江横店圆明新园项目已正式停建，圆明新园筹建工作协调小组已撤销，浙江省东阳市发改局局长等被行政记过处分。2009 年 4 月 11 日《扬子晚报》质疑：“这么一个规划用地 6 165 亩、投资几十个亿的大项目，完全是市发展和改革局局长一手拍板的？……市政府的官员居然一点不知道？”怀疑东阳市发改局局长等被行政记过处分是有关方面“丢卒保帅”式危机公关。显然，这样的“分割”处置危机的方式最终不利于危机的化解。

2.3.1.3　分割原理在危机预防中的应用

根据《高层民用建筑设计防火规范》，高层楼房每层都要求安装防火门，可以在一定时间内阻隔火势和烟雾的蔓延，确保居民的逃生。在国外，有国家规定超高层建筑每 14 层就要设有一个避难层（用特殊的阻燃材料建成的一个楼层，地板、天花板、楼梯等都有较强的防火和耐火性，还要配备专门的增压设备，将空气往外压出，防止浓烟和烈火的侵入）。2010 年 11 月 15 日下午，上海市静安区胶州路一幢 28 层的公寓发生火灾，上海公安、消防等部门出动了 25 个消防中队、百余辆消防车以及三架警用直升机投入救援。但由于该高层建筑没有相应的预防措施，致使 53 人遇难、70 余人受伤。虽然直接原因是保温材料质量不合格，但如果能有危机分割的预防措施，其灾难后果可以大为减轻。目前，在国内外的很多人员容易聚集的公共场所，为了防止拥挤踩踏事件的发生，都设置了分割式的预防措施。如在北京的地铁入口，都有铁护栏把人群分成若干队，使乘客有序进入地铁；在英国伦敦机场仅仅几百平方米的海关出口处，由狭窄的、弯弯曲曲的警戒线分割形成的人行道足以让旅客走上十多分钟，防止旅客在静止等待中因焦虑产生骚乱。

但是，分割原理也不是万能的，它仅仅是应急管理中的一种技术方法而已。突发事件的应急处置主要更取决于政府的应急资源与能力和社会应急动员体系的有效性。2008 年南方雨雪冰冻灾害中，广州火车站广场滞留旅客的疏散最终还是取决于尽快恢复铁路交通。2010 年玉树地震中，物资的有序分配也得益于我国“一方有难、八方支援”的精神安民心、得民意。2003 年成功抗击“非典”，不仅缘于隔离措施有效，也得益于我国广大科技工作者的艰苦探索，在很短的时间内将绝大部分“非典”患者治愈，至 2003 年 6 月底，中国大陆总计出现 5 326 位“非典”患者或疑似“非典”患者，共有 4 895 人治愈出院，347 人死亡。“非典”的成功抗击也得益于充分保障物资供应。

2.3.2 危机处置的动员性措施

在本章前面介绍的危机处置措施中，动员性措施是相当特别的一类措施，也是一个国家社会治理现代化的重要标志。所有国家的公共安全危机处置都需要广泛的社会动员，因此，本节专门讨论危机处置的动员性措施。在大部分西方发达国家，由于公共安全危机处置经费遵从属地负担的原则，大部分的危机应对费用由地方政府负担，甚至在请求军队参与大部分的公共安全危机处置时，一般也是“谁请求，谁付费”。因此，西方发达国家的志愿服务动员系统比较完善。

2.3.2.1 第一响应者制度①

早期的第一响应者是指在医疗领域，通过培训能够在医疗应急中提供基本生命救助支持的人员。随着经济社会的发展，第一响应者的含义扩大为不论其拥有何种证书而首先到达灾难现场的个人。

1. 第一响应者的历史起源与狭义第一响应者

第一响应者最早起源于急救医疗服务（EMS）。EMS 最初是以减少交通事故伤害、完善医疗救护系统等为目标，在美国运输部和美国国家科学院医学研究所等的推动下产生。医学界有的把第一响应者定义为那些在事件发生后第一时间抵达事故现场的人，其首要作用就是最先获得现场情况、初步判断病人情况并以有限的救生手段抢救病人。也有的定义为：经过认可的项目培训，在医疗项目主任（medical program directors，MPD）的书面或者口头授权下，或者在授权医生代表的授权下，提供应急医疗服务，并且经过卫生部门的考核和认证。这是传统意义上的或者说是狭义上的第一响应者。

欧美国家的狭义第一响应者有两个重要特点，一是第一响应者的服务属于志愿服务，二是第一响应者的服务需取得认证资格。这两个特点与欧美国家的文化传统和法律制度有关。西方基督教文化中一个很著名的成语和口头语是“好撒玛利亚人”（The Good Samaritan）。它的意思是好心人，有时也被理解为见义勇为者。欧美许多国家都颁布好撒玛利亚人法（Good Samaritan Law），其最终目的就是防止个人在社会中不愿帮助需要帮助的陌

① 宋劲松，刘红霞．应急管理第一响应者制度的产生与发展，中国应急管理，2011（8）：28-31.

生人。这种文化传统与法律制度鼓励人们热心于志愿服务，从事见义勇为和救助需要帮助的人等活动，其中紧急医疗救护志愿服务就是狭义第一响应者的义务。在医疗救护中，由于志愿服务的救护行为可能会给被救助者造成伤害，因此，提供志愿服务的人需取得相关资格认证，才能得到好撒玛利亚人法（在美国，除了好撒玛利亚人法外，还有志愿服务法）的保护。

2. 广义第一响应者

美国在更广泛的意义上发展了第一响应者的概念，以适应突发事件应急管理的需要。如美国运输部等部门定义第一响应者为应急救治服务系统的组成部分，指不论其拥有何种证书而首先到达灾难现场的个人，他们使用有限的设备进行最初的事故现场判断和急救干预，被训练成为专业急救服务的辅助力量。

美国国土安全部认为第一响应者制度更偏重于确保在发生恐怖袭击、自然灾害和大规模的紧急事件时，能够有携带着信息和资源、有准备、有装备的第一响应者赶到现场实施救助。第一响应者的培训和所提供的服务不仅包括医疗救助，还包括安保、救火、法律援助等一些专业技术要求更高、危险性更大的服务内容，涉及的领域包括边境安全、反对偷渡行为、灾难应对和恢复等。

2002 年 1 月，美国总统布什批准成立专门用于应对突发事件的公民服务队（citizen corps）计划。公民服务队计划是美国政府资助的广义的第一响应者制度。公民服务队有社区应急响应队、消防服务队、医疗服务队、守望美利坚和警务志愿服务队五个合作计划。目前，美国所有的州和海外领地都建立了州级公民服务委员会，可以为美国 80%的人口服务。公民服务队实行双重管理，在业务培训上由相关的专业协会组织，如消防服务队在美国消防总队国家顾问委员会（NAC）各成员单位的组织下进行培训；在应急管理活动中，由州级相关计划的公民服务委员会协调，如美国医疗服务队在国家层面有医疗服务队办公室，分成 10 个大区，协调各州的医疗服务队，在地方层面，每个医疗服务队都有一个协调官。在卡特里娜飓风应急响应中，医疗服务队被要求配合红十字会和联邦紧急事务署的工作。守望美利坚计划由美国警长协会和美国司法部司法援助局合作管理。警务志愿服务队能够参与地方警察部门中行政、后勤等岗位的辅助性警务工作，以腾出正规警力增援保障社会治安的一线工作，由警察局长国际协会（IACP）、美国自由服务队白宫办公室和美国司法部合作管理。

德国消防队是应急管理的主要救援力量，并担负应急救援统一指挥的职能。志愿消防员是德国消防的核心队伍，全国共有约 140 万人。职业消防队属于公务员，只有在人口达到 10 万人以上的地区才会设立。在有任务需求时，由当地政府设立的 112 接警中心通过无线电给志愿者发送救援信息，志愿者一般会在 3～5 分钟内到达消防站，并迅速出动。对于志愿者因参加救援而给其雇主所造成的损失，由政府给予补偿。

无论是狭义第一响应者还是广义第一响应者，第一响应者们都有从属组织，一旦专业救援力量到来，他们将接受应急指挥组织的统一指挥，并参与到相应工作组的工作。

3. 我国应急管理“第一响应者”状况

我国目前还没有名称意义上的突发事件第一响应者，但在实践中，我国有各种不同类型的实际意义上的突发事件第一响应者。我国历史上曾有赤脚医生等现实意义的第一响应者制度，但我国目前的第一响应者主要集中在突发事件信息员，特别缺乏应急处置的第一响应者。

2010 年 3 月、9 月和 2011 年 3 月，我国四川省有关地市人民政府与德国联邦政府技术救援署、中国地震应急搜救中心联合举办了搜索救援“第一响应者”培训。该项目以中方专家为主，德方专家协助，共同开发了培训课程。该项目把第一响应者定义为：突发事件发生后，在第一时间内赶到现场，能够指挥现场民众徒手或利用简单工具开展抢险救灾的人员。根据这一定义，有可能成为第一响应者的人员包括基层官员、警察、消防人员、当地驻军、医院院长、居委会负责人、社区负责人、学校校长和企业负责人等。第一响应者的应急响应能力高于公民自救互救方式，低于专业响应队伍，第一响应者到达现场的时间晚于本地居民，早于专业响应队伍。相比美国的广义第一响应者制度，该项目定义的“第一响应者”在能力方面增加了现场组织管理能力。在当今突发事件往往呈现“小灾大难”的情况下，第一响应者的现场组织管理能力非常重要，通过第一响应者的现场组织管理，可以减轻突发事件本身的冲击和影响，也可以在一定程度上防止次生、衍生灾害的发生。另外，发展中国家不可能像美国一样实施宏大的公民服务队计划，使相当部分公民具有第一响应者的能力，培训一部分具有现场组织管理能力的第一响应者可能更为现实。

总之，随着我国赤脚医生制度的消失，我国狭义第一响应者目前基本处于空白。从广义第一响应者来看，自然灾害的第一响应者目前还只是灾害预警阶段的信息员，应急救援的第一响应者目前还处于探索的初期阶段；对于社会安全类突发事件，我国辅警的来源较随意、辅警素质不高、公安机关对辅警队伍的管理还不规范、辅警职责还不清晰，辅警发展呈现出有需求但无标准的特点。

专栏

北京市社会治安的群防群治工作模式

近年来，在警方的破案通报中，我们经常可以看到这样几个熟悉的字眼：“西城大妈”“朝阳群众”“海淀网友”“丰台劝导队”，他们是社区内的群防群治力量，成员大多是社区内的普通居民，以派出所及街道为依托，凭借自身人熟、地熟、事熟的特点自发开展工作。这些群众性组织在调处邻里纠纷、清理安全隐患和发现治安线索等方面发挥了重要作用。

1. 组织形式（见图 2-1）

图 2-1　北京市公安局群防群治组织架构

街道办事处作为基层政权，承担着辖区内的日常管理工作；派出所作为治安管理单位，承担着维护辖区治安稳定、打击违法犯罪的任务。它们为群防群治力量提供政策支持。

居委会是街道办事处的下辖单位，它将街道办事处的行政区划分解成若干单元，负责政策的实际执行；社区民警作为派出所管理辖区的具体人员，实行包片制度，每名社区民警负责一个或者若干个居委会的实际管理工作。

作为群防群治力量的实际执行人，在这些群众性组织中，成员形式又可以分为两大类：志愿者形式和专职形式。

成员包括：社区居委会工作人员、社区志愿者、社区治保积极分子等（见图 2-2）。之所以由这些人构成，是因为这些人员常驻社区，对于社区内的人员、事物、地形相对熟悉，更了解本地区的地域情况。

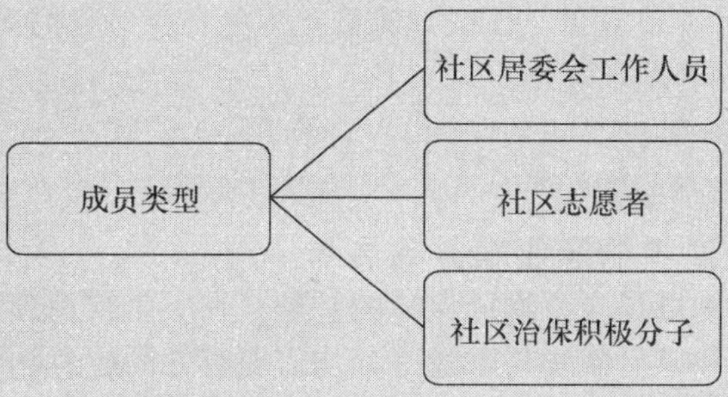

图 2-2 北京市公安局群防群治成员类型

成员特点：

(1) 老年人居多。要做到常驻社区，及时发现反馈社区情况，就需要投入大量精力，因此，社区内的离退休老人是最佳人选，社区内随处可见带着红袖标的老年人。

(2) 对社区有感情。社区工作单调乏味，因此从事社区工作的人员需要对社区有感情，爱护社区。由衷地热爱社区，就会把社区工作放在心上、落实在行动中。

(3) 耐心细致。存在于社区的安全隐患、治安线索往往隐藏得很深，不加留意很难发现，因此就需要社区人员大胆细心，在不打草惊蛇的情况下能够准确地掌握线索，及时向相关部门反映。

2. 工作机制

社区群众性组织的日常工作中，需要面对各类可能发生的突发情况，如何将这些情况科学合理地区分开来，对症下药，就需要一套系统的工作流程，在线索的发现初期及时向居委会及社区民警反映，在居委会及社区民警职责、能力范围内的就妥善处理，如无法化解，便逐级上报，由街道办事处、派出所处置（见图 2-3）。同时，居委会、街道办事处也起到信息分流的作用，将突发情况合理分类，再联系有关部门妥善处置。

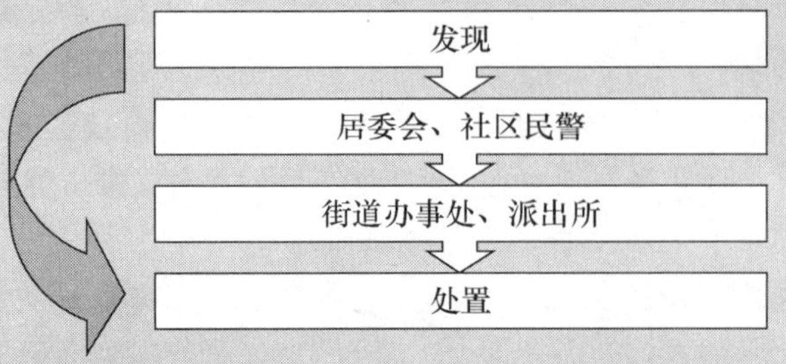

图 2-3　北京市公安局群防群治工作流程

培训机制：定期由区、街道、居委会三级组织群防群治力量的业务培训，确保人人都参与培训、人人都懂业务。

奖励机制：实现奖励常态化，根据群防群治力量提供线索的等级适当予以奖励，通过物质奖励充分调动人员的积极性。

资料来源：根据国家行政学院公共管理硕士 2014 级学生矣成汉作业修改。

2.3.2.2　危机应对中的商业服务动员①

应急管理商业服务动员是应急物资保障的基础。在应急管理预防与应急准备、监测与预警、应急处置与救援和事后恢复与重建中，均需要有效的应急物资保障。特别是在危机应对中，需要在紧急状态下进行应急物资与运力的征用、市场采购和组织紧急生产等。保险服务动员是一种特殊的应急管理商业服务动员，在应急管理中具有事前的综合风险管理功能和事后的保险补偿及分散风险功能。受经济全球化和一体化的影响，突发事件的“蝴蝶效应”更加显著，自然灾害、事故灾难、公共卫生和食品安全事件，乃至社会安全事件均可能引发某类商品市场价格的剧烈波动，需要进行市场稳定动员。

在危机应对商业服务的社会动员中，主要涉及应急物资与运力的征用、市场稳定、组织紧急生产和灾害保险动员。虽然灾害保险动员贯穿于危机管理的全过程，但对于危机决策来讲，灾害保险动员是善后恢复中的重要工作，因此，这部分内容放在后面的章节中介绍。

1. 应急物资征用

大多数突发事件的应急管理需要对社会各界的物资进行征用，例如征用商业系统的物资、建筑企业的工程设备、流通企业的运力等。

我国《突发事件应对法》第十二条和第五十二条对应急物资征用进行了规定。但我国政府应急征用制度目前存在征用主体和被征用人权限不清、征用程序缺失、补偿方式单一、补偿标准不明确等需要解决的问题②。

从部分国家和地区应急征用的法律制度经验③来看，存在以下特点：

（1）确定征用主体和被征用人的法律权限。

从世界范围看，政府应急征用主体大致分为两类，有的规定为政府首脑，比如美国

---

① 宋劲松．应急管理社会动员．北京：中国经济出版社，2012：96-109．

②③ 王敬波．略论政府应急征用法律制度的完善．行政法学研究，2011（4）：16-24．

《征用财产法案》授权总统在认为有“即刻和即将来临”的危险，需要捍卫美国国防时，可以征用“任何军事和军事装备、生活用品、军火或其组成部分，或者设备、工具、材料制造、必要的服务、武器”。加拿大《紧急状态法案》赋予总理紧急状态下的征用权。有的则明确为政府或者政府部门。

（2）多样化的应急补偿方式与公平合理的补偿标准。

征用主体可以采用多种方式对被征用公民和组织进行补偿，除恢复原状、返还财产以及金钱补偿之外，还可以设置财政税费减免、实物补偿、给予医疗抚恤等各种补偿方式的单独适用或结合适用。

从世界范围看，征用补偿一般坚持“公平合理补偿”“正当补偿”“按实际损失补偿”等原则。比如美国，征用补偿遵循合理补偿和及时补偿原则，法律规定未经合理补偿，私人财产不得征作公用，并且应当尽可能快地决定并支付合理补偿。但是，如果因为政府征用而使市场价值发生较大上涨时，政府在确定补偿金额时会扣除因征用而增值的部分。当财产的市场价值无法确定时，通常采用不动产销售方法、收入估价方法、物品替代方法、开发成本方法等考虑公平补偿的确定因素。

（3）明确应急征用和补偿的程序。

很多国家和地区的法律规范中都对应急征用和补偿程序作了详细的规定。例如，新西兰《民防应急管理法》第九十条规定：在征用财产时，征用人必须交给被征用财产的所有人或当时控制征用财产的人一份书面声明，该声明须载明被征用的财产，以及该财产被征用后即将被置于何人的控制之下。但在紧急状态下，难免出现意外情况，如一时难以寻找到要被征用财产的所有人或控制人，但为保护人的生命又须立即对相关财产进行征用，这时征用人可以立即控制该财产或决定其去向。同时，为保护被征用财产所有人或控制人的利益，在实际情况允许时，财产征用人必须立即交给被征用财产的所有人或征用前实际控制被征用财产的人一份书面声明，载明该财产已经被征用及正处于何人控制之下。

专栏

芦山“4·20”地震应急房屋资源社会动员

2013 年 4 月 20 日 8 时 02 分，四川省雅安市芦山县发生 7.0 级地震，震源深度 13 公里，震中距成都约 100 公里。成都、重庆及陕西的宝鸡、汉中、安康等地均有较强震感。受灾人口约 152 万，受灾面积约 12 500 平方公里。据中国地震局网站消息，截至 24 日 14 时 30 分，地震共计造成 196 人死亡、21 人失踪、11 470 人受伤。据雅安市政府应急办通报，震中芦山县龙门乡 99%以上的房屋垮塌。地震发生后，四川省立刻启动一级应急响应。地震造成震区多数房屋倒塌，大量灾民无家可归，现场需要大量应急房屋，用于灾民临时安置。

国家发改委经济运行调节局接到四川省发改委求助，需要在全国范围内紧急采购大批量的应急房屋资源。但是，事情非常紧急，在短时间内迅速找到质量、价格、库存都符合要求的供应商资源难度非常大。

在作出应急采购决策前，发改委需要先了解以下信息：中国都有哪些应急房屋生产企业，每家企业现有多少库存，都是什么型号规格，紧急生产能力如何，四川周边是否有符合要求的企业，采购价格多少，第一批采购需要多少预算资金等。此时，国家发改委如果单纯依靠自身或政府的力量，逐一查询了解各家企业情况，势必会耗费大量时间和人力，影响灾区灾民的安置工作进度。

后来，发改委通过工信部等其他渠道联系到了应急救援产业技术创新战略联盟，该联盟秘书处依托自身在应急产业领域的资源优势和预先建立的产业资源数据库，在短短的3个小时之内就完成了主要供应商资源的梳理和信息核实工作，提供了一份精准的供应商信息表。国家发改委的工作人员根据该联盟提供的资源信息，与四川省发改委有关工作人员一起在两日内完成了第一批供应商资源的考察和选择，确定了采购意向。

2013年4月20日上午，在得知雅安发生地震后，应急救援产业技术创新战略联盟分别与工信部、卫生部、民政部、公安部、总后勤部等取得联系，表达按照指令提供一切力所能及的支持的愿望。

21日上午9时52分，联盟秘书长接到工信部运行监测协调局工作人员来电，提到发改委运行局正在全国紧急调度应急房屋资源，询问联盟是否可以提供帮助。联盟秘书长表示，联盟掌握全国的应急产业供应资源信息，愿意全力配合发改委的工作。工信部工作人员立即将这一情况转告发改委。

10分钟后，联盟秘书长接到发改委运行局来电，希望联盟在应急房屋供应商资源调度上提供协助。联盟秘书长详细了解了前方的需求情况，随后立即组织秘书处工作人员从联盟产业资源数据库中筛选出全国应急房屋生产企业清单，分组与各地区的生产企业进行联系，逐一核实库存、型号、价格、位置及供货时间等关键信息。经过3小时的紧张工作，联盟向发改委提交了一份全面的应急房屋供应商信息表，包括供应商简介、地址、联系电话、当前库存、紧急生产能力、产品型号、应急采购价格、运输距离及所需时间等关键信息，所有信息全部一一核实，并根据库存、与雅安的距离、价格等关键因素进行合理排序，供发改委选择参考，并建议第一批采购优先选择四川附近库存比较多的大型生产企业，以确保第一批应急房屋可以第一时间供应灾区。

国家发改委收到信息表后，对联盟提供的信息和建议非常认可，认为联盟在提供产业资源信息上不仅速度快，而且信息非常专业、精准和完整，一张表格基本涵盖了全国范围的关键资源信息。因此，国家发改委在拿到信息后，立即派工作人员前往四川，同四川省发改委工作人员前往企业进行考察采购。他们先对四川附近的供应商进行了实地考察，最终选择了一家规模较大、库存较多的企业，第二天就基本确定了第一批采购事宜。在整个过程中，联盟与国家部委和相关供应商保持积极的信息沟通，各项工作对接顺利。

资料来源：根据国家行政学院公共管理硕士2014级学生杨金花作业修改。

2. 市场稳定动员

突发事件发生后，由于应急处置与救援对某些物资的需求急剧上升，有可能导致该类物资或商品市场价格剧烈波动（例如，“非典”时期相关预防传染病的药品价格大幅上涨；日本福岛核电站放射性物质泄漏后，受各种传言的影响，我国出现了大量抢购食盐的行为，造成市场恐慌），或由于灾区某类商品的龙头企业生产中断，而导致该类商品价格大幅波动。

（1）市场抢购的应对。

根据《价格法》第三条，国家实行并逐步完善宏观经济调控下主要由市场形成价格的机制。价格的制定应当符合价值规律，大多数商品和服务价格实行市场调节价，极少数商品和服务价格实行政府指导价或者政府定价。我国大部分商品的价格是由市场机制形成的，政府应对抢购主要通过市场手段进行干预，包括：

商品储备。政府通过自建仓库或委托相关企业储备一些重要商品，在自然灾害发生后，当市场上这些商品供应短缺、价格急剧上升时，可以按规定的价格投放到市场，以达到稳定市场交易量和价格的作用。

政府引导。一些突发事件经常导致企业供应链断裂，这时需要政府动用行政资源帮助企业寻找、联系上下游供应链企业，尽量在最短时间内恢复企业的生产经营活动。另外，灾后政府及时发布有关灾情信息、市场信息，也可以帮助企业以及消费者作出理性决策。

法律干预。经营者有《价格法》限制的、与突发事件中抢购行为有关的“捏造、散布涨价信息，哄抬价格，推动商品价格过高上涨的”不法行为，可以通过法律手段进行干预。

价格管制。《价格法》第三十一条规定：“当市场价格总水平出现剧烈波动等异常状态时，国务院可以在全国范围内或者部分区域内采取临时集中定价权限、部分或者全面冻结价格的紧急措施。”政府可以进行价格干预：政府通过限定批零差价率或利润率、规定限价、实行提价申报制度和调价备案制度等多种方式，防止物资价格过快上涨。突发事件中的抢购很多是出于安全的需要。例如，在“非典”（SARS）期间，由于听到了一些“板蓝根、白醋能防治 SARS”的传言，人们认为购买这些物品可以提高自己和家人抗击病毒的能力，在安全需要的驱动下，公众纷纷产生非预期性的大量购买，从而导致了群体抢购现象的发生。受 SARS 影响，2003 年 2 月 12 日，广州、东莞、深圳、珠海、惠州、汕头、汕尾、揭阳、潮州等地区出现了粮食抢购情况；类似地，北京、天津等特大城市也在局部范围出现了粮食抢购情况；3 月 5 日，安徽阜阳市也刮起了粮食抢购风。2003 年 4 月 2 日，香港《文汇报》报道，香港因谣传将被宣布为“疫埠”，全城掀起了一轮抢购风，很多超市粮食被抢购一空。在 2008 年全球粮食价格大幅上涨的过程中，美国、泰国、越南等几个主要粮食出口国相继出现了粮食抢购现象。2009 年 4 月，墨西哥暴发猪流感，也出现了民众抢购粮食的情况。2010 年 1 月，海地地震，粮食供应受到冲击，不仅在多个城市发生粮食抢购，而且恶化为粮食抢劫，引发社会动荡，导致政府垮台。2011 年 3 月 11 日，日本地震灾难和核泄漏事故导致食物短缺，灾民每天仅靠一两个饭团维持生命，日本多地出现了粮食和日用品抢购和囤积现象。罗叶等利用对四川省 21 个大中型城市 823 位消费者调查的数据，分析了消费者是否产生粮食抢购意愿及其影响因素，其结论为：23.3％的被调查者在任何情况下都不会参与粮食抢购；76.7％的消费者则关注粮油价格走势、粮食信息的透明度和政府对粮食安全的态度等因素，并决定自己是否参与粮食抢购。72.2％的被调查者家庭无储粮习惯，在突发事件下容易产生抢购冲动。消费者年龄、家庭收入水平和粮食购买数量，对其粮食抢购意愿有显著影响①。

专栏

食盐抢购应对

2011年3月16日，一则“今后海盐生产不安全、食盐要涨价，碘盐能抵御核辐射”的谣言造成部分地区市场恐慌，民众盲目抢购囤积碘盐。

3月17日一早，中盐总公司将关于食盐抢购情况的报告紧急上报发改委、工信部、国资委，拟定了《关于确保全国食盐市场供应的紧急通知》，对保障供应工作提出了五点要求：一是密切关注市场动态，立即启动市场应急工作机制，直至市场恢复平稳。二是加强生产组织管理，提高成品食盐产区库存，做好销区紧急调拨准备。三是加强销区市场管理，抢购期间实行24小时配送服务，保证市场供应。同时，通过媒体加强宣传引导，确保食盐市场稳定。四是实行日报制度，每日报告市场动态，直到市场恢复平稳。五是加强信息沟通，保持密切联系，有紧急情况立即报告。全国20多万盐业人立即投入到前所未有的保供应工作中。

为了稳定人心、澄清谣言，中盐公司及时与主要媒体联系，公司电话全面开放，不间断接受媒体和消费者咨询。3月17日上午11点，中盐公司通过网络发出声明，强调中国完全有能力保障食盐供应；发生抢购的地区盐业公司都已经启动应急响应，实行24小时紧急配送，希望消费者不要信谣传谣；食盐由国家定价，价格实行国家管制，囤积居奇、哄抬物价的行为将受到国家有关部门的处罚。17日下午2点，公司领导接受了新华社、中央电视台、东方卫视、新浪、搜狐等媒体的联合采访，公司在搜狐网、新浪网、腾讯网的官方微博同时开通，接受在线访谈，与网友互动，对澄清谣言发挥了重要作用。

资料来源：中国盐业总公司以积极应对食盐抢购风潮的实际行动创先争优（2011-03-22）. http://www.chinasalt.com.cn/xwzx/zyyw/5ea3c8662ec84dba012edb4354c80061.html.

（2）间接经济影响及其应对。

2008年我国的三鹿奶粉事件②不仅带来严重的直接经济损失③，而且产生了广泛的间接经济损失。一是三鹿奶粉事件使国产奶粉品牌遭遇信任危机，直接影响到其他品牌奶粉的经销，有商场一天都未卖出一包国产奶粉。二是三鹿奶粉事件对我国奶业生产基地的稳

---

① 罗叶，鲜文铎，孙丽颖. 突发事件下粮食抢购的特征与影响因素分析：基于四川省21个大中城市消费者的问卷调查. 中国农村经济，2011（5）：45-56.

② 人为向原料乳中掺入三聚氰胺。三聚氰胺是一种化工原料，其分子中含有大量氮元素，将其添加在食品中，可以提高检测时食品中蛋白质的检测数值。用普通的全氮测定法测饲料和食品中的蛋白质数值时，根本不会区分这种伪蛋白氮。人如果长期摄入，会导致人体泌尿系统器官如膀胱、肾产生结石，并可诱发膀胱癌。——笔者注

③ 三鹿集团被破产拍卖。中国乳协协调有关责任企业出资筹集了总额11.1亿元的婴幼儿奶粉事件赔偿金。赔偿金用途有二：一是设立2亿元医疗赔偿基金，用于报销患儿急性治疗终结后、年满18岁之前可能出现相关疾病发生的医疗费用。二是用于发放患儿一次性赔偿金以及支付患儿急性治疗期的医疗费、随诊费，共9.1亿元。——笔者注

定发展造成了严重影响，导致液态奶销量减少，原料奶滞销，价格下跌，奶农损失严重，甚至出现奶农倒奶杀牛现象。三是以牛奶为原料的食品乃至整个中国的食品安全都受到质疑。

为此，国家采取一系列措施进行应对。如国家工商行政管理总局 2008 年 9 月 13 日发出紧急通知，要求各地工商行政管理机关立即开展奶粉市场清查工作，一经发现 2008 年 8 月 6 日前生产的三鹿牌婴幼儿配方奶粉，即责令经营者停止销售、立即全部下架，并依法处理，不让一包“问题奶粉”有机可乘。9 月 14 日，农业部决定对内蒙古、黑龙江、河南、河北、山东、陕西、新疆、北京等奶业生产大省（自治区、直辖市）的 50 个重点县，以及奶制品消费重点城市开展生鲜牛奶质量安全专项监测，各地组织开展了生鲜牛奶质量安全监测。与此同时，加大了对标准化奶牛养殖小区（场）和机械化挤奶站的管理力度，引导养殖户集中饲养，加强养殖环节的技术培训，推行标准化规模养殖模式，切断不合格牛奶的源头。但对其他品牌奶粉和奶农的间接影响（“风评被害”）的补偿却关注不足。

专栏

“风评被害”应对

“风评被害”是日本“3·11”大地震以后流行起来的一个词，意思是指人们由于担心产自灾区的蔬菜等农产品乃至工业品受到核污染而对其“敬而远之”，从而对灾区经济形成雪上加霜般的打击。日本福岛核电站发生核泄漏后，不仅灾区产品在日本国内被“敬而远之”，而且一直受追捧的“日本制造”在全球范围内也遭到空前冷落。包括欧盟在内的 35 个国家和地区对日本的农产品和水产品实施进口限制。中东一些国家甚至停止从日本进口一切农产品。约有 10 个国家和地区对日本生产的汽车和电子仪器等工业产品实施进口限制。意大利和中国台湾对日本产品的辐射量实施抽样调查，美国等则对来自日本的船舶实施检查。比利时将日本汽车、中国香港将日本生产的药品和化妆品列为辐射量检查的对象①。

“风评被害”是指“由于媒体对事故或灾害的过量或虚假报道，使人们对本来安全的商品、食品、区域产生恐惧心理，导致消费者惜购、观光地游客减少以及产品滞销，给没有直接关系的业者或团体带来的经济损失”。“风评被害”不包括由灾害或事故本身直接造成的损失。“风评被害”一词最初在日本仅用于单纯的核能事故，随着社会的演进，现在已经广泛用于地震、传染病、环境污染等各种灾后的评估和应对措施中。日本应对“风评被害”的措施，主要有以下三种：一是事前对策；二是保险对策；三是事后对策②。

事前对策。即在可能发生环境污染的地区未雨绸缪，事先制定出有关“风评被害”的赔偿协定或条例。其类型主要包括：地区防灾计划、民事协定和条例。在地区防灾计划方面，1999 年 12 月，日本政府出台《原子能灾害对策特别措施法》，其中，在各县、市、町、村的防灾计划中专门列有确认放射能、放射线的安全性，经政府部

① 宋金明．“风评被害”谁之过?．http://finance.sina.com.cn/roll/20110430/06359777968.shtml?from=wap.

② 王德迅．日本危机管理体制研究．中国社会科学院重点课题研究报告，2011-11.

门确认后发布农牧水产品、食品和商品的“安全宣言”，以及“设立咨询接待窗口”等三项“减轻风评被害等影响”的内容。关于核电站设施方面的“民事协定”，目前有《关于确保女川核能发电所周边安全的协定》等多个协定。关于“风评被害”的赔偿，目前只有2000年6月制定的《直岛町风评被害对策条例》。归纳起来，日本有关“风评被害”的民事协定和条例一般具有以下特点：一是针对特定地区、特定行业（如核能、废弃物处置设施）的协定；二是严格把握“风评被害”与“直接被害”的区别；三是只限于经济损失，精神痛苦不属于经济损害赔偿的范围；四是发生纠纷时，通过设立的“协商会”或“认定审查会”来解决；五是创建“基金制度”。

保险对策。一是加害方的任意保险制度。如1999年大东京海上保险株式会社向全国旅馆环境卫生同业组合联合会销售的旅游特殊保险就是一项“旅馆综合补偿制度”。这是一种专用于因发生食物中毒以及传染病等事故，导致同一个组合支部的其他旅馆营业收入减少的险种。二是加害方的强制保险制度，国际油浊补偿基金是一项专门用于补偿“风评被害”的有限责任保险制度。油污发生后，加害者以及国际油浊补偿基金需向日本支付补偿款。

事后对策。“风评被害”的事后对策有直接补偿和融资制度。迄今，日本政府对“风评被害”只进行过一次直接补偿，即对“第5福龙丸”号船员遭辐射之后的渔业补偿。1955年，美国向日本支付200万美元的损失补偿金，政府将这笔款项用于对金枪鱼生产者遭受“风评被害”的补偿。

3. 非常规突发事件的工业动员

所谓工业动员，是指政府通过平时与工业企业签订协议的形式，建立基于利益的协作关系，在应急时，工业企业按政府的要求，立即生产或转产所需应急物资或救援装备。这就要求与应急管理物资有关的工业企业储备一定的生产能力，以满足非常规突发事件应急管理的需求。2003年“非典”突发事件发生后，4月中旬，上海市经委迅速成立了工作小组，组织、协调、推动“非典”防治工作，并成立防范“非典”重要物资协调办公室，做好与防范“非典”相关物资的生产、供应、储备的调运①。汶川地震时，为了解决灾民的住宿问题，急需动员工业企业生产帐篷。2008年5月22日，中共中央总书记、国家主席、中央军委主席胡锦涛赴浙江省湖州市银格户外旅游用品有限公司（承担了中央下达的3.6万顶救灾帐篷生产任务）和浙江泰普森休闲用品有限公司（承担了5万顶帐篷和20万套帐篷钢架的生产任务）考察救灾帐篷的生产情况。考察完两个企业，胡锦涛迅即在德清县召开了部分救灾帐篷生产企业负责人座谈会，进行应急帐篷生产的工业动员②。

美国军备生产能力储备模式值得我们学习借鉴③。美国工业动员储备的范畴，不包括

---

① 蔡钧，陆建民. 铸造坚强的补给线：上海工业积极生产防治非典物资. 上海工业，2003（5）：8-9.

② 胡锦涛总书记在浙江湖州考察救灾帐篷生产情况. http://news.sina.com.cn/c/2008-05-22/210615597710.shtml.

③ 王磊，廖艳. 生产能力储备：美军持续进行战争的保证. 中国国防报，2005-01-24.

战略物资和油料、燃料等各种补给品的储备，主要是武器成品的储备、生产能力的储备和科学技术的储备。其中，生产能力的储备是美军持续进行战争的根本保证，美国主要通过提高企事业生产的军民兼容能力、保持军工产品的“温热”生产能力及确定合理计算方式评估生产能力的途径，来提高生产能力储备的质量。

2.3.2.3　业务连续性管理①

英国在应急管理中强调“抗逆力”建设，并通过业务连续性管理提高各类组织的“抗逆力”。英国的应急管理包括对“紧急状态”的预测、评估、预防、准备、响应和恢复六个阶段，英国应急管理中的风险管理集中在评估、预防阶段，业务连续性管理集中在应急准备阶段，业务连续性管理有效地把风险管理与应急响应和恢复紧密联系在一起。英国法律要求应急管理第一类响应者的所有职能都有业务连续性计划，英国政府文件《应急准备》第六章和第八章分别对第一类响应者，以及商业和志愿组织开展业务连续性工作作出了明确的规定。

1. 业务连续性管理的概念与由来

“业务连续”的概念最早源于美国的“灾难恢复”（disaster recovery，DR）一词。灾害恢复的概念始于 20 世纪 70 年代中期，当时大多数系统是面向批处理大型机，经常瘫痪许多天，给组织带来巨大损失。灾难恢复是利用技术和管理手段，确保组织在灾难发生后的关键数据、数据处理系统和业务可以恢复，其最终目的是保证在灾难发生后的指定时间内恢复既定范围的业务。

进入 21 世纪后，“灾难恢复”被“业务连续”一词所取代。根据英国特许管理学会的定义，业务连续性管理（BCM）“是一个全面的管理过程，识别对机构的潜在威胁，这些威胁如果发生，会对业务操作产生冲击，它支持机构建立一个有效响应，以保卫其主要利益相关者、声誉、品牌和价值创造活动的抗逆能力的框架”。业务连续性管理的原则是，机构领导者的主要责任是确保在任何时候其业务操作能够连续运转。

2. 英国国家标准 BS25999-1 和 BS25999-2 简介

英国标准协会 2003 年出版《公共可用规范》，用于指导业务连续性管理，该规范汇集了业务连续性管理中的成果经验，并为全世界许多组织所采用。2006 年，这一规范被英国标准 BS25999-1 所取代，英国标准协会 2007 年出版了新规定的第二部分 BS25999-2。BS25999 是以指导和建议的形式提供的实践规则，BS25999-1 是业务守则，引导组织应该或可能采取何种措施有效实施业务连续性管理，BS25999-2 是规范，具体说明组织应该如何实施业务连续性管理。BS25999-2 使用 PDCA 周期（规划—执行—检查—行动）来改善组织业务连续性管理体系的有效性，如图 2-4 所示。

图 2-4 可以被视为业务连续性管理车轮，核心是项目管理，包括规划业务连续性管理体系和为业务连续性管理提供资源。

轮胎是将业务连续性管理植入组织文化中，属于与 PDCA 周期的规划、检查和行动相关的因素。

车轴是 PDCA 周期中的“行动”要素，包括：理解组织，确定业务连续性管理策略，

---

① 宋劲松. 英国应急管理中的业务连续性管理及启示. 学术研究，2011，205（4）：90-93.

开发和执行业务连续性管理回应，运用、维持和评估。理解组织的重点是利益相关方的确认和业务影响分析。

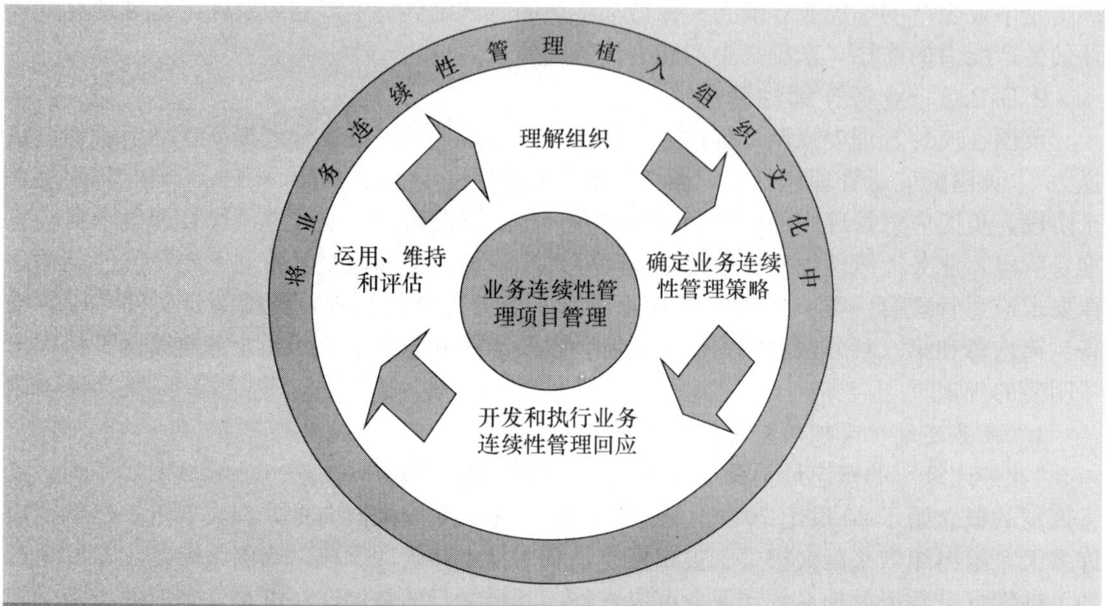

图 2-4 业务连续性管理生命周期

3. 英国业务连续性管理与应急管理及风险管理的关系

业务连续性管理与风险管理都是英国“综合应急管理”（integrated emergency management）的重要组成部分，是构建英国“抗逆力”的基础，它们之间既有区别又相互联系，有机结合。

业务连续性管理是提高英国“抗逆力”的主要手段，联系着应急管理中的风险管理与应急响应。从管理对象来看，按照英国 2004 年《民事紧急事务法》，英国应急管理的对象是“紧急状态”，它是指：在英国的某个地方发生的可能对人类福祉造成严重损害的事件或情形；在英国某个地方发生的可能对环境产生严重损害的事件或情形；可能对英国的安全造成严重损害的战争或恐怖主义。而英国业务连续性管理针对的是英国所有的机构与组织可能面对的业务中断，范围更加宽广，而不仅局限于“紧急状态”。从实施主体来看，应急管理的实施主体主要包括一类响应者和二类响应者；业务连续性管理的实施主体则包括英国所有的机构与组织，除了一类响应者和二类响应者外，还包括其他各种政府和非政府组织。从管理内容来看，业务连续性管理是常态的管理，目标是保持业务不中断，可以做成 PDCA 的模型；应急管理不是常态管理，其目标是针对问题的，即如何发现事件、如何判定事件、如何处理事件等。从目标来看，英国政府应急管理的目的是降低突发事件带来的风险，使人们可以自由地和充满信心地从事他们的业务；而业务连续性管理是为确保当出现人员缺失、设施（包括场所）故障、IT 和通信故障、供应商缺失，以及私人部门的顾客损失的一种或多种情况时，机构的产品和服务能达到事先的水平。从应急管理过程来看，突发事件发生后，相关响应者启动事件响应程序，控制事态发展，之后各相关机构实施业务连续性计划，进入应急恢复阶段。

风险管理是应急管理的重要组成部分，传统的风险管理考虑哪些威胁（风险）会造成那些支持重要产品或服务的重大活动的中断，以及如何阻止这些中断的发生，重点关注风险的成因。英国应急管理中的风险管理集中在评估、预防阶段；业务连续性管理则采取了一种立足于影响和时间的途径，其关注的问题是：如果重大活动出现中断，会对组织造成何种影响。即业务连续性管理更关注效果而非原因，集中在应急管理中的应急准备阶段。业务连续性管理有效地把风险管理与应急响应和恢复紧密联系在一起。

本章小结

1. 危机的定义。由于不同学者的研究领域不同，也可能是受各个时代的标志性危机事件的影响，国内外的不同学者对危机有不同的定义。例如，学术界较为认同的定义是乌里尔·罗森塔尔的观点："危机就是对一个社会系统的基本价值和行为准则架构产生严重威胁，并且在时间压力和不确定性极高的情况下，必须对其作出关键决策的事件。"这些定义的相同点是：决策时间有限，重要目标受到威胁，负面影响不确定。危机类型复杂，涉及领域与学科广泛，所以相关的定义与分类也比较繁杂。危机管理上升到政府工作层面，主要是指公共安全危机管理。例如，企业中的危机概念用得最多，企业危机有财务危机、经营危机等，但企业并不会因此专门成立财务危机或经营危机管理部门和日常机构。公共服务、生产制造和高危行业的企业则普遍设立危机管理常设机构或应急管理常设机构。同样，在政府层面，虽然经常面临经济危机、政治危机、生态危机，也不会常设相应的危机管理部门，但对于公共安全危机，各国政府普遍设立相应的危机管理部门或应急管理部门。针对公共安全问题，欧元区国家使用危机（crisis）一词，英国用紧急事务（contingency）一词，美国用应急（emergency）一词。因此，本书把危机界定为公共安全危机，并定义公共安全危机为：自然、技术和人为因素导致的，突然发生的，造成或者可能造成严重社会危害，需要采取"治标"应对措施为主的事件。本书定义的公共安全危机与我国突发事件绝大部分是互相包含的，但有一定的区别：一方面，有些事件不属于突发事件，但属于公共安全危机，如三鹿奶粉事件、魏则西事件；另一方面，有些事件属于突发事件，但不属于公共安全危机，如有些经济安全事件不一定属于公共安全危机，公共安全危机不包含生态危机、经济危机等需要长期采取以"治本"为主的措施的危机。

2. 自然灾害、事故灾难和公共卫生与食品安全事件处置措施。《突发事件应对法》第四十九条规定："自然灾害、事故灾难或者公共卫生事件发生后，履行统一领导职责的人民政府可以采取下列一项或者多项应急处置措施……"，这些措施可以归纳为救助性措施、控制性措施、保障性措施、预防性措施、动员性措施和稳定性措施六大类。

3. 社会安全危机处置措施。《突发事件应对法》第五十条规定："社会安全事件发生后，组织处置工作的人民政府应当立即组织有关部门并由公安机关针对事件的性质和特点，依照有关法律、行政法规和国家其他有关规定，采取下列一项或者多项应急处置措施……"，这些措施可以归纳为强制隔离措施、保护控制措施、封锁限制措施、重点保卫措施四大类措施。

4. 危机处置中的分割原理。系统论认为，整体的功能不等于各部分功能之和，任何系统由若干部分（要素）组成，但在功能上，各部分功能的总和不等于整体的功能，任何系统的整体功能等于各部分功能的总和，加上各部分相互联系形成结构产生的功能。亚里士多德的名言“整体大于部分之和”和中国谚语“一根筷子容易折断，一把筷子不易折断”就是这一系统论原理的朴素表述。反过来，如果把一个整体系统分割成若干部分，则整体各部分相互联系形成结构产生的功能就不存在了，被分割的所有单个部分的功能的总和小于整体被分割前的功能总和。与系统论原理相对应，这可以被称为分割原理。自然灾害、事故灾难和公共卫生与食品安全事件的六类处置措施中的控制性措施和预防性措施，以及社会安全危机的处置措施中的隔离、保护、限制和保卫四大措施，都需要广泛运用分割原理。分割原理是危机处置的重要原理。

5. 危机处置的动员措施。动员措施是相当特别的一类措施，也是一个国家社会治理现代化的重要标志。动员措施包括志愿服务动员和商业服务动员。所有国家的公共安全危机处置都需要广泛的社会动员。在大部分西方发达国家，由于公共安全危机处置经费遵从属地负担的原则，大部分的危机处置费用由地方政府负担，甚至在请求军队参与大部分的公共安全危机处置时，一般也是“谁请求，谁付费”。因此，西方发达国家的志愿服务动员系统比较完善。在危机应对商业服务的社会动员中，主要涉及应急物资与运力的征用、市场稳定、组织紧急生产和灾害保险动员。

6. 第一响应者制度。第一响应者最早起源于急救医疗服务（EMS）。EMS 最初是以减少交通事故伤害、完善医疗救护系统等为目标，在美国运输部和美国国家科学院医学研究所等的推动下产生。美国国土安全部则认为，第一响应者制度更偏重于确保在发生恐怖袭击、自然灾害和大规模的紧急事件时，能够有携带着信息和资源、有准备、有装备的第一响应者赶到现场实施救助。第一响应者的培训和所提供的服务不仅包括医疗救助，还包括安保、救火、法律援助等一些专业技术要求更高、危险性更大的服务内容，涉及的领域包括边境安全、反对偷渡行为、灾难应对和恢复等。2002 年 1 月，美国总统布什批准成立专门为应对突发事件的公民服务队（citizen corps）计划。公民服务队计划是美国政府资助的广义的第一响应者制度。公民服务队有社区应急响应队、消防服务队、医疗服务队、守望美利坚和警务志愿服务队五个合作计划。目前，美国所有的州和海外领地都建立了州级公民服务委员会，可以为美国 80%的人口服务。

7. 业务连续性管理（BCM）。业务连续性管理是一个全面的管理过程，识别对机构的潜在威胁（这些威胁如果发生，会对业务操作产生冲击）。它支持机构建立一个能够有效提高维护其主要利益相关者声誉、品牌和价值创造活动的抗逆能力的框架。业务连续性管理的原则是，机构领导者的主要责任是确保在任何时候其业务操作能够连续运转。风险管理关注原因，业务连续性管理关注结果。

复习思考题

1. 学术界对危机有哪些主要的定义？各有何特点？

2. 公共安全危机的定义是什么？欧美政府与公共服务企业在公共安全领域是如何使

用与危机相关的概念的？

3．北京市的“海淀网友”“朝阳群众”“西城大妈”和“丰台劝导队”适合哪些类别的危机应对？这些群众性组织在危机预警、危机处置、危机善后恢复中的作用如何？

4．分割原理在自然灾害、事故灾难、公共卫生事件和社会安全事件四大类危机中应用得多吗？举例说明。

第3章

危机决策组织

公共安全危机决策一般需由政府主导。对于小的公共安全危机事件，一般由现场处置人员根据有关授权进行决策应对，但对于较大及以上的公共安全危机，则需要成立危机指挥部进行危机决策。不同国家根据自己的行政管理体制和危机管理体制，形成了各具特色的危机决策组织。虽然危机决策有个人决策和集体决策等形式，但是所有的公共决策都是在一定的社会与制度背景下进行的，所有的公共安全危机决策都是在一定的危机管理体制背景下进行的，受相关制度与组织约束，具有组织的特点。目前，国内外对危机决策组织理论的研究还相当薄弱。本章首先介绍危机决策的组织理论，然后介绍中国的危机决策组织和部分发达国家的危机决策组织。

重点问题

- 危机决策组织理论
- 危机指挥部概念
- 个人决策、磋商式决策、集体决策和授权式决策的适用场景
- 中国危机决策指挥组织模型与机制
- 发达国家标准化危机决策指挥组织的特点

3.1 危机决策组织理论

本节先探讨危机决策指挥组织理论，再介绍危机指挥部的概念。

3.1.1 危机决策指挥组织理论

3.1.1.1 危机决策指挥组织理论研究特点与视角[①]

1. 危机决策指挥组织理论研究特点

中西方学界从组织要素视角对危机决策进行研究，有六个方面的特征：

第一，组织目标角度。国内外学界对危机决策的研究均较少，只是间接地指出了组织目标与危机决策的关联。

第二，组织结构角度。中西方研究的组织类型多样、研究的内容覆盖面宽。研究的组织类型从国家政府到专业组织，研究的内容从危机决策的主体到危机决策的体制机制。

第三，组织参与者角度。西方关注危机决策领导者，我国较为关注政府决策，对危机决策其他参与者、组织心理与危机决策行为之间的关系的研究都有所忽略。

第四，组织环境角度。中西方均注重研究组织环境对危机决策的影响。西方偏重研究组织外部环境对危机决策的影响；我国不仅关注研究组织外部环境对危机决策的影响，更重视研究组织内部环境（特别是组织内部的科层制）对危机决策的影响。

第五，组织技术角度。中西方均注重跨学科研究，将其他学科的技术、方法和理论应用于危机决策的研究，丰富危机决策理论。

第六，组织的其他要素角度。中西方都十分重视研究危机决策组织程序，西方更侧重于研究组织文化与危机决策的相关性。

2. 中西方危机决策组织研究视角差异

中西方对危机决策组织在研究方法切入点等方面存在差异。

首先，研究切入点不同。西方学者对危机决策研究的切入点更小、更细、更具体；我国学者偏向宏观研究，往往以国家、广义上的“大政府”危机决策为研究对象，缺乏微观的研究，不够具体、细化。

其次，研究方法不同。西方学者在早期以定性研究为主，现阶段更注重定量研究方法的应用，并将定性研究与定量研究相结合。我国对危机决策的研究刚刚起步，仅十余年而已，还处在介绍西方研究和对国内危机决策实践经验的归纳、总结阶段，仍以定性研究为主，定量研究较少。

再次，研究视角不同。一些文献开始呈现出认知—心理、官僚—组织、议程—政治三种视角融合的趋势，难以明确地区分是从哪个视角进行研究的。

最后，关注对象不同。我国较关注国内大型的危机决策事件，西方学界十分关注著名的危机事件。

3.1.1.2 危机决策指挥组织理论

1. 常规组织

20世纪是组织结构理论大发展时期，这些组织结构理论大致可以分为五个类别：古

---

① 彭宗超，邵东珂. 基于组织要素视角的中西方危机决策研究比较. 湘潭大学学报（哲学社会科学版），2014，38（3）：46-51.

典组织结构理论、行为科学组织结构理论、权变组织结构理论、环境决定组织结构理论、经济学组织结构理论①。总的来讲，这些理论主要关注常规科层制组织理论。“常规组织是工业化时代的产物，那是一个强调科学主义和理性主义的时代，是一个牛顿力学观念深入人心的时代，这些都深深地影响着组织理论的探讨，并在常规组织身上打下自己的深刻印记。”②

2. 应急组织

詹姆斯·汤普森与罗伯特·霍克斯曾经专门研究过大规模自然灾害中的应急组织，并一起提出了“综合性组织”这个概念。他们指出，在大规模自然灾害中，由于对大量的应急资源存在供求上的问题，需要成立综合性组织的总部。综合性组织的总部仅是在偶然的情况下才会围绕预先指派的官员运作，组织中的权力并不依赖于正式的权威，而是基于实现合作的稀缺能力。综合性组织是临时特别设立的，在完成任务后会迅速解散。当常规组织在突发灾害中瘫痪或者过度使用时，综合性组织可以迅速转变成应急结构。由于综合性组织在成立之前占有资源少、成立之后拥有信息少，很难要求综合性组织将救灾活动做到尽善尽美，其效率也低。提高其效率的办法是：一是事先掌握急待解决问题的状况或者可得资源的位置，最好可以两者兼得；二是制订计划、建立相关规划，在各部门提供沟通渠道。亨利·明茨伯格提出，以工作流程标准化来协调组织成员工作的应急组织是“应急型官僚结构”，是工业革命的产物，只有出现意外的紧急情况时，这种官僚型结构才会转型。安东尼·唐斯在《官僚制内幕》中提到了在官僚制的正常运作之外建立完成抢险救灾等任务的“特殊组织”。官僚组织由于反应慢和反对新生事物，无法胜任这项任务，因此，需要一个新的特殊组织。其特点是：一是组织小型化，但拥有大量能力突出的组织成员，而且人员更替率很低；二是拥有充足的专家和资源，优先于常规组织使用资源；三是不受现有各项规章制度以及办事程序的牵制，可以自由创造新的运行规则和工作程序③。

科层制组织能够应对灾难的前提是常规性，如果突破了常规性，合作制组织将是在更大范围内、更深层次上动员社会资源的替代组织模式。目前，合作制组织还不可能取代科层制应急组织的统御地位，只能是以不成熟的雏形应对灾难。应急组织应以“信任”取代“权威”，以“网络结构”取代“金字塔结构”，以“任务导向”取代“制度规章”。当复杂的后工业社会来临时，工业社会所推崇的以“理性化”构建起来的科层制应急组织将濒临崩溃，合作制应急组织将是人类最终的选择。但熊炎提出“合作制应急组织”的范围不仅限于突发事件的“应急处置与救援”。他认为：“合作制应急组织应当以观测站、预警中心、行动小组为核心节点形成网络辐射的连接状态，任何一点产生的信息资源应当以最快的速度与整个网络的其他节点分享，打破原有金字塔结构中上传下达的缺陷，使信息传递更加流畅，使组织行动更加迅捷。”④

“从20世纪组织的发展来看，常规组织在不断的变革中变得越来越复杂，即使是这

① 李晓春. 70年代以来组织结构理论的发展趋势. 中国工业经济，1998（10）：67-71.

② 张康之，等. 任务型组织研究. 北京：中国人民大学出版社，2009：9.

③ 熊炎. 应急管理中的组织原理综述. 广东行政学院学报，2010，22（6）：29-34.

④ 熊炎. 灾难应急管理中的组织演进. 江西社会科学，2008（10）：217-221.

样，也无法应对更加复杂化的管理需求，从而不得不时常求助于临时性的任务型组织。”①

3. 任务型组织

近年来，国内以张康之教授为首的一些学者开始了对任务型组织（task-oriented organization）的研究。“任务型组织是以任务为导向的、具有临时性特征的组织，它在资源获取、组织结构、运行机制、人力和物力的安排使用、管理方式方法等各个方面都不同于常规组织。特别是任务型组织设立方式的灵活性，任务完成后解散的及时性，使它能弥补常规组织在处理非常规性任务上的缺位。”② “因任务的出现而设立，因任务的完成而解散。正是这一特征，构成了它与常规组织之间的根本性区别。”③ 常规组织从事的是有结构的任务，“‘有结构’的任务基本上是确定的、连续的和简单的，可以被分解为具体的职能，可以由不同的人各自分头去做，常规组织就是根据这些职能划分而建立的，因此也被人们称作职能型组织。另有一些任务对时间的要求很紧迫，也无法进行进一步的划分，需要组织中的人进行紧密合作才能完成，这些任务被称为‘无结构’的，它们往往具有不确定性、间断性和复杂性的特征”④。

在当今的社会生活中，临时性组织如雨后春笋般涌现，它们出现在不同的领域，形式多样，名称各异，如：虚拟团队、问题解决型团队、临时项目型组织（项目团队）、任务小组、随机网络、虚拟组织等。李东把这些临时性组织归为两类：一类是功能单一化的临时性组织，因它们仍然执行的是传统常规组织的职能。另一类组织形式则有着很大的不同，它们的出现是由于社会生活的日益复杂化和多样化，大量不确定性增加而导致复杂社会问题的出现。前者从事的是“有结构的工作”（如奥申委），后者则需要完成“无结构的工作”。专门从事“无结构的工作”的组织称为任务型组织。临时性组织这个名称仅仅描述了这种新型组织在时间上不同于传统组织的特征，任务型组织则从本质上对它进行了概括，即：这种组织是任务导向型的，它所要面对的是一种非例行型的、无结构的工作。这种工作在常规组织内部是无法解决的，它首先需要突破传统组织的思维方式，其次则是需要构建一种有别于常规组织的特殊组织——任务型组织。任务型组织在功能和目标指向上是回应性和服务性的，在结构和构成上是网络型的，在运行方式上是合作性的⑤。

在组织结构方面，常规组织纵向层级较多，上下级沟通比较困难；任务型组织趋向于扁平化，上下沟通容易。在分工方面，常规组织十分强调分工，任务型组织成员之间的分工比较模糊。在权威体系方面，常规治理模式有权力、制度和管理体制的权威；在任务型组织中，道德权威占据着主导地位。在领导机制方面，常规组织的领导大都属于正式领导；任务型组织除了正式领导之外，还有其他两种形式，即特别的领导和每一个成员所具有的领导，领导的职责实质上是提供并传递组织在完成任务时所需要的资源。在监督控制方面，常规组织强调工具理性，对成员实行严密的监督与控制；任务型组织管理的有效性建立在自律和彼此信任的前提上。在激励手段方面，常规组织以物质方面的激励为主要手

---

① 张康之，等. 任务型组织研究. 北京：中国人民大学出版社，2009：4.

② 同①9.

③ 同①36.

④ 同①6-7.

⑤ 李东. 对任务型组织的探讨. 教学与研究，2006（3）：35-40.

段，同时辅之以精神激励和工作激励；任务型组织除了上述激励模式外，还采用知识人激励模式（通过鼓励成员参与管理，为其提供富有挑战性的工作，支持成员自主开展创新活动，同时使成员个人发展理想与组织、社会发展目标协调一致，从而实现成员和组织、成员与社会的双赢）。在价值理念方面，常规组织强调理想和自我价值，任务型组织强调服务价值。在整合机制方面，常规组织一般采用“命令—服从”机制，任务型组织以信任作为组织整合的基础①。

个人认为，张康之等人的突出贡献在于从工业化和后工业化的特点区分了官僚制的常规组织与任务型组织，特别是自后工业化以来，各种非传统安全的突发事件频繁发生，有必要引入任务型组织这一概念；其贡献还在于，证明了后工业化时期任务型组织出现的必然性和对任务型组织研究的必要性。可惜的是，张康之等人虽然认为应急指挥组织是任务型组织的主要形式，但并没有对应急指挥组织进行研究。既然在后工业化阶段突发事件频发，应急指挥组织越来越重要，就有必要研究应急指挥组织的组织结构、运行方式等问题，为构建突发事件应急指挥体系提供理论支撑。

3.1.1.3 应急志愿者的组织结构②

目前，应急志愿者有三类基本组织：分级体制模式、矩阵模式和网络模式。有学者认为，在处理紧急事故时，必须采用严格的分级体制管理结构。消防部门志愿者喜欢更加分散式的管理结构，但是在火灾现场和紧急事故现场却并非如此，他们发现二者可以结合在一起，并将此称为“金字塔内部的圆圈”（circle inside the pyramid）。这种途径使组织能够在紧急事故现场采取必要的严格控制（金字塔式），而同时在大多数其他工作或者任务上鼓励员工参与管理（圆圈式）。志愿应急人员通常都不太喜欢在严格而教条的领导手下工作，而他们在懒散环境下的工作效果也不尽如人意，因此，必须对组织控制采取巧妙的权衡。对不同志愿者岗位的工作和职责内容进行书面规定，必须采取职责描述，“不论这一岗位是由一位还是多位志愿者担任”。

3.1.2 危机指挥部

3.1.2.1 指挥的概念③

《辞海》（1999 年版）对“指挥”的相关解释为：“指挥员及其指挥机关对所属部队作战行动的组织领导活动。包括战略、战役、战斗范围内的指挥。目的在于统一意志，统一行动，最大限度地发挥部队战斗力，夺取作战的胜利。”在军事上，“《中国军事百科全书：军队指挥分册》对军队指挥的定义是‘军队指挥员及其指挥机关对所属部队的作战和其他行动的组织领导活动’……从外军指挥概念来考察，有两种情况。一种情况与我军类似，是从指挥实施或活动的角度对指挥进行释义的。如 1980 年《苏联军事百科全书》对‘军队指挥’的定义是‘司令员、司令部、政治机关、勤务部门和其他指挥机

---

① 程丹. 任务型组织的对比优势及现实价值. 华中科技大学学报（社会科学版），2006（5）：37-41.

② 宋劲松，王宏伟. 美国应急志愿者管理制度及其经验借鉴. 北京行政学院学报，2012，80（4）：34-40.

③ 宋劲松. 突发事件应急指挥. 北京：中国经济出版社，2011：12-13.

关为使军队保持战斗准备和战斗力、做好战役和战斗行动的准备，以及领导军队完成所进行的活动’。另一种情况是从权力的角度进行释义的。如美军1984年版《参谋组织与业务》将指挥释义为：在军事系统中，指挥官凭借其军衔或职务对下属行使的合法权力。……北约（NATO）对指挥的释义是‘对武装力量某个人赋予的指导、协调和控制部队的权力’”①。

冷兵器时期，作战指挥往往是由军事领袖指挥，指挥主体单一，没有专门的指挥机构，指挥手段也很简单，如运用肢体语言“振臂一呼，三军云集”，或者通过旌旗、锣鼓、号角等来实施指挥；也没有什么指挥艺术，体力拼杀多于智力较量。

后来，幕僚参与指挥，出现了将帅加幕僚的指挥。这一时期出现了文武分职、将相殊途，也出现了辅助指挥员指挥的幕僚，指挥理论也得到发展，如《孙子兵法》《孙膑兵法》《六韬》等。

随着火器和机械的发明与使用，军队指挥机关的建设得到发展，军队中的兵种复杂起来，由参谋人员组成的司令部在军队中发挥了重要作用。由于电话、电报、无线电通信及雷达等通信技术的发展，指挥手段出现了质的飞跃，指挥内容也急剧增多。

军队作战指挥系统一般来讲包括以下内容（见图3-1）：

（1）指挥机构：主要包括指挥机构的开设、转移、防护、管理、接替与恢复、组织结构等内容。我国军队指挥机构的组织结构为司令部、政治部（处）、后勤（联勤）部（处）、装备部（处）②。

（2）指挥手段：实施指挥所采用的工具和方法的统称，包括指挥作业工具、信息传递与处理工具、各种通信方法以及指挥信息系统。

（3）指挥方式：对指挥责任与权力的分配。有集中指挥与分散指挥、按级指挥与越级指挥、定点指挥与移动指挥等指挥方式。

（4）指挥活动：主要包括情报信息、运筹决策、计划组织、协调控制等一系列工作过程。

（5）指挥效能评估：在评估类型上有单项效能评估和多项效能评估，在指标上有间接指标和直接指标。在间接指标上有指挥人员素质、指挥机构功能、指挥工具性能等指标，在直接指标上有指挥决策正确性、指挥控制时效性、指挥系统稳定性等指标。

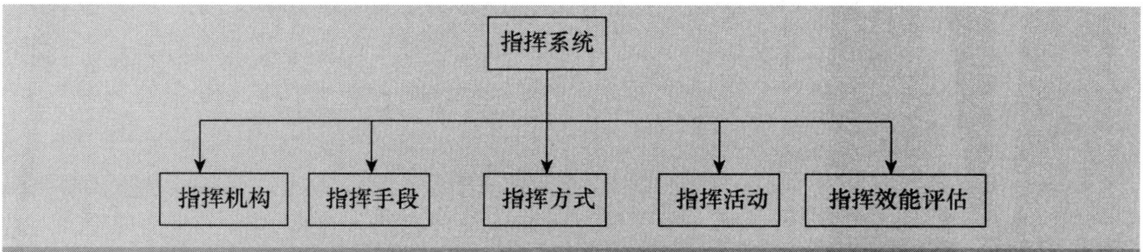

图3-1 指挥系统构成

① 张培高．联合战役指挥学．北京：军事科学出版社，2005：46-47.

② 同①118.

3.1.2.2 危机指挥①

危机指挥是指各级政府和相关职能部门在应急响应和应急处置期间，通过设立应急总指挥部、现场应急指挥部或应急指挥中心等临时性机构，按照我国应急管理法规、体制和应急预案的要求，遵从一定的指挥关系，使用一定的指挥手段对突发事件进行响应和处置的一系列活动。其目的是更有效地开展应急组织与协调工作，使紧急事态和各种不利影响得到及时控制。

专栏

指挥信息系统混乱导致北约多次“误炸”利比亚反政府武装

2011 年 2 月 16 日，利比亚发生“茉莉花革命”，反政府人士建立了政权和武装，与卡扎菲的政权和武装对抗。联合国安理会在 2011 年 3 月 17 日通过决议，决定在利比亚设立禁飞区，并要求有关国家采取一切必要措施保护利比亚平民和平民居住区免受武装袭击的威胁。在联合国决议刚刚通过几个小时，法国就率先向利比亚发动了攻击。2011 年 3 月 19 日，美军实施“奥德赛黎明”行动，位于地中海的导弹驱逐舰巴里号向利比亚发射了 110 多枚战斧导弹。以法国为首的北约在 3 月 31 日正式从美国手中全部接管了对利比亚的军事行动指挥权，有关军事行动的代号也变为“联合保护者”。此后，由于北约指挥信息系统不如美军，利比亚反政府武装多次遭北约“误炸”。

专栏

特殊情况的越级指挥

美国东部时间 2011 年 5 月 1 日 11 时 35 分，美国总统奥巴马在白宫发表声明：美国在一次行动中击毙了“基地”头目本·拉登。他宣称，他亲自指挥了这次猎杀行动。2001 年 10 月，美国国防部宣布，由总统直接指挥美军特种作战力量在阿富汗的作战行动，并任命美军特种作战司令查尔斯·霍兰中将为布什总统的战场执行官。这一指挥关系的调整，使美军高层可直接指挥特种部队作战，指挥层级趋于扁平。同时，这种指挥方式也赋予了特种部队较大的自主权和灵活处置战场情况的权力。美国最高统帅部能直接指挥前线的单机作战需要比较先进的指挥信息系统。

我国《突发事件应对法》第八条规定：“县级以上地方各级人民政府设立由本级人民政府主要负责人、相关部门负责人、驻当地中国人民解放军和中国人民武装警察部队有关负责人组成的突发事件应急指挥机构，统一领导、协调本级人民政府各有关部门和下级人民

① 宋劲松. 突发事件应急指挥. 北京：中国经济出版社，2011：14-16.

政府开展突发事件应对工作；根据实际需要，设立相关类别突发事件应急指挥机构，组织、协调、指挥突发事件应对工作。”因此，应急指挥主要是指突发事件发生后在“应急处置与救援”阶段的指挥工作。另外，根据我国《突发事件应对法》对突发事件的定义，当已经预警到有可能发生突发事件时，在突发事件发生之前也需成立应急指挥组织，这期间的指挥活动也属于应急指挥。例如，当预警到有台风等灾害性天气时，有关部门需成立应急指挥部，进行指挥群众转移疏散等应急准备工作。当“事后恢复与重建”工作时间紧、任务重时，“事后恢复与重建”往往与“应急处置与救援”同时进行，这期间的“事后恢复与重建”工作往往由应急指挥部统一领导，属应急指挥范畴。例如，在汶川“5·12”地震应急指挥体系中，国务院抗震救灾总指挥部下设了“生产恢复组”①。在玉树“4·14”地震“应急处置与救援”阶段还没结束时，在其“抗震救灾”应急指挥体系中就成立了相关的“青海省玉树地震灾后重建工作领导小组”（包括损失评估组、环境承载能力及重建选址评价组、规划编制组、城乡建设组、政策资金组和审计组），对灾后恢复与重建进行应急指挥②。我国《突发事件应对法》第五十八条规定：“突发事件的威胁和危害得到控制或者消除后，履行统一领导职责或者组织处置突发事件的人民政府应当停止执行依照本法规定采取的应急处置措施”。因此，在“应急处置与救援”结束后开展的“事后恢复与重建”工作不属于应急指挥范畴。

3.2 中国危机决策组织

由于中国应急管理体制为“统一领导、综合协调、分类管理、分级负责、属地管理为主”，因此，各类危机指挥部或危机决策组织存在较为复杂的横向与纵向交叉关系。

3.2.1 中国危机决策组织模式③

与欧美发达国家相比，中国各类公共危机呈现出规模大、类型复杂的特点，因此，在实践过程中，形成了多级指挥、分区指挥和联合指挥等多种形式组合的危机决策组织模式。

3.2.1.1 多级指挥模式

2008年汶川“5·12”地震发生后，胡锦涛总书记迅即指示要求“尽快抢救伤员，保证灾区人民生命安全”。在最初10小时内，国家层面召开了中共中央政治局常务委员会会议，决定成立温家宝总理任总指挥，李克强、回良玉任副总指挥的国务院抗震救灾总指挥

① 郭伟. 汶川特大地震应急管理研究. 成都：四川人民出版社，2009：88.

② 关于省玉树地震灾后重建工作领导小组设立六个工作组迅速开展工作的紧急通知. 青震指（2010）65号，2010-04-25.

③ 宋劲松，邓云峰. 我国大地震等巨灾应急组织指挥体系建设研究. 宏观经济研究，2011，150（5）：8-18.

部，并在灾区召开了国务院抗震救灾指挥部会议。地震应急期间，形成由国务院抗震救灾总指挥部和受灾省、市、县、乡级政府应急指挥部构成的多级应急指挥组织体系，如图3-2所示。

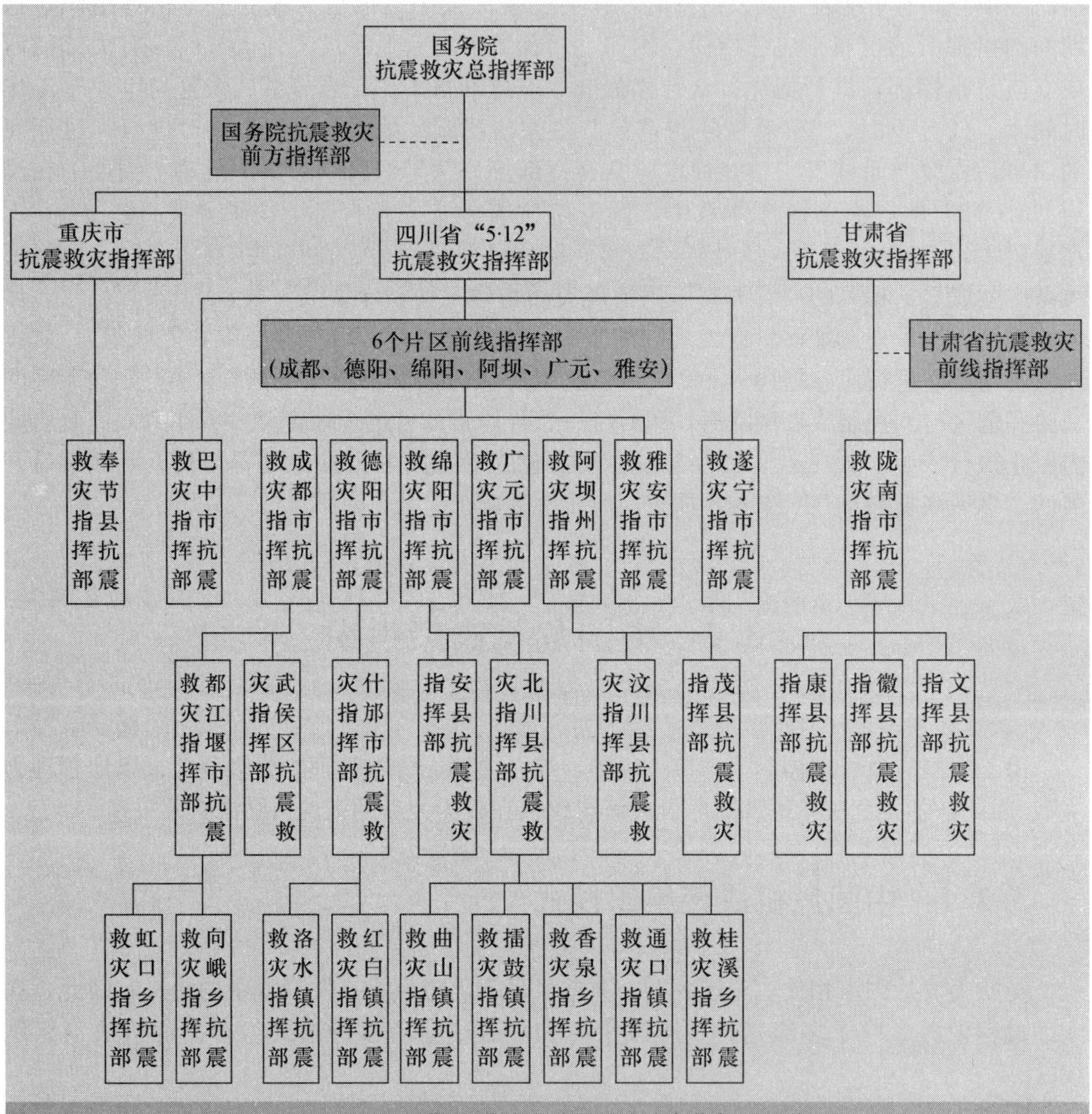

图3-2 “5·12”汶川特大地震政府应急指挥组织体系

3.2.1.2 分区指挥模式

汶川地震后，四川省抗震救灾指挥部于2008年5月13日正式成立，指挥部组成如图3-3所示。四川省抗震救灾指挥部对6个受灾严重的地市设立片区前线指挥部，协调应急工作。军队应急组织指挥体系中，也按地区划分了5个责任区，设立责任区指挥部，指挥协调本责任区各部队的行动。

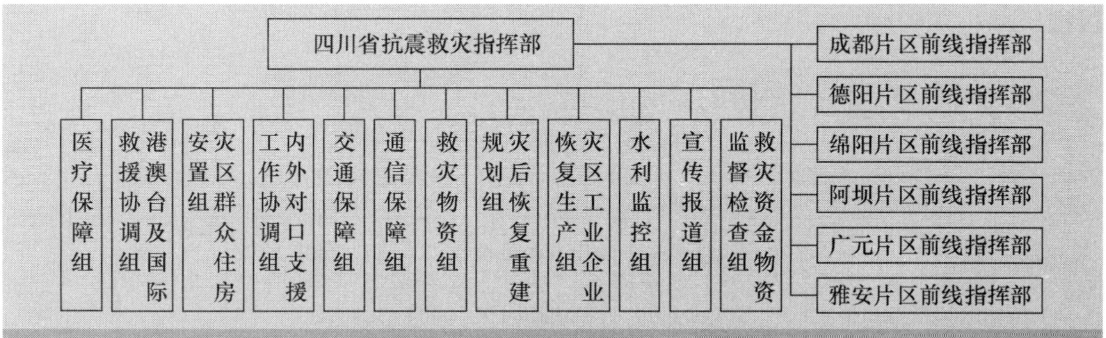

图 3-3　四川省抗震救灾指挥部组成

2010 年青海玉树“4·14”地震后，4 月 14 日，青海省委成立青海省玉树抗震救灾领导小组，同时青海省政府成立青海省玉树抗震救灾指挥部，指挥部下设玉树现场指挥点和西宁指挥点，在同日发出紧急通知，明确西宁指挥点的人员分工，并要求西宁指挥点各成员与玉树指挥点各成员建立对口联络制度。从相关资料来看，青海省玉树抗震救灾指挥部、玉树现场指挥点和西宁指挥点此时没有下设工作组，指挥工作是按政府组成部门日常职责分工开展的。抗震救灾时的职责分工和职权需求与日常状态相比是存在明显差别的，按政府成员部门日常职责分工开展应急指挥协调工作难以满足应急指挥的需要。

4 月 15 日，青海省玉树抗震救灾指挥部对西宁指挥点下的西宁机场航班协调及救灾物资、人员进出领导小组的组织结构作出规定。4 月 18 日，西宁指挥点设立外援人员、物资入关检验工作协调小组。即西宁指挥点的组织结构在玉树地震后第 4 天才基本完善，确切地说，西宁指挥点的组织结构是根据混乱情况而针对性地加以完善的，事先估计不足，2 年前汶川地震中的经验没有通过标准化的形式加以推广。指挥关系方面，指挥部要求各工作组保持点对点联系协调，工作组成员向组长报告工作，组长向西宁指挥点指挥长和副指挥长报告工作。组长的工作需同时向指挥长和副指挥长报告，说明应急指挥关系上出现了多对一的现象。

4 月 20 日，青海省玉树抗震救灾指挥部对玉树现场指挥点的组织结构作出规定，此时青海省玉树抗震救灾指挥部、西宁指挥点和玉树现场指挥点形成的组织结构如图 3-4 所示。玉树现场指挥点组织结构由 10 个工作组组成，在地震之后第 7 天才形成，此前的应急指挥工作按政府组成部门职责和工作方式进行，其间地震重灾区结古镇一度出现物资发放无序、人员秩序混乱和交通堵塞等问题，充分说明常态下工作组织方式与流程并不适应非常态下突发事件的应急处置。

3.2.1.3　联合指挥模式

在汶川地震后的抗震救灾过程中，2008 年 5 月 14 日，温家宝总理要求当地各级抗震救灾指挥部都以地方首长为总指挥，军队在救灾工作中要服从、配合地方。军委抗震救灾指挥组在军委领导下统一协调全国范围内的军队和武警部队的救灾行动，接受国务院抗震救灾总指挥部直接指挥。抗震救灾形成了“四位一体”联合指挥模式，即通过军地合署办公，有效地整合解放军、武警、公安消防、地方救援四个方面的力量，对它们进行协调指挥，以有效指挥和控制各类资源。这一军地应急协同机制为都江堰抗震救灾初期各项救援工作的有序展开起到了相当关键的作用，迅即在阿坝、德阳、绵阳、广元等重灾区推广。

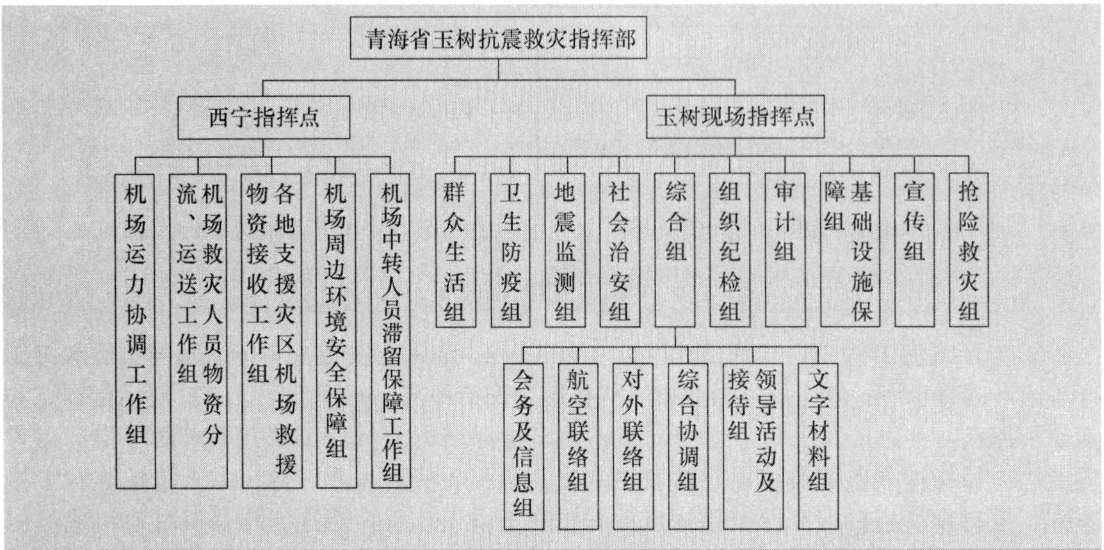

图 3-4 青海省抗震救灾指挥部组织结构（4 月 20 日形成）

2010 年玉树“4·14”地震后，青海省军区独立团于 4 月 15 日凌晨 4 点多赶到玉树灾区，成为第一支到达的外部救援力量，之后兰州军区独立旅、有关专业救援队、武警、特警陆续到达。4 月 16 日，兰州军区奉命在救灾一线组建军队抗震救灾联合指挥部（简称“联指”），统一指挥进入灾区的各军区、武警、特警和消防与专业救援队伍，实现了对参战部队的统一指挥与协调。该“联指”组织结构见图 3-5，办公场所照片见图 3-6。

玉树地震中，国务院、省和军队应急指挥机构主要以指挥部会议和多层级指挥部联席会议方式进行应急指挥协调，通过国务院、省二级指挥部和军队“联指”的联席会议进行灾情分析、研究决定工作方案、分配落实任务。国务院抗震救灾指挥部和下属各组主要负责制定抗震救灾的相关政策和措施，调集资源支持、协调青海省和其他救灾主体的工作；

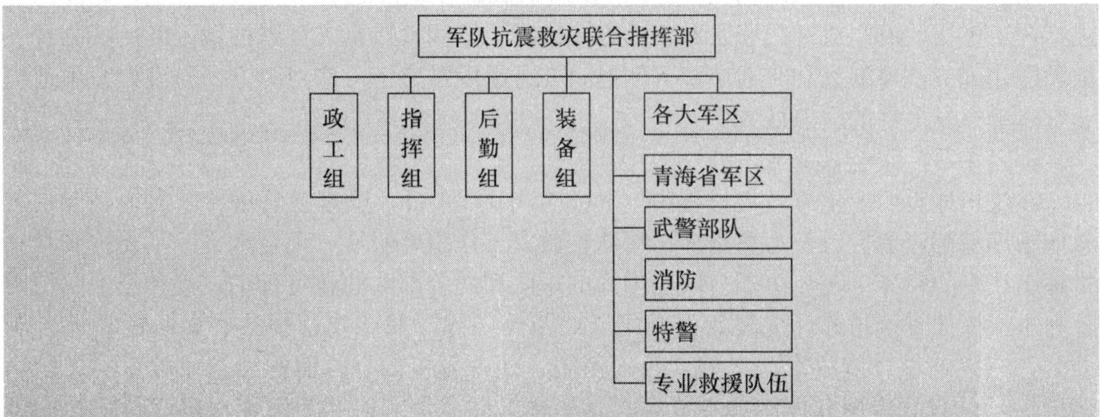

图 3-5 军队抗震救灾联合指挥部组织结构

图 3-6　玉树地震抗震救灾指挥部办公场所

青海省抗震救灾指挥部则负责具体的指挥调配落实；军队通过兰州军区“联指”实行统一指挥，兰州军区“联指”和相关部委的“前指”都纳入青海省抗震救灾指挥部，统一部署工作，实行属地管理。玉树藏族自治州抗震救灾临时指挥部在完成初期应急响应后，相应指挥协调职责上移到青海省抗震救灾指挥部。但兰州军区“联指”和相关部委的“前指”都纳入青海省抗震救灾指挥部的工作程序、指挥方式等都没有相关规定，是一种首长临时决策的自由裁量权的体现。

3.2.2　中国危机决策指挥机制

危机决策指挥机制不同于危机管理体制或应急管理体制，它是指在危机管理四大流程（预防与准备、监测与预警、处置与救援、恢复与重建）中以处置与救援阶段为主的临时性的机构设置、领导隶属关系和管理权限划分等方面的体系、制度、方法、形式等的总称。

3.2.2.1　中国危机决策指挥体系

我国目前还没有比较规范的应急指挥体系的标准。在政府层面，有关专项预案大都只讲到相关突发事件分类管理部门应该成立应急指挥机构，或明确该分类管理部门内设各司局在应急指挥中的职责，但对该机构的组织结构、指挥方式、指挥手段等均未作出规定。这些专项预案中也提到属地政府应该成立应急指挥组织，但也没有明确其组织结构、指挥方式和指挥手段，更没有对属地政府的应急指挥机构与分类管理部门的应急指挥机构间的关系进行明确。在政府部门层面，大多数部门应急预案也没有对应急指挥体系进行规定。

在专业救援处置力量层面，只有公安消防部队等少数专业应急救援力量对应急指挥体系作出明确规定，大多数专业应急救援力量没有类似的规定。

在大型企业层面，部分大型企业的应急预案中对其应急指挥体系作了一些规定，但应急指挥体系还较不规范，需要进行比较大的调整，以适应应急指挥的要求。

《国家突发公共事件总体应急预案》对“组织体系”中的领导机构、办事机构、工作机构、地方机构、专家组作出了规定，但没有对应急指挥体系进行明确。

《国家安全生产事故灾难应急预案》在组织体系及相关机构职责的规定中，明确了应急管理的常规组织，如“全国安全生产事故灾难应急救援组织体系由国务院安委会、国务院有关部门、地方各级人民政府安全生产事故灾难应急领导机构、综合协调指挥机构、专业协调指挥机构、应急支持保障部门、应急救援队伍和生产经营单位组成”；对“现场应急救援指挥部及职责”规定：现场应急救援指挥以属地为主，事发地省（区、市）人民政府成立现场应急救援指挥部。现场应急救援指挥部负责指挥所有参与应急救援的队伍和人员，及时向国务院报告事故灾难事态发展及救援情况，同时抄送国务院安委会办公室；涉及多个领域、跨省级行政区或影响特别重大的事故灾难，根据需要由国务院安委会或者国务院有关部门组织成立现场应急救援指挥部，负责应急救援协调指挥工作。但该《应急预案》没有对应急指挥体系的组织结构、指挥方式和指挥手段进行规定。

《国家突发公共卫生事件应急预案》在“应急指挥机构”中规定：卫生部依照职责和本预案的规定，在国务院统一领导下，负责组织、协调全国突发公共卫生事件应急处理工作，并根据突发公共卫生事件应急处理工作的实际需要，提出成立全国突发公共卫生事件应急指挥部。

《国家重大食品安全事故应急预案》比其他专项应急预案有一定的进步，在“应急处理指挥机构”中明确了上级应急指挥机构与本级人民政府的关系：“重大食品安全事故发生后，事故发生地县级以上地方人民政府应当按事故级别成立重大食品安全事故应急指挥部，在上级应急指挥机构的指导和本级人民政府的领导下，组织和指挥本地区的重大食品安全事故应急救援工作。”

在自然灾害的各个专项预案中，也没有对应急指挥组织体系的组织结构、指挥方式和指挥手段作出规定。但2012年修订的《国家地震应急预案》明确了十个工作组的名称、组成部门及职责。十个工作组为：抢险救援组，群众生活保障组，医疗救治和卫生防疫组，基础设施保障和生产恢复组，地震监测和次生灾害防范处置组，社会治安组，救灾捐赠与涉外、涉港澳台事务组，国外救援队伍协调事务组，地震灾害调查及灾情损失评估组，信息发布及宣传报道组。

3.2.2.2 领导机构

为有效应对突发事件，相关的人民政府和部门根据应急预案启动应急响应，并成立突发事件应急指挥部。突发事件应急指挥部是危机决策指挥的领导机构。突发事件级别达到一级且影响范围大时，国家层面成立应急指挥部。例如，汶川地震时，成立了国务院抗震救灾总指挥部，且相关各级政府（如四川省、绵阳市、北川县、桂溪乡）也成立应急指挥部。但是，汶川地震的决策指挥机制中属地管理的特点体现得不够，国家级指挥部存在越级指挥的情况，由于属地情况不清，这种决策指挥方式存在一定的缺陷。因此，在两年后的玉树地震中，青海省委书记担任国务院抗震救灾指挥部副总指挥，有利于实现青海省抗震救灾组织与国务院抗震救灾指挥组织的协调，属地管理为主的特点得到较好的体现。

2013年四川芦山“4·20”地震后，抗震救灾工作由四川省统一指挥、统一负责。国务院主要承担协调、支持和保障作用，由国务院副总理汪洋负责。地震发生后，国家民政、地震、公安、国土、水利、住建等各部门分别负责救灾物资、地震监测、社会与交通秩序、地质灾害监测、水利设施和住房评估等工作，有力地保障了四川省的抗震救灾工作；四川省“4·20”芦山地震抗震救援指挥部负责组织实施抗震救灾工作，省统筹指挥，市具体安排，县抓好落实，形成了集中统一、上下联动的组织指挥体系。相关参战部队与专业救援力量也自动接受四川省“4·20”芦山地震抗震救援指挥部的指挥。相比汶川地震，应急指挥协调的信息报告、指令下达更加有序、通畅，做到了健全分级负责、相互协同的抗灾救灾应急机制，中央统筹帮助支持，地方就近统一指挥，最大限度地保护了人民群众生命财产安全。

3.2.2.3 上级政府指导机构

有些突发事件虽然不需上级人民政府启动应急响应，但根据各级人民政府的总体应急预案，在必要的时候，本级人民政府可以派出工作组，对下级人民政府成立的应急指挥部进行指导，一是在处置业务上进行指导，二是帮助下级政府应急指挥部协调有关应急资源。

2015年8月12日晚，天津滨海新区瑞海公司危险品仓库发生爆炸。事故发生后，13日凌晨，国务委员、公安部部长郭声琨率国务院工作组紧急赶赴天津，指导救援处置工作。13日5时许，郭声琨抵达天津后，立即来到现场察看情况。6时许，郭声琨主持召开会议，听取工作汇报，研究部署下一步工作①。

3.2.2.4 专家组

按照国家总体应急预案的规定，国务院和各应急管理机构建立各类专业人才库，可以根据实际需要聘请有关专家组成专家组，为应急管理提供决策建议，必要时参加突发公共事件的应急处置工作。

参与应急处置往往需要各行各业的专家。例如，在处置天津“8·12”爆炸事故时，不仅需要危化品的专家，还需要环保专家、建筑专家、医学专家等。

3.2.2.5 危机指挥部工作组

大部分的危机应对需要多个政府部门和有关企事业单位参与，但在紧急状态下，必须对众多机构进行整合，减少横向管理，提高决策指挥效率。近年来，我国部分专项预案和部门预案在修订过程中，逐步对危机指挥部工作组分工、职责加以明确。特别是我国部分专业救援力量对其应急指挥体系作了较明确的规定，但存在各专业救援力量应急指挥体系不统一的问题，影响协同参与应急救援的横向沟通，同时，这些应急指挥体系也需进一步完善。下面以公安消防部队应急指挥体系②为例进行介绍。

在《公安消防部队执勤战斗条令》中的第三章“执勤战斗行动”第二节“组织指挥”中，对公安消防部队的应急指挥体系作了如下规定：

① 郭声琨在天津指导危险品仓库爆炸事故救援处置工作.(2015-08-13). http://news.xinhuanet.com/local/2015-08/13/c_1116243491.htm.

② 公安部发布《公安消防部队执勤战斗条令》.(2009-05-26). http://www.chinanews.com/gn/news/2009/05-26/1708420.shtml.

（1）指挥层级：公安消防部队的灭火与应急救援组织指挥通常分为总队、支队、大队、中队、班五个层次。

（2）指挥程序：迅速调集作战力量，启动指挥决策系统，侦察掌握现场情况，制定作战方案，部署作战任务，指挥战斗行动，落实战勤保障。

（3）指挥原则：组织指挥应当坚持统一指挥、逐级指挥的原则。紧急情况下，指挥员可以实施越级指挥，接受指挥者应当执行命令并及时向上一级指挥员报告。公安消防支（大、中）队独立作战时，通常由本级指挥员指挥。两个以上公安消防支（大、中）队协同作战时，上级指挥员到达现场前，实施属地指挥；上级指挥员到达现场后，应当实施直接指挥或者授权指挥。公安消防部队和其他消防队伍共同执行灭火与应急救援任务时，由公安消防部队实施统一指挥。对于灾害事故规模大、参战力量多、作战时间长、现场情况危险复杂、灭火与应急救援难度大的灾害事故现场，公安消防部队应当及时成立现场作战指挥部，统一指挥灭火与应急救援行动。

（4）与属地政府的协调：当发生重大、特别重大灾害事故，需要调动多方面力量协同作战时，公安消防部队现场最高指挥员及相关人员应当参加由地方政府和公安机关以及相关部门领导组成的灭火与应急救援总指挥部。公安消防部队应当适时建立现场作战指挥部，具体负责现场的指挥工作。

（5）应急指挥组织结构：公安消防部队现场作战指挥部一般由总指挥员、副总指挥员，以及下属的作战指挥组、通信联络组、技术专家组、政工宣传组、后勤保障组及其相关人员组成，并设立现场文书和安全员，如图 3－7 所示。现场作战指挥部应当设在接近现场、便于观察、便于指挥、比较安全的地点，并设置明显的标志。

公安消防部队现场作战指挥部的总指挥员，一般由公安消防总（支、大）队当日值班首长或者到场的最高首长担任。

作战指挥组一般由全勤指挥部人员组成，由指挥长任组长。

通信联络组一般由通信技术人员、通信员组成，由总（支）队通信处（科）长担任组长。

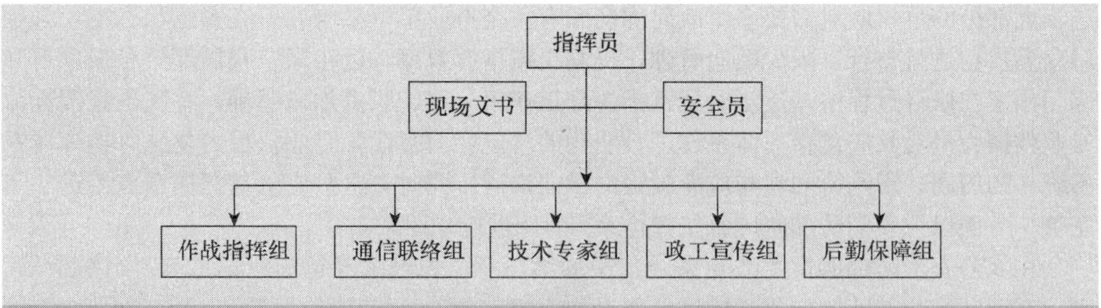

图 3－7 我国公安消防应急指挥组织结构图

技术专家组一般由公安消防部队和有关单位专家组成，由总指挥员确定技术专家组组长。

后勤保障组一般由后勤部（处）和战勤保障机构的有关人员组成，由总（支）队后勤部门领导担任组长。

现场文书一般由司令部参谋或者中队干部担任。

现场安全员应当按照参战力量和现场情况确定，一般由战训参谋、中队指挥员、战斗班长、专业技术人员或者由总指挥员指定专人担任。

公安消防部队应急指挥组织结构与我国部队的指挥体系有一定的依存性，具有管理幅度合理、指挥方式与指挥手段规范等特点，是我国目前专业应急救援力量较为成熟的应急指挥体系。但在该专业应急指挥体系中设置政工宣传组值得商榷：一是在消防战斗中，一般会在属地政府层面设置应急指挥机构，属地政府层面的应急指挥机构也会设置宣传报道工作组，这两个指挥机构间的对外宣传容易出现宣传不一致的问题；二是消防战斗过程比较短，应急指挥机构中设置政工职能是否有必要值得商榷。

3.2.3　中国危机决策指挥机构的关系

3.2.3.1　上下级政府应急指挥部的关系

根据《国家突发事件应急预案管理办法》（国办发〔2013〕101号）第八条，针对突发事件应对的专项和部门应急预案，不同层级的预案内容各有侧重。国家层面的专项和部门应急预案侧重明确突发事件的应对原则、组织指挥机制、预警分级和事件分级标准、信息报告要求、分级响应及响应行动、应急保障措施等，重点规范国家层面的应对行动，同时体现政策性和指导性；省级专项和部门应急预案侧重明确突发事件的组织指挥机制、信息报告要求、分级响应及响应行动、队伍物资保障及调动程序、市县级政府职责等，重点规范省级层面应对行动，同时体现指导性；市县级专项和部门应急预案侧重明确突发事件的组织指挥机制、风险评估、监测预警、信息报告、应急处置措施、队伍物资保障及调动程序等内容，重点规范市（地）级和县级层面的应对行动，体现应急处置的主体职能；乡镇街道专项和部门应急预案侧重明确突发事件的预警信息传播、组织先期处置和自救互救、信息收集报告、人员临时安置等内容，重点规范乡镇层面的应对行动，体现先期处置特点。

这表明，在多层级人民政府参加的较大以上突发事件的应对中，各级政府的应急预案明确了各自层面的应对行动及行动特点。地（市）级和县级人民政府是应急处置主体，省级主要是指导，国家层面主要是政策制定和指导。由于地（市）级和县级人民政府的应急资源有限，需要省级乃至国家层面协调有关资源，由省级人民政府成立的应急指挥部和国务院成立的应急指挥部进行协调。我国经过近年来的巨灾应对，已经基本形成了“中央统筹指导、地方就近指挥、分级负责、相互协同的抗灾救灾应急机制”。

在上级人民政府没有成立应急指挥部的情况下，可以派出工作组对属地政府应急指挥部进行指导，并协调属地政府以外的有关应急资源支持属地政府的应急处置工作。

3.2.3.2　属地政府与其政府部门间的决策指挥关系

下面以2014年“12·31”上海外滩拥挤踩踏事件为例，介绍危机决策过程中属地政府与其政府部门间的决策指挥关系。

专栏

“12·31”上海外滩拥挤踩踏事件中的政府与部门关系

2011 年起，黄浦区政府、上海市旅游局和上海广播电视台连续三年在外滩风景区举办新年倒计时活动。2015 年 12 月 31 日 22 时 37 分，外滩陈毅广场东南角北侧人行通道阶梯处的单向通行警戒带被冲破以后，现场值勤民警竭力维持秩序，仍有大量市民游客逆行涌上观景平台。23 时 23 分至 33 分，上下人流不断对冲后在阶梯中间形成僵持，继而形成“浪涌”。23 时 35 分，僵持人流向下的压力陡增，造成阶梯底部有人失衡跌倒，继而引发多人摔倒、叠压，致使拥挤踩踏事件发生。事件共造成 36 人死亡，49 人受伤。在新年倒计时活动准备阶段至发生拥挤踩踏时，上海市与黄浦区政府及部门的决策指挥关系如表 3－1 和表 3－2 所示。

表 3－1　上海市政府与部门及黄浦区政府与部门的准备与预警情况

<table>
<tr><th></th><th>变更决策，风险评估与沟通</th><th>预防与准备</th><th>监测与预警</th></tr>
<tr><td>上海市政府</td><td colspan="2">同意暂停在外滩风景区举办新年倒计时活动，并就另择地点举办的活动明确要求“谁主办、谁负责”</td><td></td></tr>
<tr><td>上海市公安局</td><td colspan="2">12 月 30 日，主要领导在安保维稳工作动员部署视频会上强调，上海中心的亮灯和灯光秀仪式可能造成陆家嘴、外滩等相关区域短时间内游客大量聚集，要按照“一活动一方案”“一点一方案”的要求，制定周密的安保工作方案和应急处置预案，加强活动现场警力配置</td><td>12 月 31 日 20 时 12 分，要求黄浦公安分局整点上报外滩风景区和南京路步行街人员流量情况。20 时 27 分，要求每半小时上报</td></tr>
<tr><td>黄浦区政府</td><td>11 月 13 日向市政府请示，新年倒计时活动暂停在外滩风景区举行，将另择地点举行，活动现场观众将控制在 3 000 人左右，主办单位是黄浦区政府和上海广播电视台。12 月 9 日，区政府第 76 次常务会议决定，2015 年新年倒计时活动在外滩源举行。但对新年倒计时活动变更风险未作评估</td><td>区公安分局要会同区市政委等部门做好活动预案，确保外滩、人民广场、新天地等重点地区安全有序</td><td>12 月 31 日当晚，黄浦区政府未严格落实 24 小时专人值班和领导带班制度</td></tr>
<tr><td>黄浦区公安局</td><td>12 月 26 日，制作出大型群众性活动安全许可决定书，同意区旅游局举办新年倒计时活动的申请
未按照黄浦区政府常务会议要求，在编制的新年倒计时活动安全保卫工作方案中，仅对外滩源新年倒计时活动进行了安全评估，未对外滩风景区安全风险进行专门评估</td><td>12 月 25 日，成立新年倒计时活动安保工作指挥部。新年倒计时活动共安排安保警力 771 名、主办方保安 180 名。仅会同黄浦区市政委等有关部门在外滩风景区及南京路沿线就布置了 350 名民警、108 名城市管理和辅助人员、100 名武警，安保人员配置严重不足</td><td>未严格落实市公安局指挥中心每半小时上报人员流量监测情况的工作要求，也未及时向黄浦区委区政府总值班室报告。黄浦公安分局对各时段人员流量快速递增的变动情况未及时采取有效措施，未报请黄浦区政府发布预警、控制事态发展，对市公安局多次提醒的形势研判要求未作响应</td></tr>
<tr><td>黄浦区市政委</td><td colspan="3">12 月 31 日，市政委及其下设的黄浦区外滩风景区管理办公室共安排了 108 名城市管理执法人员和社会辅助力量，参加外滩风景区中班时段的管理工作</td></tr>
</table>

续前表

	变更决策，风险评估与沟通	预防与准备	监测与预警
黄浦区旅游局	直至 12 月 30 日，黄浦区旅游局才对外正式发布了新年倒计时活动信息，对“外滩”与“外滩源”的区别没有特别提醒和广泛宣传，信息公告不及时、不到位、不充分		
应急服务机构	23 时 41 分 22 秒起，上海市 120 医疗急救中心陆续接到急救电话。23 时 49 分起，先后有 19 辆救护车抵达陈毅广场，第一时间开展现场救治和伤员转运		

表 3－2　上海外滩拥挤踩踏事件中领导与业务层存在的问题

	风险评估与沟通	预防与应急准备	监测与预警	应急响应
黄浦区领导决策层	取消外滩灯光秀易址外滩源；对新年倒计时活动变更风险未作评估	监督落实不够	24 小时专人值班和领导带班制度缺失	未及时了解事发情况并及时赶到事发现场
黄浦区业务处置层	通过官方微博与传统媒体有限公告；网络不实的信息大肆传播。活动变更信息宣传严重不到位	黄浦区准备了外滩源灯光秀预案，但对外滩风险忽视。警力只有 700 余人；交通未管制；地铁延长 80 分钟营运	未按要求上报市公安指挥中心和区政府值班室有关人流信息	只有公安在行动，缺乏相关部门的有效配合，例如公交、地铁部门等
社会公众层				主动疏散，自救互救

黄浦区在该事件中存在的主要问题有：对新年倒计时活动变更风险未作评估，新年倒计时活动变更信息宣传严重不到位，预防准备严重缺失，对监测人员流量变化情况未及时研判、预警，未发布提示信息，应对处置不当（针对事发当晚持续增加的人员流量，在现场现有警力配备明显不足的情况下，黄浦公安分局只对警力部署作了部分调整，没有采取其他有效措施，一直未向黄浦区政府和上海市公安局报告，未向上海市公安局提出增援需求，也未落实上海市公安局相关指令，处置措施不当。上海市公安局对黄浦公安分局处置措施不当指导监督不到位。黄浦区政府未及时向市政府报送事件信息）。

资料来源：“12·31”外滩拥挤踩踏事件调查报告全文.（2015－01－21）. http://www.china.com.cn/news/2015-01/21/content_34616926.htm.

3.2.3.3　行政与专业决策指挥关系

危机事件发生后，有关行政领导按分级负责的原则第一时间赶赴现场在国内外都是通行的做法，这有利于鼓舞应急队伍的士气，有利于调集资源支持应急处置，有利于安抚灾民。但对于专业性强的危机，特别是危化品、火灾等安全生产事故，行政领导第一时间赶赴现场绝不意味着行政领导可以“现场指挥灭火、救援工作”，而让公安消防等部门负责人“现场‘协助指挥’”。

紧急事务中，特别是军事行动中，专业指挥、按级指挥是非常严格的要求。美国军事信息系统非常发达，美军最高统帅部可以直接指挥前线单兵作战，但这也是在经过严格授权之后才能生效。在 2011 年 5 月 1 日美军海豹突击队击毙本·拉登的行动中，从有关新闻画面中可以看到，美国总统奥巴马和美国国务卿希拉里只坐在美军最高统帅部指挥桌的旁边观摩，军事主官们则在指挥桌岗位指挥，虽然美国总统的权力大，但并没有取代专业指挥官的岗位。在美国“9·11”事件应对中，纽约市市长朱利安尼接到飞机撞击世贸中心的消息后立即中止所有活动，驱车赶往现场，加入消防部门和警察部门设立的临时指挥所。朱利安尼加入临时指挥所后，主要负责为消防和警察部门协调直升机、救护车等应急资源，动员各部门力量全力配合救援，但并未取代现场指挥官指挥。同时，作为纽约市市长，朱利安尼将主要精力集中在如何在第一时间与民众进行沟通、稳定安抚民心，如何有效组织全市医疗力量救助伤者，如何获取联邦政府的资源帮助，如何确保市政机构有效运作，以及如何应对接下来可能面临的更大危险等方面。

原则上，行政首长聚焦于行政决策，关注重点在于应急资源的统筹调度、突发事件信息公开、公众沟通，以及交通管制和疏散居民等重大事项决策；现场指挥长则应关注业务处置层，主要职责在于从专业技术角度开展事件处置与应急救援，有效减缓和控制突发事件的现场影响。

专栏

2015年哈尔滨库房火灾行政指挥与专业指挥

2015年1月3日凌晨4时25分，哈尔滨市公安局官方微博“平安哈尔滨”发布消息，公布“哈尔滨市道外区太古街727号库房火灾基本情况”。通报全文共585个字，其中，“领导高度重视”占去258个字，将近一半，引发热议。

哈尔滨市公安局官方微博“平安哈尔滨”全文①如下：

2015年1月2日13时14分，哈尔滨市道外区太古街727号一日杂品仓库发生火灾，该仓库系非消防安全重点单位，钢筋混凝土结构，使用性质为批发零售小商品。

火灾发生后，黑龙江省委、省政府和哈尔滨市委、市政府高度重视。省委书记王宪魁赴现场指挥；省长陆昊作出批示，要求省直有关部门要迅速调动力量进行救援救治，迅速查明被埋有关消防人员情况，迅速查明火灾原因；省委常委、省委秘书长李海涛和省政府秘书长李显刚到现场组织灭火、救援、救治；市委书记陈海波第一时间作出部署，市长宋希斌，市委常委、常务副市长聂云凌，市委常委、宣传部长张丽欣，副市长任锐忱等市领导现场指挥灭火、救援、救治工作；省委办公厅、省政府办公厅、省安监局、省公安厅、省卫计委、省公安消防总队等部门的负责人现场协助指挥。

火灾发生后，哈尔滨市公安消防支队第一时间组织集中警力，于13时23分赶到现场，开展灭火救援，及时疏散了群众。哈尔滨市公安消防支队共出动17个消防中队、110台消防车、指战员480人。消防部队到达后，发现靠太古街一侧二层中部起火，火势猛烈，该仓储情况复杂，给灭火救援带来相当大的难度，消防官兵英勇奋战，及时疏散、保护了群众。21时37分，大楼突然坍塌，造成消防队员伤亡，截至目前，有2名消防战士当场牺牲；15名消防战士及1名保安人员被送到医院救治，其中1名战士经抢救无效牺牲；另有2名消防战士失联；群众全部撤离无伤亡；火灾原因正在调查中。

---

① 哈尔滨585字通报仓库火灾“领导重视”占258字.（2015-01-03）. http://news.sina.com.cn/c/2015-01-03/234431355841.shtml.

3.2.3.4　政府与公用事业单位间的危机决策指挥关系

公用事业单位是指负责提供和维持基本公共服务的单位，由国有企业经营，或在政府监管下私营。一般所说的公用事业包括供电、供水、废物处理、污水处理、燃气供应、交通、通信等。一方面，在政府处置突发事件的过程中，公用事业单位需要发挥重要的保障作用，服从政府应急指挥部的指挥协调。另一方面，公用事业单位也需做好自己本身的突发事件应对工作，在此过程中，一是要接受政府监管部门的指导，二是如果自身处置力量不足，需要请求政府力量的支援。

专栏

地铁进站口拥堵事件指挥关系

1. 地铁进站口拥堵事件经过

2014年11月某日早高峰时间，北京市地铁一号线上行方向出现信号故障，一号线各站立即启动应急预案，采取电话闭塞方式（电话闭塞方式是在没有机械、电气设备的条件下，仅凭联系制度来保证实施空间间隔法的列车的运行，实现电话闭塞后发车间隔增加、运力下降）控制地铁列车进出站和车辆间隔，地铁一号线列车发车间隔翻倍，运力骤降。为避免过多的乘客积压在站台造成拥挤，早高峰进站客流较大的车站按照应急预案对进站乘客进行限流。地铁一号线古城车站此时进站乘客较多，站台狭窄，由于未在进站口安装限流装置，故采取关闭西南进站口栅栏门的措施，防止乘客在站台拥挤落入轨道。北京市交通委员会运输管理局石景山管理处（以下简称“石景山交通管理处”）工作人员接到地铁方面的通知后，派出巡查人员到石景山辖区地铁各站查看电话闭塞和进站限流情况。

古城站关闭西南进站口约10分钟后，该站早高峰客流量达到高峰。进站口外聚集的乘客越来越多，已在进站口外地面人行道形成较大聚集人群，尽管车站已通过广播方式告知乘客限流情况，但人群后方许多乘客由于着急上班，还在往前推搡。

此时，车站值班站长正在站内组织电话闭塞工作，其他人员主要在站台维持秩序，进站口只有一名安保人员。随着人群逐渐往前推搡、挤压，最前面的乘客已经被挤到紧贴进站口的栅栏门上，栅栏门受力逐渐变大，安保人员并未采取措施。

石景山交通管理处巡查人员此时恰好在西南进站口外，在人群外高台上观察到进站口栅栏门处出现较为严重的拥挤，迅速联系值班站长，告知其现场情况。值班站长根据现场情况作出开放通道的决策，立即通知安保人员将此进站口打开至平时完全开放的三分之一。进站口开放后，人群拥挤压力逐步减小，乘客开始缓慢进站，同时站内通过安全检查等措施进一步进行限流，确保站台不发生拥挤。至十余分钟后，地铁一号线信号恢复正常，列车发车间隔和运力恢复正常。此事件得到较为妥善的解决。

早高峰过后，石景山交通管理处巡查人员同古城车站工作人员检查了拥挤的栅栏门，发现其受拥挤压迫已大面积变形，如不及时处置，后果不堪设想，可能在进站口处演变成踩踏事件，造成人员伤亡。

2. 案例分析

一是突发事件的现场情况信息应做到有情必报，且上报要快。进站口唯一的一名地铁工作人员保安面对拥堵情况，没有对事件的紧迫性和潜在危险产生足够的认识，导致其并没有在大量乘客开始挤压栅栏门时向值班站长汇报。事实上，如果汇报及时，即使按照预先存在一定漏洞的应急预案执行，也会在妥善的及时处置下迅速响应，作出针对性的调整，把此次事件化解在萌芽状态。

二是在突发事件决策和处置过程中，要遵循权力不代替岗位原则。石景山交通管理处巡查人员在发现事件态势后，没有直接要求保安打开栅栏门，而是先通知值班站长，由其作出决策。按照上级部门规定，石景山交通管理处的主要职责是联系辖区轨道交通车站，起到的是连接轨道交通公司和市交通委之间各类运营和应急安全保障工作信息的上传下达作用，对轨道交通运营安全没有直接的领导权力。在此事件中，如果石景山交通管理处巡查人员越权直接要求保安打开栅栏门，存在不了解站内具体情况、不了解站台乘客容量极限、不了解限流预案后续措施和电话闭塞工作进展情况等诸多问题，贸然越权处置有可能在解决拥堵问题后产生其他更加严重的事件。因此，处置命令应由当时的值班站长下达，从而可以综合、全面地应对拥堵问题，在解决危机时避免出现由无权指挥者导致的"头疼医头、脚疼医脚"问题。

三是决策需要一定的灵活性。值班站长在此次事件中作出的打开三分之一栅栏门的决定具有一定的灵活性，既保证了乘客不会在栅栏门前出现严重的拥挤，同时限制了进站乘客的数量，避免站台过度拥挤。

资料来源：根据国家行政学院公共管理硕士 2014 级学生李辰作业修改。

3.3 部分发达国家危机决策指挥组织模式

西方发达国家在应对公共安全危机中，基于各自的国家治理体制形成了各具特色的危机管理体制，并建立了与之相适应的危机决策指挥模式。美国的危机管理由国土安全部这一强权部门主导，形成了单指挥部的决策指挥模式；德国的危机管理由德国内政部这一半强权部门与相关专业部门合作管理，形成了双指挥部的危机决策指挥模式；英国的危机管理由内阁民事紧急事务处进行协调，形成了三级指挥部的危机决策指挥模式；法国实行中央集权的体制，危机管理由法国内政部与相关部委合作管理，形成了多级指挥部的危机决策指挥模式。

3.3.1 美国危机决策指挥的单指挥部模式①

3.3.1.1 美国国家突发事件应急管理系统（NIMS）

依据 2003 年 2 月 28 日发布的《国土安全第五号总统令》，为了应对恐怖袭击、大型灾害及其他紧急事件的预防、预备、响应和恢复，2004 年 3 月 1 日美国政府制定出"国家突发事件应急管理系统"，以便采取统一、全面性的方式来应对国内突发事件。该系统主要包括：

1. 指挥及管理：将各级政府可能面临的所有灾害的事故管理予以标准化，标准事故

---

① 宋劲松，邓云峰. 中美德三国突发事件应急指挥组织结构初探. 中国行政管理，2011，307（1）：74-77.

指挥结构主要包括三个组成部分，分别是事故指挥系统（ICS）、多机构协调系统（MCS）、公共信息系统（PIS），下文将专门介绍事故指挥系统和多机构协调系统。

2. 准备：通过建立一套特定方法，整合所有政府单位及相关机构，获取及共享所有相关资源，在日常工作的基础上建立并强化针对所有灾害的事故应急管理的准备工作。

3. 资源管理：面向事故发生及处置结束全过程，提供标准化描述、追踪和分派资源，包括将有关资源恢复原状。

4. 通讯沟通及信息管理：有效沟通、信息管理和信息共享是突发事件应急管理过程中非常重要的部分，通过统一术语等方式促进沟通和信息共享。

5. 支持技术：推广标准作业方式，并将这类标准延伸到各专业领域及特定灾害。

6. 持续管理及维护：国土安全部设立多部门/辖区/领域的系统整合中心，负责日常维护及长期的系统改善。所有参与并加入系统的单位和人员（包含各个政府层级、功能机构及私营机构）都将有机会参与整合中心的行动。

3.3.1.2 标准化的事故指挥系统

美国是最早研究突发事件现场指挥系统的国家之一，其雏形源于美国加州的森林火灾问题。20世纪时美国加州火灾不断出现，到了1970年愈演愈烈，直到当年9月一连串的森林火灾破坏了加州的森林火灾防护体系。这些森林火灾给许多参与救灾的突发事件管理部门造成极大的混乱，而造成这种混乱的原因主要是许多救灾单位间缺乏一致的通讯频率和代码，以及没有共同指挥和控制幅度合理的管理方法。为了改善这种情况，新的事故指挥系统随之产生。美国国土安全部要求，凡是接受联邦政府资助的机构都需采用该指挥体系①。

事故指挥系统是一套指挥、控制和协调应急机构的工具，也是协调各单位，以实现稳定应急状况、保护人员财产和环境安全的一种方法。虽然事故指挥系统源自森林火灾应急管理，但其已经发展成为可以应用于各种类型的突发事件的应急管理，而且被证明是处理突发事件有效的方法与原则。

事故指挥系统已被证明可有效地应用于以下类型的灾害：危险物质的事故；计划性的事件（例如游行、音乐会、官方拜访等）；自然灾害应急；单一或多单位的执法事件；缺乏整体性的资源处理事件；火灾；多人伤亡事故；涉及多区域或多部门的事件；空中、水上或陆上（包括铁路）交通事故；广大区域的搜救行动；除害虫计划；等等。

1. 美国事故指挥系统基本组织框架及功能

美国事故指挥系统的基本组织框架如图3-8所示：

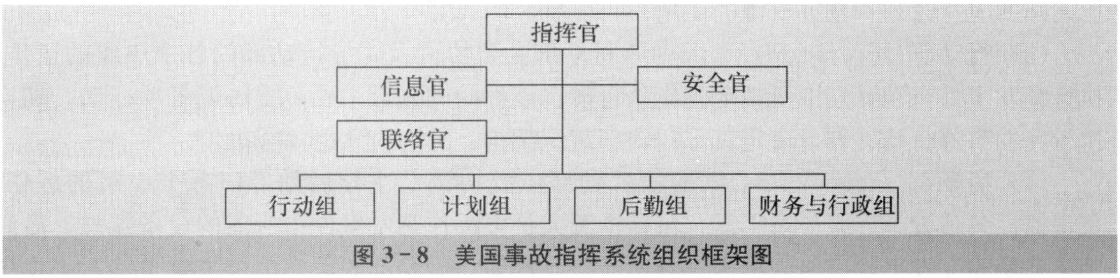

图3-8 美国事故指挥系统组织框架图

---

① 夏宝成. 西方公共安全管理. 北京：化学工业出版社，2006：97-115.

目前美国所采用的事故指挥系统，其基本的组织及作业编组中包括指挥群和执行群。在小型突发事件中，指挥群和执行群可能集中在一个人身上（突发事件现场应急指挥官，以下简称应急指挥官），但当突发事件扩大时，应急指挥官可能需要指派指挥群（包括信息官、安全官、联络官）及执行群（包括计划部、行动部、后勤部及财务/行政部）协助处理突发事件。

各部分的职责及任务如下：

（1）事件指挥（incident command）：事件指挥由指挥官与专职岗位人员构成。在基本架构上，当突发事件不大时，突发事件指挥官本身就可以处理整个突发事件；但当突发事件扩大，则事故指挥系统事件指挥组织就可纳入一般专职岗位人员与指挥专职岗位人员及单位代表，如图 3－9 所示，并逐步扩展事件指挥组织，如图 3－10 所示。

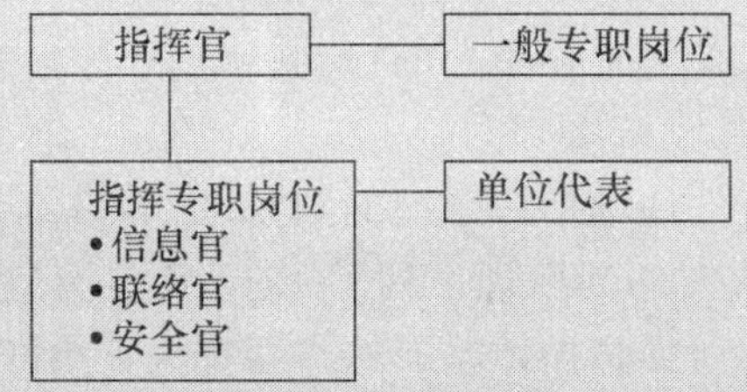

图 3－9　事故指挥系统指挥部组织架构

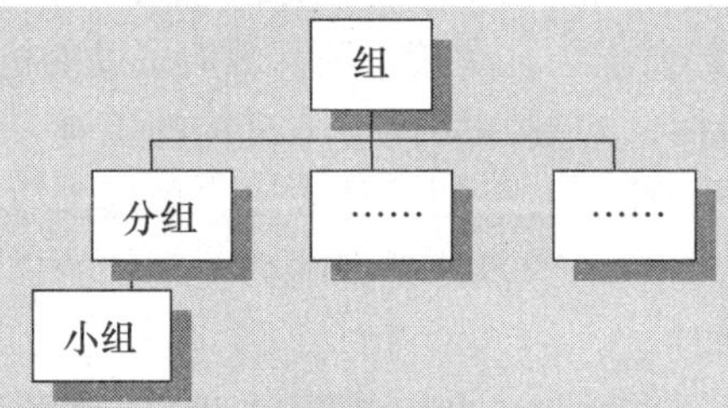

图 3－10　事故指挥系统的组织扩编（示例）

（2）计划部（planning section）：在小型事件中，应急指挥官可自行负责策划工作，但如果事件规模扩大，则应急指挥官可能需要设立策划部，对事件的发展和可用资源的状况进行搜集、评估和应用，并确保相关重要资料的发送及保存。计划部还负责研究制定突发事件行动计划（或称处置方案）（incident action plan，IAP），该方案主要是明确特定作业期间的应急计划和救灾资源的使用。

（3）行动部（operations section）：行动部主要协调及主导行动部门各个小组的运作，执行突发事件行动计划中所拟定的应急行动。该部门的领导主要负责协调各项行动，切实执行突发事件行动计划，决定其部门内部组织架构，并向应急指挥官报告。

（4）后勤部（logistics section）：后勤部主要协调及主导后勤部门各个小组的运作，负责提供各项设施、服务及工具，包括指派人员去操作突发事件中所需的设备器材。后勤部主要是为突发事件应急人员提供各项支持。例如，后勤部的医疗单位主要是针对突发事件应急人员提供医疗服务，而不是针对一般受伤民众。

（5）财务/行政部（finance/administration section）：财务/行政部主要的任务是监控

财务的使用，审核突发事件应急过程中补给的获得及各项工作的支出，对突发事件的开支和补偿进行追踪，并将所有与突发事件有关的支出项目以文字形式存盘。财务/行政部虽然经常被忽略，但是非常重要，尤其是在大规模突发事件或被宣布为灾难性事故时。

（6）信息官（information officer）：信息官的主要任务是处理所有媒体需求并与应急指挥中心（emergency operation center，EOC）的公共事务官（public affairs officer）协调信息发布事宜。

（7）联络官（liaison officer）：联络官的主要任务是负责事故现场部门间的联络及其他单位的联系。

（8）安全官（safety officer）：安全官的主要任务是监控所有救援行动及环境的危险状况，组织防护行动，负责并掌握现场全体救灾人员的安全状况。

2. 美国事故指挥系统的观念与原则

事故指挥系统架构的一个重要特点就是极富弹性。这种特点可确保救灾资源的有效及快速使用，以减少应急单位作业时的困扰。事故指挥系统架构具备以下原则：通用术语、模块化组织、目标管理、遵循事故行动预案、可行的管理幅度、预置的行动场所与设施、综合性资源管理、整合通讯、指挥的建立与转移、指挥链与一元化指挥、联合指挥、明确义务、分配权力界定、信息与情报管理。例如：

（1）通用术语：事故指挥系统通用术语便于各类事故管理与支持机构参与，实现全国各类事故管理。通用术语主要包括组织功能、资源的说明、事故设施。

（2）模块化组织：以事故指挥组织结构、事故的规模和复杂程度、事故所构成的危险为基础，建立严密的指挥模式。必要时可以建立专门的功能单元，每一单元均是总体组织结构的延伸。事故指挥系统每一部门或扩展部门的责任最终都来源于事故指挥（IC），指挥将根据实际情况提出要求。当事故复杂程度提高时，严密的管理模式将扩展并设立功能性责任组织。当结构扩张时，管理岗位的数量也会增加，以适应事故处理的具体需要。

（3）可行的管理幅度：管理幅度是迅速有效开展事故管理的关键。在事故指挥系统系统内部，对负有事故管理与监督责任的个人管理幅度应该是3至7个下属。事故类型、任务性质、危害与安全因素和资源与人员之间的距离都影响管理幅度的大小。

（4）指挥链与一元化指挥：指挥链是事故管理机构内部不同级别权力顺序。一元化指挥指各岗位均向指定监督人员负责并汇报事故现状。通过指挥链与一元化指挥可以避免报告关系的混乱、指挥的矛盾。各级事故管理人员应能控制与监督其所有下属的行动。

（5）联合指挥：当事故涉及多辖区、一个辖区有多机构参与或多辖区多机构参与行动时，联合指挥有助于提高各法定机构、不同地方、不同功能与责任部门协同作战的效率，并不影响各机构的权力、责任或义务。

3.3.1.3　多机构协调系统

多机构协调系统是将设施、设备、人员、程序和通讯整合为一个通用的系统。基本功能是支持事故管理方针与优先顺序，便于后勤与资源的供给。多机构协调系统可以包括应急指挥中心和（某些多辖区或复杂事故管理情况）多机构协调实体。应急指挥中心是信息与资源协调场所，是支持事故管理的日常活动场所。为支持大型或比较复杂的事故，常设应急指挥中心或辖区内高级组织机构通常建立更为集中或长期的设施。应急指挥中心按主要专业功能（消防、执法、医疗等）来组织，或按辖区来组织（市、郡、地区等），或是两者结合。地方应急指挥中心启动后，事故指挥或联合指挥与应急指挥中心之间必须建立通讯与协调。事故指挥系统现场组织机构，无论是直接地还是通过上级单位，应与已经启动的应急指挥中心建立通讯联系。另外，在事故期间，各级政府或多功能机构的应急指挥中心应能与其他应急指挥中心建立合适的通讯联系，包括私人机构维护的应急指挥中心。应急指挥中心之间的通讯必须可靠并且内部有冗余保障设计。当事故跨多个专业或多辖区，或事故管理场面复杂时，必须建立多机构协调实体。多机构协调实体的典型组成通常是各机构、各专业（或被指定部门）和负有事故管理责任的机构，或负有重要事故支持或资源责任的机构。

3.3.2 德国危机决策指挥的双指挥部模式①

虽然德国与美国一样实行联邦制，但在危机管理体制上，拥有消防、警察和技术救援署三支力量的德国内政部需与相关的部委协作进行危机管理。相比美国的国土安全部，德国内政部在危机管理中属于半强权部门。德国地方的应急管理费用由地方负担，当请求德国军队支持应急管理时，坚持“谁请求，谁付费”的原则，因此，德国等欧美发达国家由政府资助与管理的应急志愿者队伍非常发达。在半强权部门危机管理体制下，德国实行了标准化的双指挥部模式来应对危机。

3.3.2.1 德国突发事件指挥体系的总体结构

德国的“应急操作指挥与控制系统的领导与指挥规则”（DV100 条例）来源于 1975—1980 年间的消防条例 12/1 和 1982 年的前国家灾害控制条例 KatSDV100 中的“使命中的领导”。后来，根据德国公民保护政策的变化，产生了新的 DV100 条例，并用于警察、军队和非政府卫生组织。德国的 DV100 条例共分“总则”、“领导与指挥”和“事件指挥体系”三章，其中“事件指挥体系”这一章对突发事件指挥体系的原则、指挥组织机构、指挥过程和实施事件指挥的手段四个方面进行了详细规定。德国的突发事件指挥体系如图 3－11所示，突发事件指挥组织结构如图 3－12 所示。

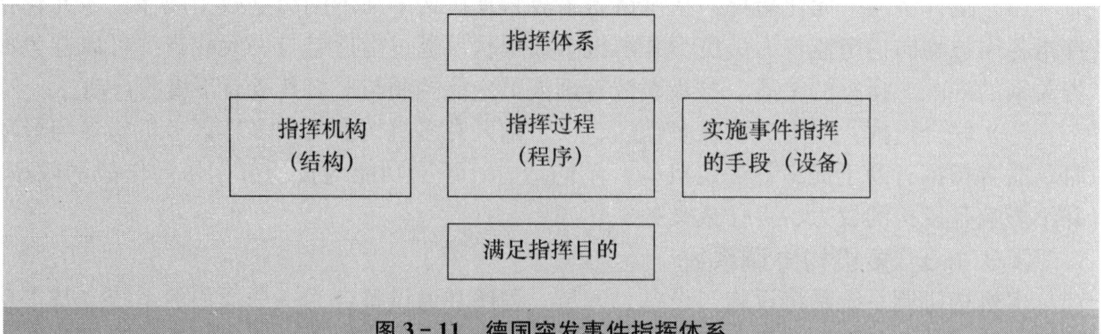

图 3－11 德国突发事件指挥体系

① 宋劲松，邓云峰. 中美德三国突发事件应急指挥组织结构初探. 中国行政管理，2011，307 (1)：74-77.

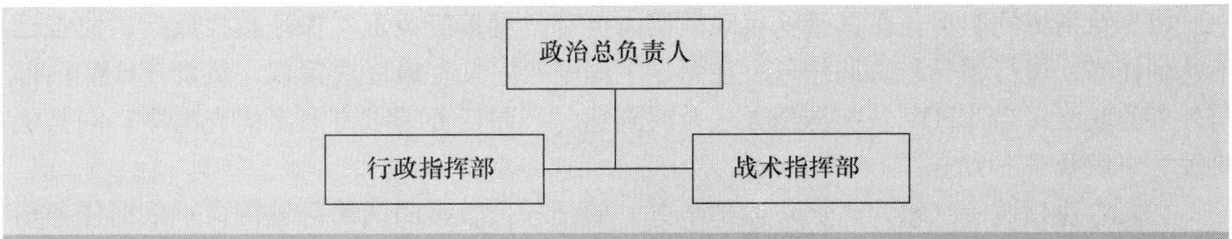

图3-12 德国突发事件指挥组织结构

行政指挥部和战术指挥部是一种特殊的机关组织形式。两种指挥部均不是常设机构，而是根据发生的事件由机关领导在规定的时间内组建而成，它们也可以由获得相应授权的单位和人员进行召集。

在处理一个事件时，可以同一时间在不同的行政或领导级别上设立多个行政指挥部和战术指挥部，如图3-13所示。

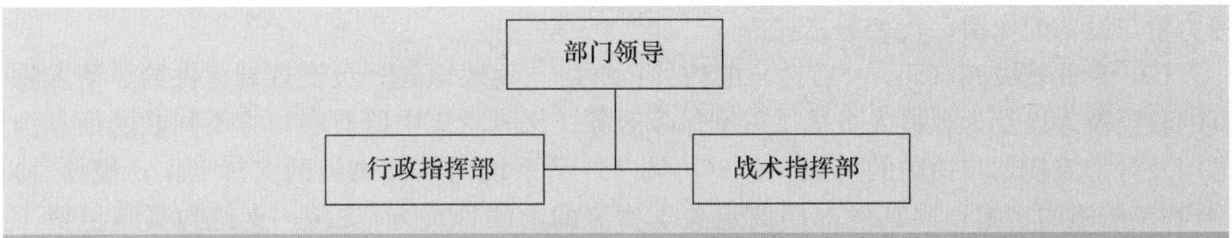

图3-13 德国政府部门的突发事件指挥组织结构

3.3.2.2 战术指挥部

德国的突发事件战术指挥单元至少包括一个指挥助理、一个通讯助理、一个司机（第二通讯助理），并且有能力组建现场指挥所。最小的指挥单元被称为三人指挥队，并配备一辆指挥车。也有六人和九人指挥队及指挥部。

一般情况下，指挥部由事件总指挥以及人事/内部事务、灾情、救援和后勤四个部门组成，根据需要（例如没有设立行政指挥部时），可设额外的功能部门，特别是新闻和媒体工作及信息与通信，还需根据事件的性质加入专家与机构代表，如图3-14所示。

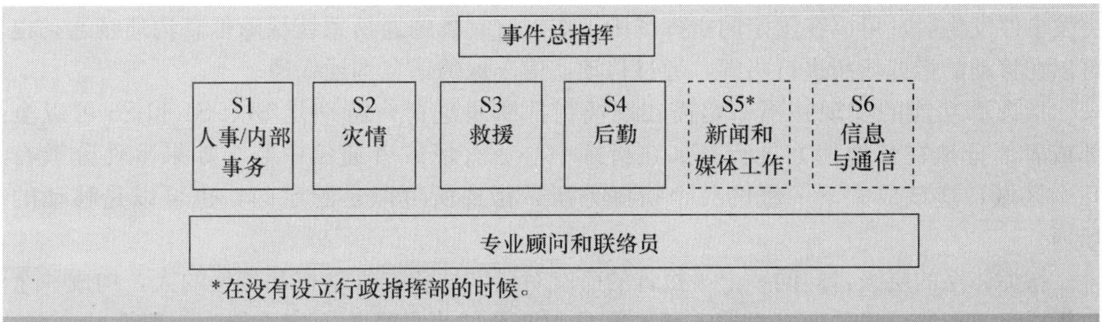

图3-14 德国突发事件战术指挥部

下面以德国技术救援署（THW）的战术指挥部为例，对战术指挥部各部门的职责进行介绍。

（1）总指挥的职责：在其管辖权限框架内负责；对救援负责；保证救援成效；监督已下达的任务；履行领导与协调任务；在领导工作框架内具有最终决策权；负责 THW 内部与外部的联络；当 THW 救援队伍无法及时到达时，同任务请求方商定优先次序；同其他机关、组织及第三方合作。

（2）专业领域一（S1）（人事/内部事务）的任务：救援团队跨区域待命；依据任务请求方的要求召集团队；监督人员情况；制定救援战术（通过领导协调的模式评估）；同其他内部人员及外部人员协调跨区域积累储备；依据其他部门、救援构成或联邦内政部要求组织、规划待命救援团队；配备、发动信息报告人员，配备待命室。

（3）专业领域二（S2）（灾情）的任务：负责救援文档；填写救援日记；处理信息；面向指挥部内部；面向 THW 与救援系统外部。

（4）专业领域三（S3）（救援）的任务：进行协调工作；灾情判断（灾情会议……）；决定的准备；（同总指挥商谈后）分配救援任务；（同 S2 商议后）召开灾情会议；决定救援力量与设备的保留；代表总指挥。

（5）专业领域四（S4）（后勤）的任务：行政与财政事务；负责规划、供给、请求物资的救援投入以及为救援人员提供后勤保障服务；保障救援中所有参与方不间断的信息沟通以及对物流规划与措施的协调一致；协调 THW 系统内其他物流的支持工作；规划/协调/物流措施的实施；同其他部门商定关于物流的前瞻性规划/支配；支持购买与租赁工作；组织物资供应；规划、协调物流部门以及采购；协调后方供给；设立物流后勤基地并使其运营；归档；协调特殊设备的物流工作；协调运输能力；同物流中心合作；行政与财政事务（包括：处理/完成行政与财政工作、成本预计/成本估算/成本监督、初步项目管理、财政相关事务/决策的信息与商谈、向上级汇报财政相关事务计划的信息、商谈前期规划框架内的预算削减、与上级商谈精简费用可能性的前期检验、救援过程中财政事务的报表）。

（6）专业领域五（S5）（新闻和媒体工作）的任务：当设立有行政指挥部时，战术指挥部不设立该工作组。当没有设立行政指挥部时，战术指挥部需设立该工作组，负责对外发布新闻与接受媒体采访。

（7）专业领域六（S6）（信息与通信工作）的任务：负责专用的信息通信保障工作。突发事件发生后，可以在固定的指挥场所工作，有完备的通信系统保障信息沟通畅通，也可以在移动的指挥场所进行指挥，通过移动通信车保障信息沟通畅通。

指挥部功能的实现并不一定需在现场指挥所里进行，特别是 S1、S4 和 S6 可以全部或者部分地在其他地方进行，如在指挥中心、火场或者通信中心。如果事件分散在几个区域，应该成立下一级的几个指挥分所，指挥所可以是固定的，也可以是移动的场所。

指挥体系的层级：向同一上级报告的所有对各区域负有管辖权和责任的人，构成一个指挥层级。指挥层级的设立根据灾情的需要和涉及的当局机构而定。作为一般性的原则，不同层级的指挥部不能超出以下编制对口单位：3～5 个下级单位；2 个 9 人下级团队，或者 3 个 3 人下级团队。

指挥梯队：根据突发事件应对任务的规模与形势的发展，事件指挥部的组织与机构以灵活的方式设立，一般设四个指挥梯队是合理的。

A 级指挥：没有指挥部的指挥（不超过 18 人的 2 个战术组，有一指挥中心支持）。

B 级指挥：当地指挥部（灾难现场的小队和中队，2 人或 6 人指挥团队，有一指挥中心支持）。

C 级指挥：9 人指挥团队的指挥（灾难现场的中队，9 人的指挥团队，有一指挥中心支持）。

D 级指挥：9 人指挥团队或指挥部（在一个或几个灾难现场有多个中队，具有 9 人指挥团队或是由地区级指挥人员构成的指挥部，使用有管辖权的机关的指挥设施，如使用地区当局的指挥中心、信息和通讯中心）。

3.3.2.3 行政指挥部

在大规模灾难或者持续时间长的灾难中，地区或地方当局的领导应该在政治层面设立总指挥部，总指挥（市长、首长等）负责灾难现场和行政管理所有措施的启动、协调及责任，为确保履行好该责任，需设立战术指挥部和行政指挥部。各层级的战术指挥部需按图 3-14 所示设立，战术指挥官根据联邦州的法律法规指定。行政指挥部（也可叫特殊事件危机小组、指挥与协调组）是根据联邦州法律法规召开的政务会，参会成员单位根据控制灾难和恢复重建的需要，包含所有相关的组织、机构和部门；它的任务是在行政上快速地完成综合决策，在灾难的时间压力下平衡和考虑必要的方方面面。金融责任与一般的政治议题的处理不属于行政指挥部的责任。根据有关法律法规，行政指挥部可采取的措施有：决定疏散居民区、照顾或替换其他相关人士，或者按行政法规对其他人采取措施，予以卫生与健康保护、财产保护等。

行政指挥部由以下几个部分组成（见图 3-15 至图 3-18）：指挥部总指挥、内部协调小组、常设成员、专设成员（如"农业""林业""兽医行业""食品行业""公路管理和交通""中小学教育事业""经济"等灾害所涉及部门的负责人）。

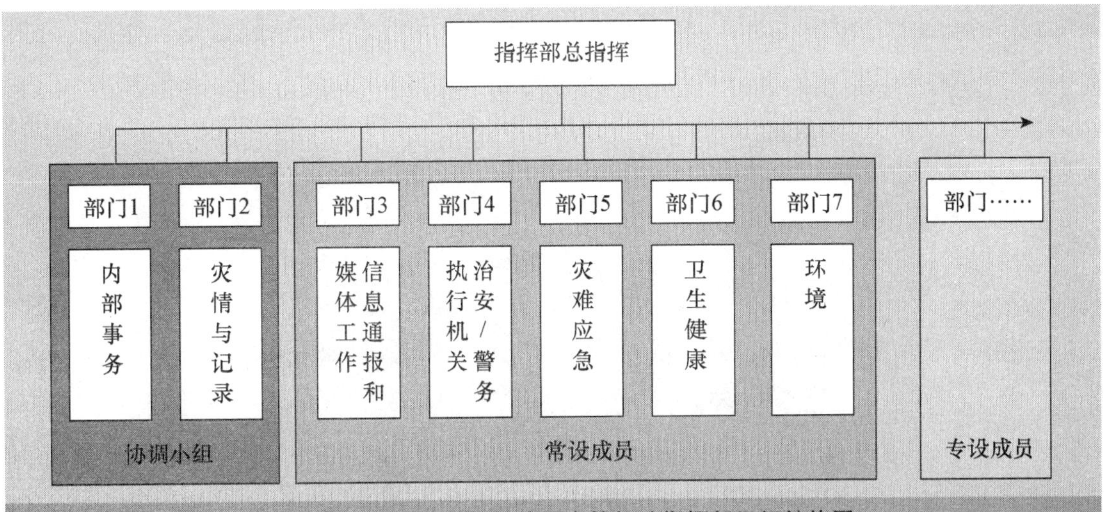

图 3-15 德国应急指挥体系中的行政指挥部组织结构图

图 3-16　德国黑森州危机中心行政指挥部常设成员工作室

说明：此指挥中心日常只有三个工作人员维护，发生突发事件时，政府相关部门负责人或相关成员会集在此工作，每年演练一次。此图为演练时的情景。德国政府还要求在 80 公里外建立备用指挥中心。

图 3-17　德国黑森州危机中心行政指挥部协调小组工作室

图 3-18　信息与沟通中心（连接州政府的相关部门）

3.3.2.4　部际联席行政指挥部

在对一个异常事件（包括灾难事件在内）防御或抵抗必须进行跨部门的合作时，可以由政府各部组建一个部际联席行政指挥部。部际联席行政指挥部成员包括由有专业关联的政府各部所派遣的具有决策权的代表。该指挥部首先接受内政部的领导，在避免或处理危机状况的过程中，如果有某个部应在专业上承担主要责任，那么在与州总理办公厅协商一致后，领导权可以被移交给该部。为了对州政府和各部、行政专区政府及下级行政机关的公关工作进行协调和统一，州总理办公厅可以接管部际联席行政指挥部中“部门 3”的“信息通报和媒体工作”。

3.3.3　英国危机决策指挥的“金、银、铜”三级指挥部模式[①]

英国的突发事件分为五级。英国突发事件分级与介入的政府（部门）情况如下：

地方小事件：持续时间与影响有限的事件，如火灾和公路油罐车泄漏，无须政府介入。

地方较大事件：持续时间可能长但影响有限的事件，如较大交通事故或公共秩序遭破坏，无须政府介入。

一级事件：事件重要，但被关注范围小，如单个地点的爆炸或小的核事故，由牵头政府部门根据自己的职责处理，或者与属地政府部门或地区政府合作处理。牵头政府部门（lead government department，LGD）是被指定对突发事件或者灾难响应负全面管理责任的英国政府部门或下移政权（devolved administration）机构。在 2010 年 3 月英国牵头部门的清单中，列出了 27 种突发事件应急规划和响应的牵头部门，如在恐怖主义（化学的、生物的、放射性的和核的）事件中，应急响应牵头部门为：在英格兰为环境、食品和农村事务部，在苏格兰为行政院，在威尔士为议会政府，在北爱尔兰为行政院。

二级事件：范围大的或持续时间长的冲击事件，如口蹄疫（FMD）或 2015 年“7・7”爆炸，由牵头部门为主席成立国民紧急事务委员会负责处理。

三级事件：可能是全国范围的大灾难的冲击事件，如“9・11”或英国病毒（Chernobyl）事件，或者重要的化学的、生物的、放射性的和核释放的事件。国民紧急事务委员会在首相的领导下工作。

专栏

英国内阁应对伦敦地铁爆炸事件

从 2005 年 7 月 7 日上午 8 点 51 分开始，英国伦敦地铁发生一连串爆炸事件。接到地铁爆炸消息后，副首相约翰・普雷斯科特（当时首相布莱尔正在苏格兰主持八国集团首脑会议）立即召集战时内阁（COBR）开会。战时内阁开完会，主要阁员通过秘密通道转移到战时内阁防爆地下掩体内。在那里汇集了军事情报五处、六处和警察首脑联合会负责人以及政府首席科学顾问。战时内阁在爆炸后立即发布地铁电力故障的消息，有

---

① 宋劲松．突发事件应急指挥．北京：中国经济出版社，2011：113-122．

意宣布爆炸为"用电达到高峰所致"，避免了恐慌的居民涌上街头，为营救和调查赢得了时间。英国政府应对此次危机事件自始至终是在立法（法律、法规、行政条文）的约束范围内展开工作。

资料来源：根据赵成根主编《国外大城市危机管理模式研究》（北京，北京大学出版社，2006）349～350页内容整理。

英国实行国民紧急事务秘书处（CCS）综合协调、牵头部门管理、属地负责的应急管理体制，并建立了"金、银、铜"三级应急指挥模式，以实现对突发事件应急指挥与协调的高效与统一。

3.3.3.1 英国"金、银、铜"三级应急指挥模式

英国突发事件的应急处置一般是由地方警察部门牵头，消防救助、医疗救护等第一类应急响应部门、紧密协作单位和事发地政府第一时间参与，还需要供水、电力、油气、交通、通信、气象、环境、卫生、防疫、食品等部门，以及广泛的社会力量甚至军队的参加。由于历史的原因，英国的警察、消防、医护等主要应急部门内部和相互之间的独立性很强，在很长的时期内存在命令程序、处置方式不同和通讯联络不畅、缺乏协作配合等突出问题，建立"金、银、铜"指挥模式就是为了解决上述问题。

该模式一方面根据事件性质和大小，形成不同的"金、银、铜"组织结构；另一方面确定应急处置"金、银、铜"三个层级，各层级组成人员和职责分工各不相同，通过逐级下达命令的方式共同构成一种应急指挥模式。"金、银、铜"三级指挥模式有效保证处置命令在战略、战术以及操作层面都能得到有效贯彻实施，形成分工明确、协调有序的工作局面。

"金级"是战略级。如果突发事件影响范围较大，需要启动金级处置机制。金级主要解决"做什么"的问题，其成员由应急处置相关政府部门（必要时包括军方）的代表组成，无常设机构，但明确专人，定期更换，以召开会议的形式运作。该级负责从战略层面对突发公共事件进行总体控制，制定目标和行动计划，下达给银级。金级可直接调动包括军队在内的应急资源（决定资源在全国范围内调动的是内阁紧急应变小组 COBR），通常远离事件现场实施远程指挥。由于成员很难短时间集中到一起，一般采用视频会议、电话等通讯手段进行沟通和决策。

"银级"是战术级，主要是应急管理和协调，组织应急处置的实施工作。银级主要解决"如何做"的问题，其成员由事发地相关部门的负责人组成，指定专人，定期更换，可直接管控所属应急资源和人员。该级负责战术层面的应急管理，根据金级下达的目标和计划对任务进行分配，很简捷地向铜级下达执行命令（时间、地点、参与人、做什么、如何做等），并可根据不同阶段处置任务和特点的不同，任命相关部门人员分阶段牵头负责。

"铜级"是操作级，负责事件发生现场处置措施的操作、执行。铜级负责具体实施应急处置任务，其成员由在现场指挥处置的人员组成，直接管理应急资源的运用。该级执行银级下达的命令，决定正确的处置和救援方式，"在合适的时间、以合适的方式做合适的事情"。事件发生后，铜级处置指挥人员首先到达现场，指挥官需要立即对情况进行评估。

3.3.3.2　英国市级突发事件应急指挥组织——以英格兰南约克郡唐开斯特市为例

唐开斯特市有 30 万人口，市应急控制中心有四名固定工作人员，也是应急规划官员，他们实行 8 小时工作制。控制中心是一幢三层小楼，约有 500 平方米。在控制室里，各种监控设备比较齐全，也有专门的监控软件，市政厅各部门的信息都要汇总到这个软件系统里，信息可以共享。控制室的各种显示器上会显示辖区内的各种事件信息。当有灾难时，会有更多的人过来帮助值班和协调。如在 2007 年 6 月的大洪水中，先后约有 100 名志愿者轮流值班，同时工作的人员有 30～40 人。在控制中心举行有关会议，会议结束之后，各部门负责人回到自己部门开会约 20 分钟，然后继续回到控制室，准备形成下一步的决定。如果唐开斯特市在灾难应急响应中力量不足，会请求同在南约克郡辖区的另外三个兄弟邻区市政府帮助，南约克郡辖区下的四个地方政府间针对大灾难有联合疏散计划。在控制中心 3 公里和 10 公里外，有两个备用控制中心①。

假定英国南约克郡唐开斯特市发生突发事件，其应急指挥组织结构如图 3－19 所示。其金、银、铜三级指挥职责如下：

金级指挥：或者称为战略协调组。通常在警察局总部由一高级警官担任总指挥，与事发地区内所要求的一、二类响应者的负责人一起工作。要求有一个媒体大厅。

银级指挥：在离事件现场恰当距离的位置上多个机构的管理人员一起工作。如果事件（如洪水）区域内需不同的处置方法，则需要多个银级指挥。

铜级指挥：其任务为封锁或疏散、媒体管理、休息中心管理、交通管理、战略控制区域管理、备用车辆场管理、编组管理。

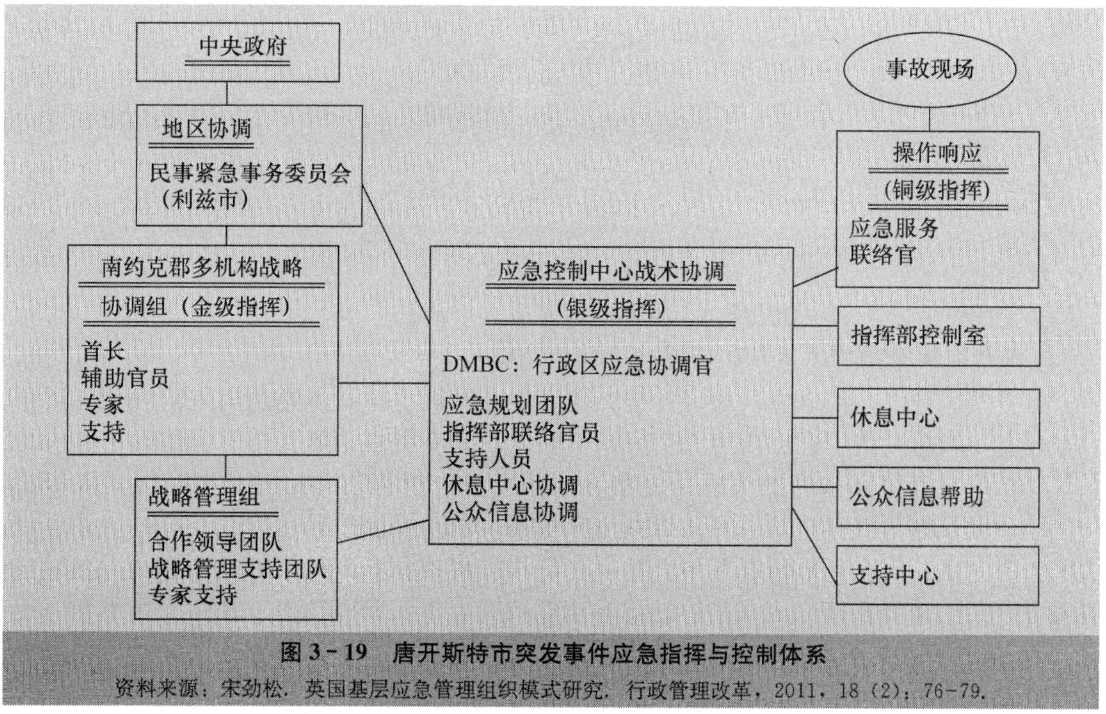

图 3－19　唐开斯特市突发事件应急指挥与控制体系

资料来源：宋劲松．英国基层应急管理组织模式研究．行政管理改革，2011，18（2）：76-79．

---

① 该部分资料来源于笔者于 2010 年 7 月 19 日对唐开斯特市政厅应急规划小组的访谈。

3.3.4 法国危机决策指挥的多级指挥部模式

法国突发事件发生后，依赖于应急响应计划（ORSEC）。省长坐镇省指挥中心（COD），负责危机处理；同时，成立现场指挥部（PCO），协调现场参与救援的各种力量，指挥现场处置行动。市镇成立指挥所（PCC），由市长指挥，主要责任是保护市民安全而不是进行危机救援与处置。如果事件升级，超出省长危机处理能力及权限，则由大区（Zone）专员协调资源进行支持和帮助，通过区运转中心（COZ）传递指令。如果事件进一步扩大，中央部际危机管理中心（CIC）迅速启动，并通过设在内政部公民保护局（DGSCGC）的部际危机管理运转中心（COGIC）发出 CIC 指令，进行危机干预与管理。部际危机管理运转中心承担国家民事保护活动指挥部和地方层面的预警、监测及危机管理职能，其结构如图 3-20 所示。

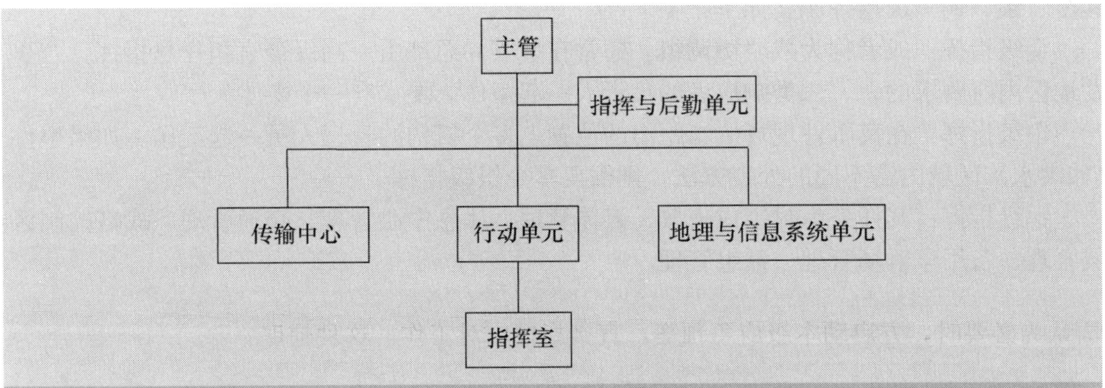

图 3-20 法国部际危机管理运转中心结构图

在常态下（监测与低级别危机管理），COGIC 有 14 人负责日常工作，6 人 24 小时轮班。

在加强状态下（监测与中等危机管理），COGIC 有 30 人负责日常工作。

在大危机下，由 COGIC 启动中央部际危机管理中心。

法国危机决策指挥体系有如下特点：

在实际运行中，在地方层面，省是突发事件应对的主体，承担着属地管理责任，由国家驻省专员总负责。在出现重大突发事件时，驻省专员在消防指挥官的协助下开展应急管理工作，可协调省内的消防、警察等应急力量。根据需要，驻省专员可向上级机构，即公民保护与危机应对总局区域办公室求援，或直接向总局求助。上级将协调区域或国家资源支援，但通常情况下不会替换省的管理权或驻省专员指挥权。当然，上级机构也可以根据需要直接介入或指挥地方的应急救援工作，此时救援责任由上级承担。也就是说，中央和地方共同分担应急救援的指挥与协调责任。还需特别提及的是，国家驻省专员这一应急管理最重要的职位在法国十分特殊。驻省专员由总理和内政部长共同提名，部长理事会通过后由总统任命产生，代表国家在省里维护对国家法律的尊重，在内政部领导下工作。换句话说，在省一级的突发事件应对中，国家任命的专员通过调动省属资源来开展应急管理工作。这意味着中央和地方共同分担应急指挥与协调的责任在省这一级就已经体现①。

法国应对突发事件的多级指挥机制主要包括信息报告、先期处置、逐级响应等环节②。

（1）信息网络广泛覆盖。为直接、全面掌握和综合分析全国各地突发事件情况，内政部在全国设置了5 000多个信息点，主要分布在各地的消防中心、警察和宪兵等单位以及国家生态、卫生、工业等部门的分支机构。各地信息点获知的突发事件和潜在风险，事无大小，一律直接通过专门网络报送内政部。内政部在民防总局设有负责信息接收、分析、上报的信息处理中心，从而形成了从内政部到各地信息点的突发事件信息网络直报体系。

（2）先期处置反应迅速。法国在政府与社会之间建立了单一明确的危机信息传递渠道，即"18"火警电话。分布在各地的消防队伍是具备多种救援能力的综合性应急力量。民众在面临或发现危机时，直接向消防中心报警，消防中心接警后立即出动并向省级专员公署报告。各类公私运营单位在政府的指导和监督下，都备有救援方案和应急力量，并按照规定指定专人负责与省级专员公署联系，发生突发事件后，可立即自行组织处置，同时向省级专员公署或其派驻机构报告。

（3）分级响应辅助干预。在突发事件达到一定规模或超出一定地域范围后，上级将介入事件应对工作。其程序是，消防中心直接向省级专员请求支援，市镇政府不直接指挥处置工作，主要为省级专员提供资源支持；省级专员需要介入时，直接由防卫区启动响应。省、防卫区、内政部接到支援请求或认为有必要进行干预时，首先立足动员协调资源力量对当地的救援行动进行支援，指挥权仍在下级单位。只有事态发展到了一定规模，上级层面认为必要时，方启动本级应急预案，直接指挥应对工作。这种辅助性原则下的逐级响应机制、协调职能与指挥职能分离的运行模式，符合法国领土面积小、大规模突发事件较少的实际，有利于指挥中心前置、提高救援效率。

法国实行"技术主导，行政支持但最终负责"的决策指挥机制③。按照响应程序，对于常见的、小规模的突发事件，处置工作主要由当地消防力量实施，消防指挥官负责指挥。无论是职业消防、志愿消防或军队消防队伍，法国采取的都是军衔制，从下士到上校共划分为10个级别。军衔级别越高，表示其专业能力越强、救援经验越丰富。少校以上级别的指挥官才有指挥权力，而且级别越高，可以指挥的力量越多。在技术救援层面，消防总指挥对其制定的救援方案和实施过程负责。

当突发事件达到一定规模时，由市镇长或驻省专员领导的行政力量介入。市镇长或驻省专员在什么情况下开始介入事件救援，一方面归因于消防指挥官的建议，另一方面取决于市镇长和驻省专员个人对于事件发展趋势的判断。即便是在重大突发事件应对中，通常情况下，也还是由消防指挥官绝对主导技术层面救援措施的制定与实施。行政指挥官（市镇长、驻省专员、内政部长、总理等）负责行政组织层面的突发事件应对方案，主要发挥

---

① 张磊，龚维斌. 法国应急管理的权责关系. 行政管理改革，2016（1）：63-67.

② 国务院办公厅应急管理能力建设赴法考察培训团. 法国应急管理能力建设培训考察报告. 中国应急管理，2009（12）：47-53.

③ 张磊，龚维斌. 法国应急管理的权责关系. 行政管理改革，2016（1）：63-67.

应急资源协调与保障作用，包括协调辖区内资源和请求外援。行政指挥官一般不干预技术层面的救援，通常情况下会在消防指挥官的协助下制定行政组织支持方案。也就是说，消防指挥官在整个救援过程中发挥着重要作用，行政指挥和技术指挥有着明确分工但又紧密合作。当然，如果行政指挥官认为有必要，也可以直接介入，对技术救援方案进行干预，甚至直接指挥现场救援工作。此时，技术救援的责任也由行政指挥官承担。

虽然指挥工作在行政和技术上有着明确分工，但在政治上，行政指挥官对于救援的最终结果负总责。

本章小结

1. 组织理论。常规组织结构理论大致可以分为五个类别：古典组织结构理论、行为科学组织结构理论、权变组织结构理论、环境决定组织结构理论、经济学组织结构理论。这些理论主要关注常规科层制组织理论。

2. 应急组织。詹姆斯·汤普森与罗伯特·霍克斯在研究大规模自然灾害中的应急组织时，提出“综合性组织”这个概念。由于对大量的应急资源存在供求上的问题，需要成立综合性组织的总部。综合性组织是临时特别设立的，在完成任务后会迅速解散。安东尼·唐斯认为，完成抢险救灾等任务需要“特殊组织”，官僚组织由于反应慢和反对新生事物，无法胜任这项任务，因此，需要一个新的特殊组织。其特点是：一是组织小型化，但拥有大量能力突出的组织成员，而且人员更替率很低；二是拥有充足的专家和资源，优先于常规组织使用资源；三是不受现有各项规章制度以及办事程序的牵制，可以自由创造新的运行规则和工作程序。

3. 任务型组织是以任务为导向的、具有临时性特征的组织，它在资源获取、组织结构、运行机制、人力和物力的安排使用、管理方式方法等各个方面都不同于常规组织。特别是任务型组织设立方式的灵活性，任务完成后解散的及时性，使它能弥补常规组织在处理非常规性任务上的缺位。常规组织从事的是有结构的任务（如奥申委），任务导向性的组织所面对的是一种非例行性的、无结构的工作。任务型组织在功能和目标指向上是回应性和服务性的，在结构和构成上是网络型的，在运行方式上是合作性的。在组织结构方面，常规组织纵向层级较多，上下级沟通比较困难；任务型组织趋向于扁平化，上下沟通容易。在分工方面，常规组织十分强调分工，任务型组织成员之间的分工比较模糊。在权威体系方面，常规治理模式有权力、制度和管理体制的权威；在任务型组织中，道德权威占据着主导地位。在领导机制方面，常规组织的领导大都属于正式领导；任务型组织除了正式的领导之外，还有其他两种形式，即特别的领导和每一个成员所具有的领导。任务型组织以信任作为组织整合的基础。

4. 指挥是指挥员及其指挥机关对所属部队作战行动的组织领导活动。包括战略、战役、战斗范围内的指挥。目的在于统一意志、统一行动，最大限度地发挥部队战斗力，夺取作战的胜利。

5. 军队作战指挥系统一般来讲包括：指挥机构、指挥手段、指挥方式、指挥活动和指挥效能评估。

6. 危机指挥是指各级政府和相关职能部门在应急响应和应急处置期间，通过设立应急总指挥部、现场应急指挥部或应急指挥中心等临时性机构，按照我国应急管理法规、体制和应急预案的要求，遵从一定的指挥关系，使用一定的指挥手段对突发事件进行响应和处置的一系列活动。其目的是更有效地开展应急组织与协调工作，使紧急事态和各种不利影响得到及时控制。

7. 中国危机决策组织。与欧美发达国家相比，中国各类公共危机呈现出规模大、类型复杂的特点，因此，在实践过程中，形成了多级指挥、分区指挥和联合指挥等多种形式组合的危机决策组织形式。我国目前还没有比较规范的应急指挥体系的标准。在政府层面，有关专项预案大都只讲到相关突发事件分类管理部门应该成立应急指挥机构，或明确该分类管理部门内设各司局在应急指挥中的职责，但对该机构的组织结构、指挥方式、指挥手段等均未作出规定。这些专项预案中也提到属地政府应该成立应急指挥组织，但也没有明确其组织结构、指挥方式和指挥手段，更没有对属地政府的应急指挥机构与分类管理部门的应急指挥机构间的关系加以明确。在政府部门层面，大多数部门应急预案也没有对应急指挥体系进行规定。在专业救援处置力量层面，只有公安消防部队等少数专业应急救援力量对应急指挥体系作出明确规定，大多数专业应急救援力量没有类似的规定。在大型企业层面，部分大型企业的应急预案中对其应急指挥体系作了一些规定，但应急指挥体系还较不规范，需要进行比较大的调整，以适应应急指挥的要求。

8. 中国危机决策指挥机构的关系。在上下级政府应急指挥部的关系方面，地（市）级和县级人民政府是应急处置主体，省级主要是指导，国家层面主要是政策制定和指导。由于地（市）级和县级人民政府的应急资源有限，需要省级乃至国家层面协调有关资源，由省级人民政府成立的应急指挥部和国务院成立的应急指挥部进行协调。我国经过近年来的巨灾应对，已经基本形成了“中央统筹指导、地方就近指挥、分级负责、相互协同的抗灾救灾应急机制”。在上级人民政府没有成立应急指挥部的情况下，可以派出工作组对属地政府应急指挥部进行指导，并协调属地政府以外的有关应急资源支持属地政府的应急处置工作。在属地政府与其政府部门间的决策指挥关系方面（行政与专业决策指挥关系），行政首长聚焦于行政决策，关注重点在于应急资源的统筹调度、突发事件信息公开、公众沟通，以及交通管制和疏散居民等重大事项决策；现场指挥长则应关注业务处置层，主要职责在于从专业技术角度开展事件处置与应急救援，有效减缓和控制突发事件的现场影响。

9. 美国危机决策指挥的单指挥部模式。2004年3月1日，美国政府制定出“国家突发事件应急管理系统”，以便采取统一、全面性的方式来应对国内突发事件。其中的“指挥及管理”将各级政府可能面临的所有灾害的事故管理予以标准化，标准事故指挥结构主要包括三个组成部分，分别是事故指挥系统（ICS）、多机构协调系统（MCS）、公共信息系统（PIS）。事故指挥系统是一套指挥、控制和协调应急机构的工具，也是协调各单位，以实现稳定应急状况、保护人员财产和环境安全的一种方法。目前美国所采用的事故指挥系统，其基本的组织及作业编组中包括指挥群和执行群。在小型突发事件中，指挥群和执行群可能集中在一个人身上（突发事件现场应急指挥官），但当突发事件扩大时，应急指挥官可能需要指派指挥群（包括信息官、安全官、联络官）及执行群（包括计划部、行动部、后勤部及财务/行政部）协助处理突发事件。

10. 德国危机决策指挥的双指挥部模式。德国的“应急操作指挥与控制系统的领导与指挥规则”（DV100 条例）用于警察、军队和非政府卫生组织。其事件指挥体系对突发事件指挥体系的原则、指挥组织机构、指挥过程和实施事件指挥的方法四个方面进行了详细规定。

11. 英国危机决策指挥的三级指挥部模式。英国建立了“金、银、铜”的危机决策指挥模式。该模式一方面根据事件性质和大小，形成不同的“金、银、铜”组织结构；另一方面确定应急处置“金、银、铜”三个层级，各层级组成人员和职责分工各不相同，通过逐级下达命令的方式共同构成一种应急指挥模式。“金、银、铜”三级指挥模式有效保证处置命令在战略、战术以及操作层面都能得到有效贯彻实施，形成分工明确、协调有序的工作局面。“金级”主要解决“做什么”的问题，“银级”主要解决“如何做”的问题，“铜级”是在合适的时间、以合适的方式做合适的事情。

12. 法国危机决策指挥的多级指挥部模式。法国突发事件发生后，省长坐镇省指挥中心（COD），负责危机处理；同时，成立现场指挥部（PCO），协调现场参与救援的各种力量，指挥现场处置行动。市镇成立指挥所（PCC），由市长指挥，主要责任是保护市民安全而不是进行危机救援与处置。如果事件升级，超出省长危机处理能力及权限，则由大区（Zone）专员协调资源进行支持和帮助，通过区运转中心（COZ）传递指令。如果事件进一步扩大，中央部际危机管理中心（CIC）迅速启动，并通过设在内政部公民保护局（DGSCGC）的部际危机管理运转中心（COGIC）发出 CIC 指令，进行危机干预与管理。

复习思考题

1. 举例对任务型组织进行说明。
2. 指挥的定义是什么？军队作战指挥系统由哪些部分构成？危机指挥的定义是什么？
3. 我国是否可以建立相对统一的标准化的危机决策指挥模式？
4. 我国是否有必要建立危机应对财政支出的地方负责制，以提高危机决策指挥的效率？
5. 简述美国、德国、英国和法国的单指挥部模式、双指挥部模式、三级指挥部模式与多级指挥部模式的制度背景。
6. 发达国家的危机决策指挥组织模式对我国危机决策指挥有何借鉴意义？

第4章

危机决策流程

本章首先介绍一般的管理决策过程，其次综述理论界对危机决策流程的研究成果，并对美国和德国应急管理学院所推荐的危机决策流程进行介绍，最后以实际案例介绍美国应急决策五大流程的运用。

重点问题

- 管理决策的基本流程
- 美国危机决策流程的问题解决模型

4.1 管理决策流程与危机决策流程[①]

4.1.1 管理决策流程

西蒙把管理决策概括为四项活动：情报活动、设计活动、抉择活动、评审活动。情报活动需要对管理问题进行识别和定义；设计活动就是为定义好的管理问题制定多种解决方案；抉择活动要对多种方案进行评估和优选；评审活动就是要对抉择好的方案进行贯彻实施，并对实施中的信息进行反馈，评价实施行动是否偏离原方案，适时采取必要可行的控制措施，以便按时保质实现决策目标。上述原理形成如图4-1所示的四项活动六个步骤，

① 张在地，吉迎东，胡琳娜．管理决策理论、技术与方法．北京：清华大学出版社，2013：35-45.

形成每个步骤都可能向前一个或前几个步骤反馈的循环过程称为管理决策的基本过程，简称为管理决策。

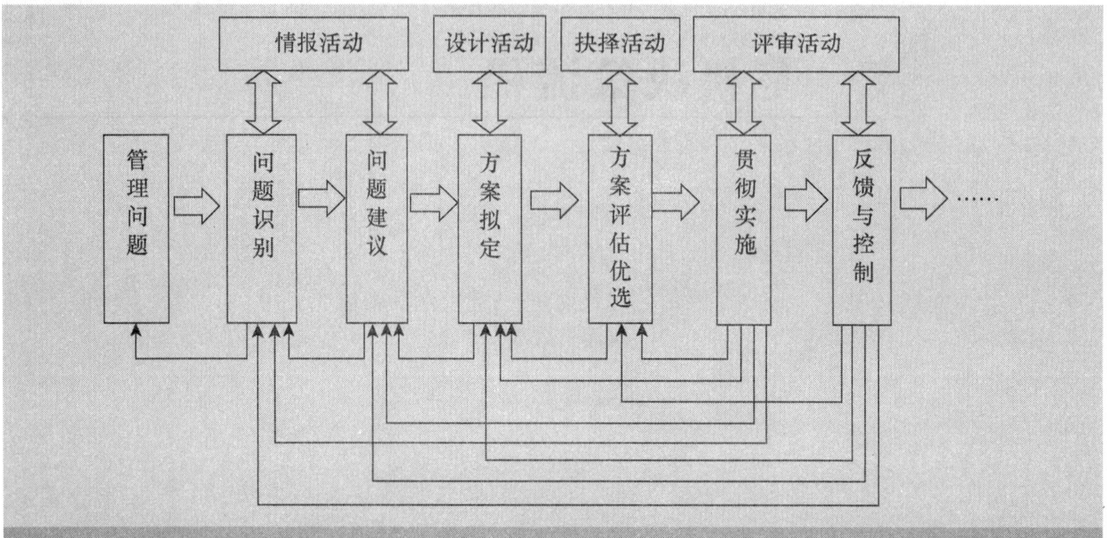

图 4-1 管理决策的基本过程

4.1.1.1 情报活动

情报活动就是解决"作什么决策"的问题，是审时度势、选择管理决策主题和时机的活动。这要求决策主体发现决策的问题，抓住机遇，避免或克服危机。危机、问题和机遇这三个概念既有联系又有区别。按照明茨伯格（H. Mintzberg）的观点，危机指由某种突发事件触发的需紧急处理的情况，问题则是在受到一连串的事件激发以后，许多原来模糊的信息构成某种明朗的矛盾状况，机遇则常常由某种思想或某一事件（非危机）所激发。

决策者在某一时刻只能集中注意某个问题，很难同时了解所有情况。因此，军事组织设立情报部门，向指挥机关建议作出决策的时机；企业的研发部门最重要的工作往往不在于研制新产品，而是了解国内外同类产品的最新发展动态，提供发展新产品的情报；政府的战略及规划部门（政策研究部门）则主要是了解和分析系统内部与环境的态势并作出判断，提供战略政策的建议。

选择什么决策取决于决策主体的偏好、信念、价值观和道德观念。有些企业领导侧重于长期发展实力，有些则强调短期的效益。决策科学研究不可能改变决策主体的信念或价值观，但可以促使所选择的决策主题确切地反映决策主体的信念和价值观。

决策主体面对浩如烟海的管理问题，首先要分辨在什么情况下需作出什么决策，其次要对识别出的决策问题进行明确的界定，前者称为管理决策问题的识别，简称问题识别（problem identification），后者称为管理决策问题的定义，简称问题定义（problem definition）。

1. 问题识别

一般地，需要作出管理决策的问题没有明确的规定，具有含糊性，需要去识别。问题识别需要敏锐的洞察力，无常规方法，是一种灵活的研究艺术。问题识别就是从管理决策的可能性、可行性和可接受性三个方面去辨识选择。

决策都是从发现和提出问题开始的。所谓问题，是指应该或可能达到的状况同现实状况之间存在的差距，也表现为需求、机会、挑战、竞争、愿望等，是一个矛盾群，是客观存在的矛盾在主观世界中的反映。矛盾群是决策的问题源。但并非任何问题都需要决策，面对纷繁复杂的问题，要经过一系列思维活动，对问题进行归纳、筛选和提炼，善于抓住有价值的问题，把握其关键和实质。

管理决策问题识别包括两个方面：一是弄清问题的性质、范围、程度以及它的价值和影响，区分问题的不同类型，如全局性的或局部性的、战略性的或战术性的、长远性的或暂时性的、已经显现的或潜在的、能够解决的或暂时无条件解决的，等等。二是要找出问题产生的原因，分析其主观原因和客观原因、直接原因与间接原因、主要原因与次要原因，等等。对问题产生的原因要作纵向和横向分析。纵向分析是指从问题的表面开始进行分析，层层深入，究其根底。横向分析是指将同一层次的原因及其相互关系搞清楚，从而找出主要原因。

2. 问题定义

识别出管理决策问题后，需要从问题求解的角度给予明确的定义，也就是对问题的初始状态空间和预期状态空间按要求给予必要的限制和解释说明，还要对问题涉及的各方面情况给予详细的陈述，并对求解方向提出一定的设想等。

把管理决策问题的定义置于问题求解的全过程来考虑，其规定结构应是由问题的确认阶段、扩展阶段和探索阶段及其反馈构成的，如图 4-2 所示。

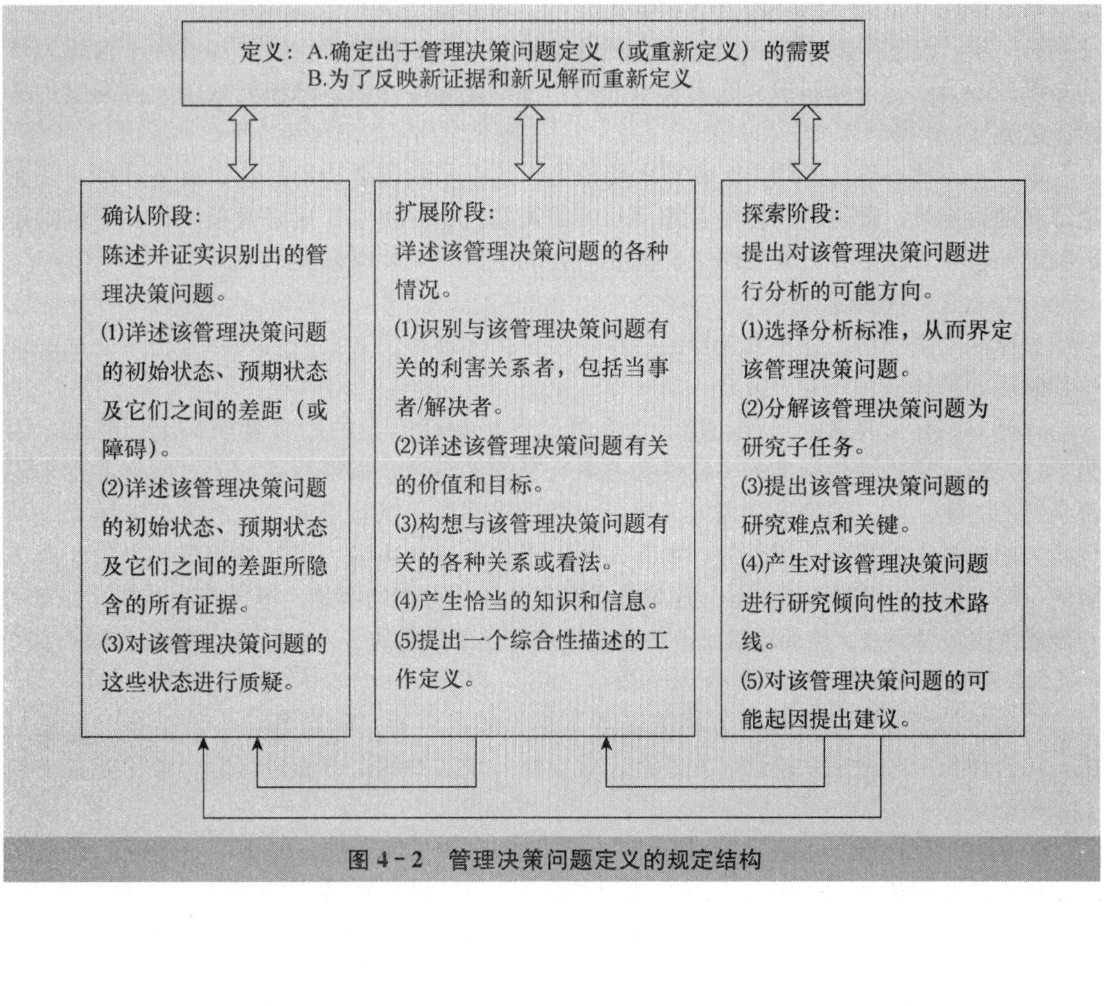

图 4-2　管理决策问题定义的规定结构

4.1.1.2 设计活动

设计活动是寻求多种途径解决问题的过程，在此过程中，决策者或其他咨询人员发掘、构想和分析多种可行的相互替代的活动方案，称之为替代方案或备选方案。决策者和咨询人员受感知能力和时间的限制，不可能发现所有的可行替代方案，即使主观上认为已探求了所有的方案，客观上也仍然会有若干方案被遗漏，因此，往往是首先发掘一组（一般 3～5 个）替代方案，然后加以评价，如尚未找到满意的解决方案，则再探求下一组方案，依此逐次探求。

拟定供选择的各种可能方案，是决策的基础。这项工作主要由智囊机构承担。如果只有一个方案，就没有比较和选择的余地，也就无所谓决策了。拟订方案阶段的主要任务是，对信息系统提供的数据、情报进行充分的系统分析，并在这个基础上制定出替代方案。要求做到：

（1）必须制定多种（一般 3～5 个）可供选择的方案，方案之间具有原则区别，便于权衡比较。

（2）每一种方案以确切的数量反映其成果。

（3）要求说明本方案的特点、弱点及实践条件。

（4）各种方案的表达方式必须做到条理化和直观化。

制定替代方案的步骤一般分为两步。

第一步：设想阶段。这一步要求有创新精神和丰富的想象力，这些都取决于参谋人员的知识、能力、智慧和胆识。既要实事求是，又不能因循守旧。思想要敏锐、有洞察力并富于远见。

第二步：精心设计。第一步需要大胆设想，这一步则需要冷静思索、反复计算、严密论证和细致推敲，即经得起怀疑者和反对者的挑剔。这一步主要搞好两项工作：一是确定方案的细节；二是估计方案的结果。既要有好的主意，又要有好的结果。

4.1.1.3 抉择活动

抉择活动是预估、评价和选择的过程，在预估多种替代方案的后果并作出结论性的评价判断后，选择一种行动方案。

选择方案是个复杂的问题，并不是弄清了各种替代方案的后果就能马上回答的。因为：(1) 由于后果评价标准的多样性和方案后果的多样性，很难找到一个对所有准则来说都满意的方案。(2) 评价准则因人而异，未来后果往往是风险事件。一般人可能认为一项风险大的投资方案是难以接受的，而有人却乐于作出这种决策。(3) 抉择最终取决于决策者的习惯、传统、经验和信念等。这就造成按理性评价方案的困难，符合理性准则的方案不一定能使决策者满意。然而恰恰是上述这些难点提供了广阔的引人入胜的决策研究领域。

1. 方案选择标准

一是价值标准。这是选择方案的基本判据。其内容有：确定各项价值指标，分清主次，综合评价。一般从系统性、先进性、效益性、现实性四个方面进行综合评价，其中效益是核心。

二是“最优标准”还是“满意标准”。如果能达到最优标准，何乐而不为呢？但在实际工作中往往很难达到，因为人们的认识受许多因素的限制，如主客观条件、科技水平、情报信息，以及环境、时间等。有的最优方案对某一企业是适用的，对另一个企业就不一定适用；有的在短期看是最优的，而长期效果不一定很好。因此，绝对的最优标准是不存在的，最优也是相对的。决策理论学派的代表人物西蒙提出一个现实的标准，即“满意标准”或“有限合理性标准”。方案只要“足够满意”即可，不必追求“最优”。多数决策是按“满意标准”行事的。

2. 方案选择方法

（1）直觉判断法。20 世纪 40 年代前的管理决策基本手段是经验判断。虽然现在数学方法、物理模型、模拟模型、网络模型等被引进决策中，但直觉经验判断的方法仍然是不可缺少和不容忽视的。尤其是一些涉及社会、心理因素等复杂问题和非计量性的决策，需要领导者的直觉经验判断。

（2）归纳法。在方案众多的情况下，先把方案归为几大类，看哪类比较满意，就选中哪类，再从中选出满意的方案，如选择厂址的决策往往采取这种方法。其优点是可以快速缩小选择范围，缺点是可能漏掉满意的方案，因为最优方案也可能处于不是满意的那个类别中。

（3）数学方法。运用数学方法选择方案，在 20 世纪 50 年代后发展很快。在控制变量（如产值、利润、成本）处于连续状态的情况下，经验判断方法很难直接找到满意方案，要借助于数学方法。到目前为止，尚有许多复杂的决策用数学方法还解决不了，要综合运用选择方案的多种方法加以解决。

（4）模拟法。借助现代信息技术，可以用计算机进行很多管理决策方案的仿真模拟。所选定的方案在实施或实验前，可以进行计算机仿真模拟，对方案进行比较分析，对原方案进一步优化。

（5）试验法。社会问题的决策虽然不可能创造出像实验室那样人为的典型条件，但对重大问题决策时，特别是当新情况、新问题及无形因素起重大作用而不便用数学方法分析时，先选择少数几个典型单位进行试点，然后总结经验以作为最后决策的依据，也不失为一种有效的办法。

4.1.1.4　评审活动

一旦选出满意方案，并不是下达一些命令、指示就告结束，还须制定出执行计划和资源预算以满足实施方案的各种可能的需要。潜在风险和不确定因素虽然在评价和抉择中受到注意，但人们一旦作出决策，就往往有一种趋势，即把纸面上的决定看成现实，这在认知科学上叫作错觉（illusion of control）。此外，决策主体还往往以为一旦作出决定就会自动执行，事实上，即使是一项好的决策，如果其下属不愿意执行或不清楚怎么做，也是无效的。

决策的贯彻实施过程需要跟踪、监督原计划是否已经执行，有哪些偏离，执行决策结果导致内外部环境发生了哪些变化，各下属部门是否按要求完成了任务。在实施过程中不断得到反馈信息，回顾和比较所作出的决策和行动结果，实际上是个学习和改善今后决策的过程。

（1）贯彻实施。实施是执行、跟踪和学习的过程。方案选定后，要付诸实施，在普遍实施前进行试点。试点要注意选择在整个系统中具有典型性的地方，不能人为地创造某些特殊条件，因为这样纵然试点成功，也很难实践。在试点中，要特别注重“可靠性”分析。可靠性的概念，即在规定条件下和预定时间内完成任务或达到目标的成功概率。

（2）反馈与控制。即使是一个优化方案，在执行过程中，由于主客观情况的变化，发生这样或那样与目标偏离的情况也是常有的。因此，必须做好反馈和追踪检查工作。这个阶段的任务，就是要准确、及时地把方案实施过程中出现的问题、执行情况的信息输送到决策机构，以便追踪检查。方案实施过程中出现的问题大致可归纳为三种情况：一是执行人员没有按规定完成任务；二是执行中遇到实际困难，发现方案中有不妥当的问题；三是已经按方案执行了，但未达到预定目标。对发生的问题要作具体分析：第一种是教育和落实的问题；第二种是需要修正方案，使其更加切合实际、日臻完善的问题；第三种是，如果已经危及决策目标的实现，需要对决策进行根本性的修改，甚至要改变决策目标，这就需要进行追踪决策。如果证明原决策是完全错误的，那就不属于追踪决策的问题，而是要推倒重来的问题了。

4.1.1.5 决策实施的防范分析

决策主体除了要制定出决策方案的最终实施计划外，还应该考虑在决策执行过程中会不会产生某些不良后果。因此，应该事先对可能发生的潜在问题进行分析和研究。一旦问题发生，可以采取某些应变措施，使发生的问题对决策目标的影响减至最低限度，并适当加以补救。而且，关键在于能够通过对潜在问题的分析和研究，寻找经济可行且防患于未然的措施。这种系统地分析潜在问题的方法，称为防范分析。

1. 潜在问题

潜在问题是隐藏在事物背后或深层的矛盾萌芽，往往不容易看出，而且它又不在决策的直接目标范围之内，因此，极容易被人忽视。防范分析要求的是系统的观点，要求对决策全过程心中有数，全盘考虑。这样，才能保证决策的连续性和成功的可能性。在进行防范决策分析时，应充分考虑六个方面的问题：（1）未来可能发生哪些问题；（2）发生的问题对决策目标有何影响；（3）发生这些问题的可能原因是什么；（4）可以采取哪些预防措施；（5）有哪些应变措施可以减少对决策目标的影响；（6）怎样保证应变措施的实施。

2. 防范分析的步骤

（1）预测决策实施的不良后果。运用科学的方法预测方案执行中和执行后可能会出现哪些不希望发生的问题和未来可能发生的困难。对最有可能出现的问题要特别引起注意并列为“关键问题”对待，分析它会在什么地点、什么时间出现以及出现的频率。这种预测要尽量全面，因为有些潜在的问题并不是决策执行的直接后果，而是后果的后果，即第二、三级后果，难免有疏漏之处，所以最好能发动专家和群众，如开一个“挑刺会”，让大家尽量列举可能出现的不良后果，这样既可以打开决策主体的思路，又往往能考虑得更为周全。

（2）评价潜在问题的风险性。一般采用评分法对潜在问题的风险进行估计，每个潜在问题的风险分数与其发生的概率相乘，即得出该潜在问题的风险估计量值——风险度，然后按照风险度高低对这些问题进行分类，并确定相应对策。

（3）制定预防措施。对那些对于整个决策威胁性较大的潜在问题进行分析，寻找其产生原因，并研究制定相应的预防措施，将其纳入决策方案的实施计划中去，并逐项落实。

（4）准备应急预案。在方案实施前，对可能出现严重不良后果的一些问题，除了采取预防措施外，还应准备一定的应急预案，以便万一问题发生时能将危害减至最小。

专栏

北京市朝阳区“党政群共商共治工程”管理决策流程

（一）朝阳区“党政群共商共治工程”简介

“大家好，我是垂东社区议事代表付庭祥，受社区议事团委托，向大家介绍垂杨柳北里 3 号楼危电改造项目……”“我是九龙社区议事代表，就百子湾路‘的士之家’项目进行说明……”这是双井街道举行的一场特殊“擂台赛”，12 个社区的代表为 21 个实事项目“拉票”。台下 100 名评委，是从当地居民、属地企业、政府机构和驻区人大代表、政协委员中产生的议事代表，评委们的投票决定立项结果。为了有效破解政府出力不讨好、越是好事越难办这一难题，朝阳区 2012 年提出在城区 24 个街道全面开展“为民解忧工程”，2013 年在此基础上总结上升为“党政群共商共治工程”，逐步实现由“政府单向决策、居民被动接受”转变为“政府和居民双向互动、共同决策”。朝阳区“党政群共商共治工程”分为问政季、解忧季、收获季三个阶段推进。

（二）流程分析

1. 情报活动

每年 1—3 月为“问政季”，街道、社区首先要以座谈会、问卷、入户、网络留言等形式详细了解居民的困难和需求，实现准确“知忧”。

问题识别：各街道组织处级领导、机关干部、社区工作者采取座谈会、问卷调查、入户走访等多种形式，深入居民和社会单位走访座谈，广泛征求意见建议。同时，还推出了“网络问政”。经过梳理总结，初步确定了 2016 年党政群共商共治工程街道级 A 类项目 10 项，涉及资金 1 400 余万元。

问题建议：前期经过地区政府申报，区有关部门实地考察、审核等程序，10 个社区邻里之家申报项目、8 个文化广场申报项目作为备选，参与当天的区级民主协商会。在介绍完项目有关情况和议事规则后，各项目的陈述人依次介绍了项目必要性暨群众主要诉求、项目可行性及投资绩效等。在询问环节，议事代表们综合考虑申报项目现有基础以及和周边社区资源共享情况，仔细询问后期的资金投入、服务管理等问题，力求对每一个项目的打分都公平公正。经过充分协商和现场打分统计后，最终确定项目。在社区层面建立常态化的社情民意收集机制，规范“集、议、决、督”四个环节。规范议事规则，包括动议并陈述、附议、反对、辩论、表决五个程序。

2. 设计活动

方案拟订：“知忧”后是“议忧”。组织机关干部、居民代表、利益相关人等，对那些反映比较集中或典型性的需求进行讨论和研究，初步筛选确定拟办的实事，制定出相应的解决方案，实现充分“议忧”。政府为民办实事，投资不少。但人多愿望多，实事有时不一定能办好。“党政群共商共治工程”让居民充分参与社区建设，不仅提需求，还一起做方案、一起来实施。如今，凡是涉及群众切身利益的问题，都可通过共商共治平台来协商解决。

3. 抉择活动

方案评估选择：经过"知忧""议忧"，最后是表决公示，当年拟办的实事及解决方案提交参会代表讨论和表决，最终以投票表决的形式确定当年需要办哪些实事、怎么办。"党政群共商共治工程"充分发挥社会单位、两代表一委员、居民代表等作用，多渠道开展问政，组建项目化小组反复议政，投票表决实事及解决方案。

4. 评审活动

贯彻实施：每年4—9月为"解忧季"，将确定的实事工程列入行政效能监察范围，按照项目化管理、专业化支撑、透明化运作、全程化监督的原则做好"解忧"工作，做到"事前有标准、过程有跟踪、事后可追溯"。对问政工作各环节逐一规范，特别是对项目征集、申报、确定、实施、监督、评价等进行严格规范，确保共商共治工作标准化。建立"项目化管理、专业化支撑、透明化运作"的机制，按照社区自治、产权督责、多方支持、政府履职等进行分类处理，实行一个工程一个项目、一个项目一套实施方案，明确责任部门、责任人、完成时限和标准，定期公示进度，严格按照项目运作的要求推进。

反馈与控制："现在，请各位代表对街道2012年为民办实事工作满意与否，举牌表决。"主持人的话音刚落，到场的35位参会代表齐刷刷地举起了手中的评议牌。

每年10—12月为"收获季"，主要是街道组织居民代表、利益相关人等对实事完成情况进行检查验收。对于重大项目，朝阳区社会办将组织专家、人大代表、居民代表等对项目的受益人群、社会效益、可持续性等进行评审，经过评审，由区社会建设专项资金等业务经费加以支持和奖励。次年召开地区"问政会"，邀请居民代表、利益相关人等参加，就上一年度实事完成情况进行说明和满意度评议。建立第三方评价体系，对立项工程进行绩效追踪，确保"问政"的效率和效果。

资料来源：根据国家行政学院公共管理硕士2014级学生王喜凤作业修改。

4.1.2 危机决策流程相关研究介绍①

4.1.2.1 危机决策流程研究的代表性观点

对于危机管理的阶段界定有着许多说法，如预防（prevention）、准备（preparation）、反应（response）和恢复（recovery）四个阶段（PPRR），而美国国土安全部将其修正为：减缓（mitigation）、预防（preparation）、反应（response）、恢复（recovery）。罗伯特·希斯（Robert Heath）提出了危机管理的4R模型：减少（reduction）、预备（readiness）、反应（response）、恢复（recovery）。库姆斯（W. Timothy Coombs）也指出，危机管理涉及的四个基本因素为：预防（prevention）、准备（preparation）、绩效（performance）、学习（learn）。这些危机管理阶段界定的实质是把危机管理行为渗透到危机生命周期中，渗透到一个组织的日常运作中。在众多的危机管理阶段分析方法中，有三种最为学界所认可的模型，分别是芬克（Fink）的四阶段生命周期模型（1986）、米特罗夫

① 薛澜，等. 危机管理. 北京：清华大学出版社，2003：176-179.

(Mitroff) 的五阶段模型 (1994) 和最基本的三阶段模型。三阶段模型把危机管理分成危机前、危机中和危机后这三大阶段，每一阶段可分为不同的子阶段①。由于危机管理研究从原来的危机应对转向危机的生命周期，尤其是危机前的预警研究，因此，按上述不同危机管理阶段理论，就会产生不同阶段的危机决策，并会有相应的决策特点。如按三阶段模型，危机决策也分为危机事发决策、危机事中决策、危机事后决策。

罗伯特·希斯认为，危机事前要多方参与。在时间允许、信息充分的情况下，应该通过集体决策、评估作出最优的决策。他提出了危机情境下达到最优决策的八个步骤②：

(1) 确认决策面临的问题：因为预期情境与实际情况之间总有差距，决策者在决策之初都会遇到一个显而易见的问题，所以他们必须清醒地认识到问题的存在。

(2) 确认决策标准和“事实”：对决策的主张及约束的明确分析能够帮助明了决策的内容以及标准，从而作出决策。所以决策者不仅要寻求各种可能的标准，还要对其相应的结果进行评估。

(3) 决定评估标准、方式、权重：为保持系统性和连贯性，每一标准的权重和含义应通用于计划决策方案及其备选方案中；权重值可以是任何数字，关键是某一标准在诸多标准中的相对地位。

(4) 发展备选方案：完成某一任务总有许多方法，因此决策者可以通过集思广益的头脑风暴法以及正式、非正式的专业咨询，形成所有可能的备选方案，寻求更多的选择与方法，努力使“预料之外”变为“意料之中”。

(5) 分析备选方案：一旦大多数完整的替代方案形成，决策者就需要评估它们各自对有效问题的贡献。

(6) 选择一个备选方案：累积决策模式产生的最高分数便是最好的选择，因此这一步决策者的工作就是从替代方案和选择中挑选出最优备选方案。

(7) 执行备选方案：决策者向那些受到影响以及围绕决策采取行动的人们传达决策结果，同时检验并评估决策制定程序以及决策的影响。

(8) 评估决策程序以及决策结果的影响：决策者需要重温产生决策结果的过程和决策的影响，以提高决策水平。

罗伯特·希斯认为，危机事中，在真实的决策环境中，理性非常有限，纷繁复杂的方案、层出不穷的问题和头绪杂乱的决策往往交织在一起，组织文化会扭曲决策者的看法，以至于出现盲点；现实中，决策更可能是跳跃式理性思维的结合，决策者更倾向于构建简单模式而不是复杂模式；很多情况下，决策者会制定“满意的”或是“次优”的决策。

钟开斌根据“信息源—信息渠道”的解释框架③，提出如下建议：改革传统的“碎片化”的官僚制应急决策模式，建立基于信息整合的综合性应急决策模式；完善信息技术支撑和研判报告制度，增强和提高突发事件信息的及时性、准确率，扩大其覆盖面；建立一种基于信息的多主体综合协调联动机制，整合不同地区、不同部门、不同系统和不同层级

① 薛澜，等. 危机管理. 北京：清华大学出版社，2003：45-47.

② 罗伯特·希斯. 危机管理. 王成，等，译. 北京：中信出版社，2004：260-265.

③ 钟开斌. 应急决策：理论与案例. 北京：社会科学文献出版社，2014.

的应急力量和资源；引入情景分析等突发事件预测模拟手段，提高对现代复杂突发事件发展趋势、演变规律和应对体系的认识判断。我国应急决策模式优化的目标，是建立一种基于信息整合的多阶段、多主体、多层次的适应性演进决策模式，按照“党政联动、军地联合、统一指挥、上下互动、综合协调”的原则，建立多阶段、多主体、多层次的适应性动态决策模式，使应急决策既有基本的刚性和原则性，又能保持适度的弹性和可拓展性，从而做到既能按照既定制度规范科学有序地进行，又能根据动态演变的突发事件场景灵活调整。

4.1.2.2 危机决策流程的约束条件

危机管理领域对决策流程中各种约束条件的研究，产生了以下几大决策模型：

认知式决策规则（cognitive decision rules），强调决策者认知危机情境的局限性，诸如可供决策者思考的时间有限、组织收集信息的渠道较少等，这类似罗伯特·希斯的“有限理性”决策模式。

附属式决策规则（affiliative decision rules），强调危机情境下组织内外人际关系对决策者行为的影响，诸如维持或增强他们在组织内的权力、地位，获得更多社会支持等。

自我满足和激励（self-serving and emotive rules），强调个人的动机、需求、利益对组织决策者进行决策的影响，决策者进行决策时往往更多地考虑个人的利益而不是组织的利益。

欧文·贾尼斯在总结以上各种决策模式的基础上，提出了各项重要决策流程的约束模型（the constraints model of policymaking process），如表4-1所示。

表4-1　　危机决策约束模型

约束类型	认知	附属关系	自我满足和激励
具体内容	有限时间 信息搜索和评估可用的资源紧缺 多重任务 决策问题极其复杂、令人困惑 缺少可靠的知识 思维惯性	决策者需要维持权力、地位、补偿、社会支持 决策者需要使新政策在组织内获得认可	严重的个人动机，如欲望、需求和名望 个人情绪的变化，如发怒、高兴 决策冲突的情绪压力
应对策略	认知式决策规则	附属式决策规则	利己主义式决策规则
具体内容	可得性 满足性 类推 综合聚焦 操作性编码	避免惩罚 人员配备的认可度 权力斗争中培养“高人一等”的作风 思想库：保持组织协调性	强化个人：“决策中我起什么作用?” 让愤怒得到报复 大胆：“我行的!” 高兴：“做完它!” 避免过度防御：延迟、逃脱、自满 避免问题蔓延至超高度决策：“迅速控制局势”

李明磊等研究了不同约束条件下的基于应急预案的危机决策流程、基于范例推理的危机决策流程和基于智能规划的危机决策流程三种危机决策流程①。

① 李明磊，王红卫，祁超，刘丹，王剑，王喆，周超．非常规突发事件危机决策方法研究．中国安全科学学报，2012，22（3）：158-163.

1. 基于应急预案的危机决策流程

基于应急预案的危机决策方法主要包括危机识别、预案匹配、备选方案评估和方案实施四个步骤，如图 4-3 所示。

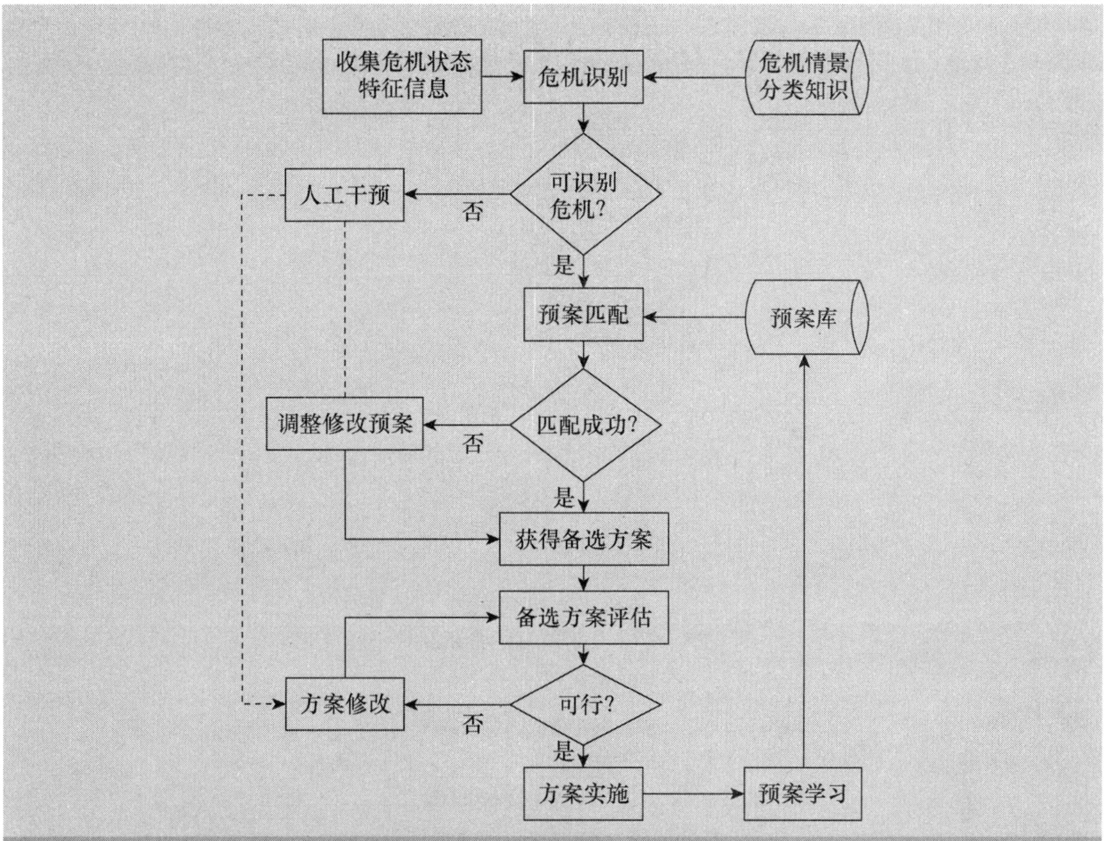

图 4-3 基于应急预案的危机决策流程

2. 基于范例推理的危机决策流程

基于范例推理的危机决策方法主要步骤如图 4-4 所示。

3. 基于智能规划的危机决策流程

智能规划是使用人工智能方法从计算上研究某个深思熟虑过程的技术。智能规划技术包括经典规划（classical planning）、类经典规划（neoclassical planning）、分层任务网络规划（hierarchical task network planning，HTN）等。其中，HTN 规划模型是一种应用最为广泛的智能规划模型，已经应用在生产线调度、危机管理和后勤规划、航天器规划和调度等领域。以 HTN 规划为核心的基于智能规划的危机决策方法的主要步骤如图 4-5 所示。

基于应急预案、基于范例推理和基于智能规划的危机决策方法有助于实现非常规突发事件危机决策的科学化，都符合再认识—启动决策模式（recognition-primed decision），均能在一定程度上辅助决策者进行危机决策，但它们在实际应用中还是存在各自的局限性，如表 4-2 所示。

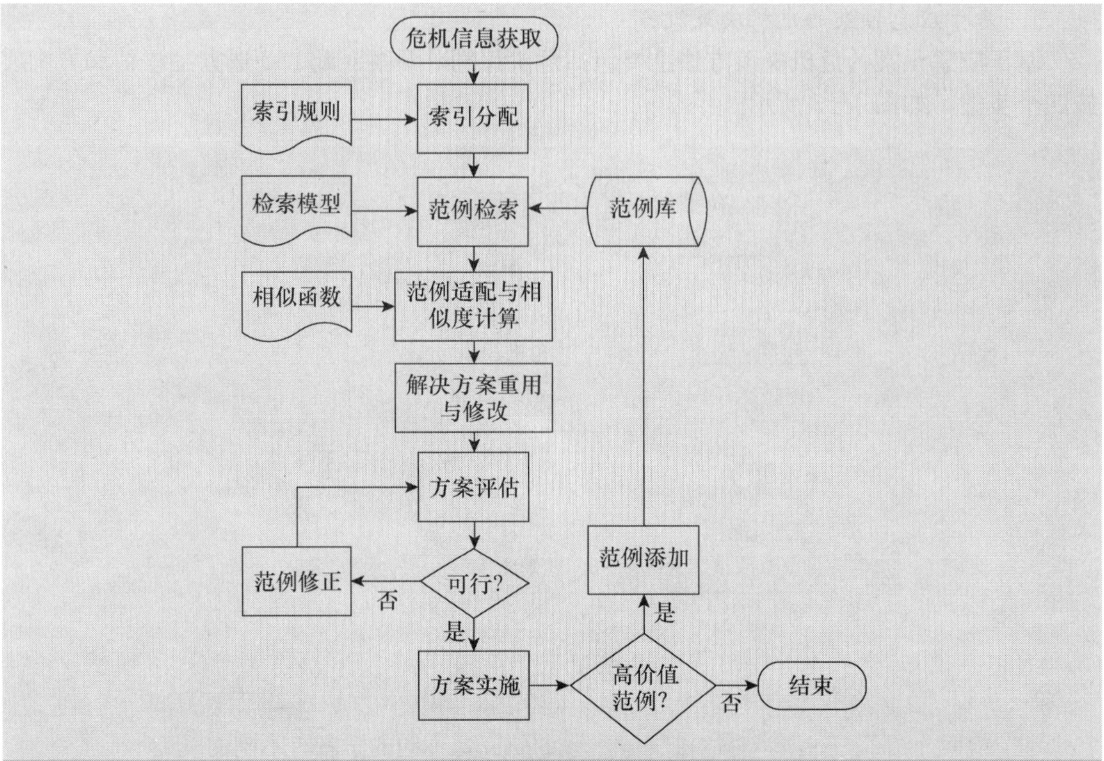

图 4-4　基于范例推理的危机决策流程

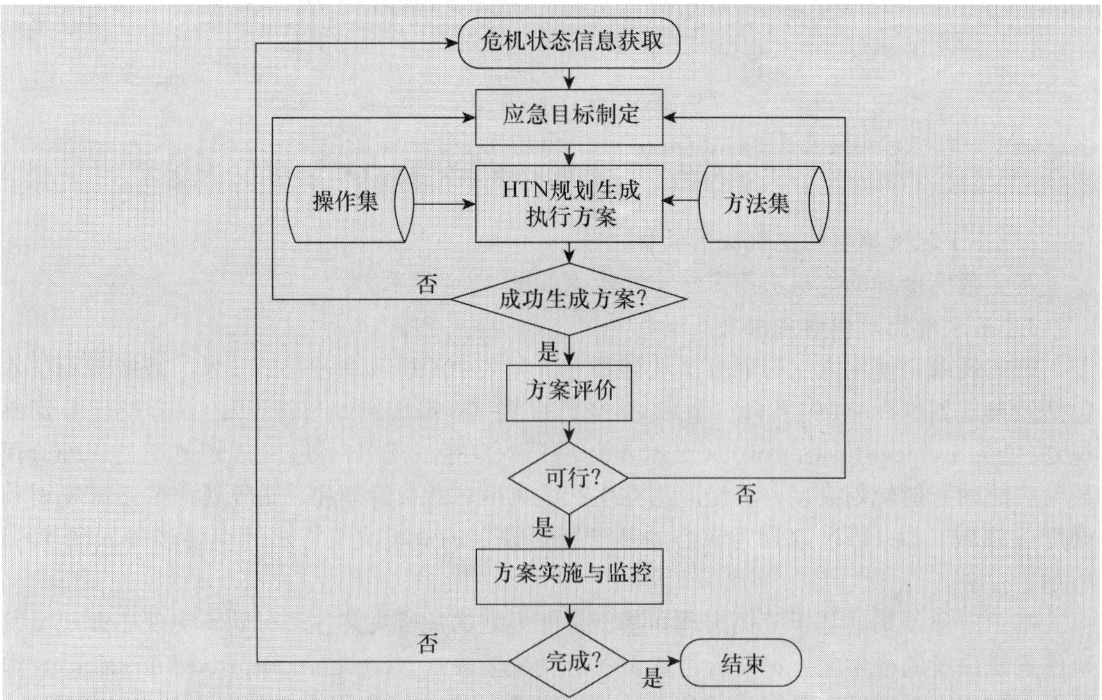

图 4-5　基于智能规划的危机决策流程

表 4-2　　三种危机决策方法对比

	基于应急预案的危机决策方法	基于范例推理的危机决策方法	基于智能规划的危机决策方法
适用范围	窄	中	宽
灵活性	低	中	高
处理速度	慢	中	快
针对性	高	中	低
领域专家参与程度	高	高	低

4.2　发达国家危机决策流程

危机决策也是一种管理决策，其基本流程也应遵从管理决策的流程，但由于危机决策具有时间紧迫、信息严重不对称、资源与人力约束大等特征，导致危机决策步骤非程序化。这种决策步骤的非程序化主要表现在两方面：一是在危机当中，其管理决策的“情报活动”不可能像常规决策一样有足够的时间进行管理问题的识别和定义，而是需要非常规的方法；二是其管理决策的“设计活动”受时间、资源与人力约束影响，在这一寻求多种途径解决问题的过程中，相比常规的管理决策，其可供选择的方案受到极大的限制。

本节前面介绍了一些学者对危机决策流程的研究，不同的学者有不同的观点。在实践中，不同的国家也有不同的做法与要求，下面以美国与德国为例介绍发达国家的危机决策流程。

4.2.1　美国的危机决策流程

美国应急管理学院根据管理决策流程，认为危机决策包含五个步骤①，如图 4-6 所示，这五个步骤构成危机决策的“问题解决模型”，它把管理决策四大流程（见图 4-1）中的“评审活动”分拆为“执行实施方案”和“评估形势”。

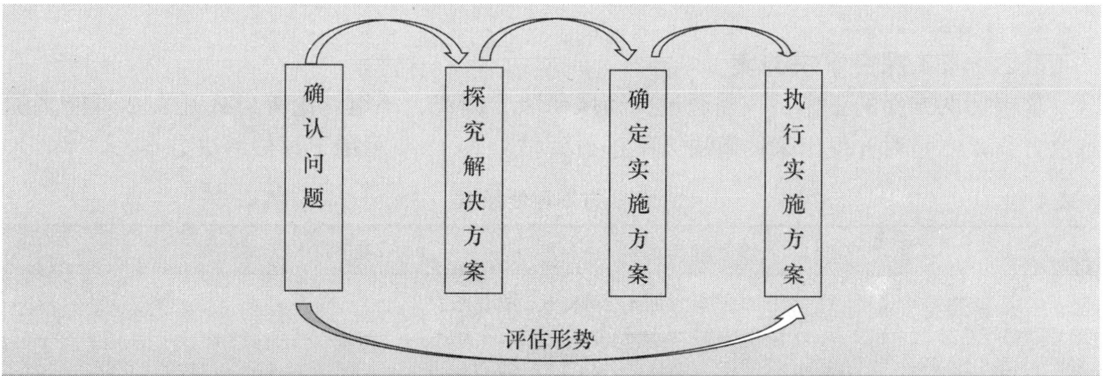

图 4-6　美国应急管理学院危机决策流程

① FEMA Course of Independent Study. Unit2: the decision-making process, decision making and problem solving. November 2005.

4.2.1.1 确认问题

所有后续工作都以当前对问题的确认和评估为基础，因此，确认问题环节是整个过程中最难也是最重要的部分。问题是人或组织将来可能出现的条件或状况，而这种条件或状况被其成员看成不受欢迎的。但有时人们自认为是在阐述问题，其实是在陈述解决办法。例如，事件发生后，各参与危机应对的部门相当混乱，有人可能会说“问题在于我们没有应急操作中心”，但真正的问题并不是应急操作中心的有无，真正的问题在于应急管理部门在应急反应阶段无法进行充分的协作沟通，建立应急操作中心其实是解决办法。表 4-3 中的问题有助于准确地对问题进行定义。

表 4-3　　确认、定义和分析问题清单

序号	问题	对	错
1	这是个新问题吗？		
2	问题得到清晰准确的阐述吗？		
3	针对问题，我作了哪些假设？它们都对吗？		
4	如果不采取行动，会导致什么后果？		
5	问题能被重新描述吗？如果能，如何描述？		
6	和问题有关的已知数据有哪些？		
7	资料准确吗？		
8	有适用于该问题的关于其他程序的先例和规则吗？如果有，它们是什么？		
9	分析问题还需要其他额外的事实吗？（请列出）		
10	这些事实有不同的解释吗？如果有，问题的解决办法会受到什么影响？		
11	我必须作此决定吗？还是另有其人？如果决定应该由别人作，那个人又是谁呢？		

合理确定问题参数是确认问题的重要步骤，分析以下三个问题参数对于确认问题非常重要：

（1）正在发生的（以及没有发生的）事故是什么？

（2）有谁牵涉其中？

（3）风险是什么？

4.2.1.2 探究解决方案

这包括两方面的工作：一是通过头脑风暴法、调查、小组讨论等形式开发尽可能多的解决方案，二是对开发出来的解决方案进行评估。表 4-4 可用于评估解决方案。

表 4-4　　解决方案评估标准

序号	步骤	提问问题
1	确定局限性	下面哪些方面对该解决方案有限制？ 技术上的（工艺或设备上的限制） 政治上的（法律或条例的制约） 经济上的（成本或资金的限制） 社会上的（来自有特殊利益诉求团体的限制） 人力资源上的（相关人员在理解和行动上能力欠缺） 时间上的（时间要求比较紧张，淘汰比较费时的解决方案）

续前表

序号	步骤	提问问题
2	确定适合程度	此项解决办法在当前条件下适合吗?
3	核实妥善性	此项解决办法是否能力挽狂澜而值得我们去执行呢?
4	有效性评估	此项解决办法符合目标要求吗?
5	成本收益评估	此项解决办法的成本和收益之间的比率是多少?
6	考量副作用	此项解决办法有什么副作用呢?

4.2.1.3 确定实施方案

在探究解决方案步骤中的评估活动的基础上进行对比选优，确定可行的方案。表 4－5 帮助我们从政治、安全、经济、环境和伦理道德等影响决策的几个因素角度进行解决方案对比。

表 4－5 最佳方案

解决方案	限制因素
政治因素	
安全因素	
经济因素	
环境考量	
伦理道德考量	
其他	

4.2.1.4 执行实施方案

这由制订行动计划、确定目标、确认所需物资、制订计划、执行计划五个部分构成。

(1) 制订行动计划。方案实施需要一系列的步骤：

- 明确何人负责何事、需要什么资源、限定时间以及要达到的目标。
- 确定该实施方案的知情人。

表 4－6 所示的行动计划清单反映的是安排方案实施中的一些细节问题。

表 4－6 行动计划问题清单

序号	问题	是	否
1	直接执行实施方案或修改后执行?	直接执行	修改后才能执行（列出）
2	该实施方案适合当前问题以及前期描述的情况吗?	适合	不适合
3	该方案仍是最好的选择吗?	是	不是（发生什么变化了）
4	该方案有什么副作用?		
5	谁负责该方案的执行?		
6	目标以及达到目标的技术要求明确吗?	明确	不明确（进一步确认）
7	为了该方案的执行，需要做哪些具体的活动？以何种顺序?		
8	需要什么物资?		
9	该方案每一步工作的时间表?		

（2）确定目标。可以量化的目标有：

- 用来监督进度并确定先后顺序。
- 基于对当前形势和将来不可预见事件的分析。

（3）确认所需物资。包括人、情报（数据）等。可以问自己以下问题：

- 需要什么样的物资？
- 从哪里获取？
- 需要花费多长时间？
- 别人能提供什么？
- 有什么特殊要求？

（4）制订计划。应该阐明：

- 何人负责何事？
- 需要什么资源？
- 什么时间截止（和谁一起）？
- 什么地点和怎么做？

（5）执行计划。以此行动计划为指导，执行决策方案。

4.2.1.5 评估形势

包括监控进度和评估结果。

（1）监控进度。可以问以下几个问题：

- 形势有变化吗？
- 物资需求数量有变吗？
- 需要再换一个执行方案吗？

监控一项解决方案的成绩和结果是一个持续的过程，有利于对整个行动计划进行微调。

（2）评价结果。表4-7所列问题有助于评价实施决策方案。

表4-7 指导评价实施决策方案的问题清单

序号	问题	是	不是
1	怎么知道该拟定实施方案有效？可以量化吗？如果可以，怎么量化？		
2	是否利用现有渠道搜集了针对该方案和其行动计划的意见和反馈？		
3	反馈意见是否验证了该实施决策方案的有效性？		
4	反馈意见是否足以证明形势有变，甚至需要修改计划？		
5	该解决方案达到了预期目的吗？		
6	能否生成及时的信息，被辖区内的执行、管理和政策部门采用？		

4.2.2 德国的危机决策流程

德国应急管理学院把管理决策的四大流程分解为九个危机决策流程，其中有四个危机决策流程与管理决策的“情报活动”流程相关，分别为情况确定、情况评判、定义问题区域和优先排序。这表明德国危机决策特别注重情报分析活动，其他五个流程分别为处理可能性、对比可能性、决策、授权委托和监管。该危机决策流程把管理决策的“设计活动”分解为其危机决策的“处理可能性”和“对比可能性”，把管理决策的“抉择活动”分解为其危机决策的“决策”和“授权委托”，如图 4－7 所示。

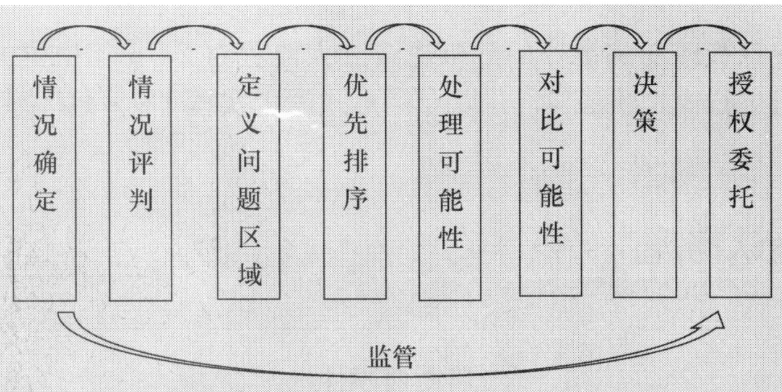

图 4－7 德国应急管理学院危机决策流程

德国发生危机事件后，在完成情况确定和情况评判之后，德国联邦政府应急管理学院建议采用“三轮问题”的方法定义问题区域和优先排序。

第一轮问题：指挥部成员根据各自职责范围提出问题。例如，在地震应急指挥中，搜救组可能提出的问题有：救援装备不足，本地救援人员不足。医疗救护组可能提出的问题有：床位、药品、血库血浆、医护人员不足；尸体太多，需处置；等等。

第二轮问题：指挥部成员从个人的角度提出问题。例如，家里有财产被埋，有可能被窃；家里有宠物，可能伤人；小孩在学校；等等。

第三轮问题：其他人对发言人的问题进行补充。

在所有问题列出后，指挥部对问题进行归类，之后，根据图 4－8 对问题进行排序，优先处理紧迫且重要的需求问题。

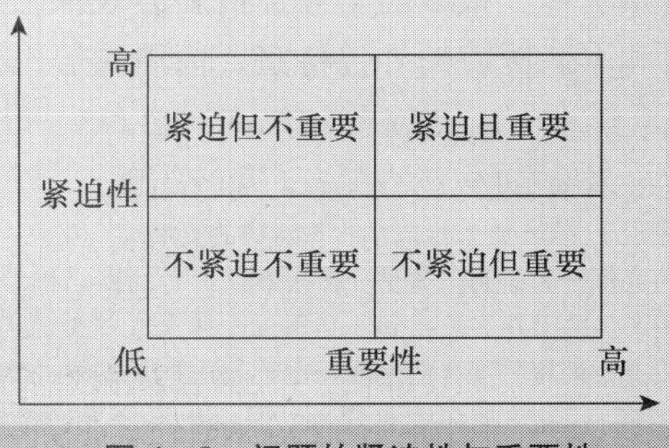

图 4－8 问题的紧迫性与重要性

在“定义问题区域”活动中，由于人脑的记忆单元不超过 7 个，以及处理少量的复杂问题比处理多个不复杂的问题容易，要求问题不超过 7 个；如果问题太多，可通过“组块”的方式设立问题组。

4.3 美国危机决策流程的运用

本节用美国应急管理学院推荐的危机决策五大流程对2016年中国的“魏则西事件”所导致的舆情危机进行模拟决策[①]，并以专栏形式附上美国“9·11”事件后的健康危机模拟决策[②]。

4.3.1 确认问题

魏则西事件

22岁的滑膜肉瘤癌症患者、西安电子科技大学学生魏则西通过百度搜索到中国人民武装警察部队北京市总队第二医院（以下简称武警二院）承诺其“生物免疫”疗法技术先进，治愈率可达80%～90%，至少保证再活20年。魏则西在接受4次“生物免疫”治疗、花费20余万元后，病情未见好转，于2016年4月12日去世。魏则西去世后，武警二院和百度搜索的问题引发广泛关注。

4.3.1.1 发生了什么事情

（1）公众对百度等搜索引擎[③]唯利是图、虚假医疗广告误导广大网民的行为极其愤怒。

（2）公立医院和军队医院科室外包[④]问题引发热议。

4.3.1.2 涉及谁

（1）普通患者。

（2）广告方：百度等搜索引擎、报纸网站等宣传虚假效果的媒体。

（3）医院方：公立医院和军队医院的外包科室、莆田系等民营医院。

---

① 国家行政学院公共管理硕士2014级学生赵宗昌对此模拟分析有贡献。

② 根据国家行政学院公共管理硕士2014级学生唐小哲作业修改。

③ 百度推广是百度公司推出的竞价排名机制，这是一种按效果付费的网络推广方式，企业在百度注册与产品相关的关键词后，就会被主动查找这些产品的潜在客户找到。利用百度搜索这些关键词时，优先呈现给普通用户的搜索结果首先是付费广告，而并非算法按搜索词相关度自然生成，也不是用户最需要的真实信息。虽然百度也在搜索结果下方链接右侧以小号灰色字体标示“推广”，并加注浅色背景，但由于不明显，极易被大众忽略，有误导消费者之嫌。——笔者注

④ 例如，武警二院违规将该院生物诊疗中心、肛肠科诊疗中心、泌尿科诊疗中心、牛皮癣诊疗中心等科室外包给莆田系医院，由莆田系医院负责经营管理。通过网上曝光的公立医院与莆田系医院的合作合同，可以梳理出如下合作内容：公立医院提供临床业务需要的诊断室、观察室、手术室、治疗室等场地，莆田系则投入营运资金，购买医疗设备。双方按约定人数比例组成管理团队，一般由医院方委派科室主任，莆田系医院委派科室副主任和会计人员等。利润按双方约定比例分成，公立医院设有保底收入。莆田系医院一般会下达年度收入指标任务，鼓励医院完成或超额完成。——笔者注

（4）监管方：政府监管部门、公立医院和军队医院。

4.3.1.3　什么东西有危险

（1）患者得不到合理诊疗，耽误病情，医患矛盾进一步加深。

（2）给正在起步发展中的民营医疗带来致命打击。

（3）政府和媒体公信力下降。

按照表 4-3 进行问题的确认、定义和分析，如表 4-8 所示。

表 4-8　　魏则西事件问题清单

序号	问题	对	错
1	这是个新问题吗？答：不是。		√
2	问题得到清晰准确的阐述吗？答：清晰阐述了。	√	
3	针对问题，我作了哪些假设？它们都对吗？ 答：作了一些假设，但是并不一定都可以实现。	√	
4	如果不采取行动，会导致什么后果？ 答：患者得不到合理诊疗，耽误病情；百度等搜索引擎唯利是图，误导广大网民；莆田系将给正在起步发展中的民营医疗带来致命打击；医患矛盾进一步加深；政府和媒体公信力下降。		
5	问题能被重新描述吗？如果能，如何描述？ 答：公立医院违背公益属性进行市场化运营，为追求最大经济利益，通过广告和虚假宣传诱骗病人，导致病人得不到妥善的治疗。		
6	和问题有关的已知数据有哪些？ 答：患者了解就医信息渠道少，百度医疗类竞价排名不合理，民营医院野蛮扩张，一些医院违规外租科室，等等。		
7	资料准确吗？答：准确。		
8	有适用于该问题的关于其他程序的先例和规则吗？如果有，它们是什么？ 答：《医疗事故处理条例》《医疗机构管理条例》等。		
9	分析问题还需要其他额外的事实吗？ 答：当前医患关系本就紧张，患者对医院、医生信任度降低，对医疗服务的满意度很低。		
10	这些事实有不同的解释吗？如果有，问题的解决办法会受到什么影响？ 答：有，可以归因于当前我国医疗体制出了问题，医改进程缓慢，效果甚微，但不会对该事件的解决办法有实质性影响。		
11	我必须作此决定吗？还是另有其人？如果决定应该由别人作，那个人又是谁呢？ 答：站在政府的角度分析问题，政府必须作此决定来解决问题；其他方面，如医院自身、医疗行业协会、医生自律或者是公检法，都没有办法全面系统地解决这个问题。		

4.3.2　探究解决方案

在确认问题的基础上，有如下四个解决方案：

(1) 规范医疗机构运作。明确定位，根据医疗机构属性确定管理办法：凡公立医院，强调公益属性，一律不得承包外租科室；民营医院在遵循诚信、自律的基础上，强调差异化、高端化发展，与公立医院形成互补格局。

(2) 加强医疗机构监管。理顺政府卫生部门、军队卫生部门的监管体制。

(3) 规范医疗广告审查。建立对媒体的约束机制，严格把控广告真伪，对因刊登虚假医疗广告出现的问题承担责任。

(4) 问责。对相关责任人进行问责。

按照表 4－4 的评估标准进行问题解决方案的评价，如表 4－9 所示。

表 4－9　　魏则西事件解决方案评估标准

序号	步骤	问题	方案 1（规范医疗机构运作）	方案 2（加强医疗机构监管）	方案 3（规范医疗广告审查）	方案 4（问责）
1	确定局限性	技术上的（工艺或设备上的限制）	可行	可行	可行	可行
		政治上的（法律或条例的制约）	有些模糊	有些模糊	无制约	明确
		经济上的（成本或资金的限制）	成本大	成本大	有一定成本	成本低
		社会上的（来自有特殊利益诉求团体的限制）	卫生部门利益	军队医院有特殊性	媒体利益	对涉事企业负面影响大
		人力资源上的（相关人员在理解和行动上能力欠缺）	无	无	无	无
		时间上的（时间要求比较紧张，淘汰比较费时的解决方案）	短时间难以实现	短时间难以实现	短时间可以实现	短时间可以实现
2	确定适合程度	此项解决办法在当前条件下适合吗？	不合适	不合适	合适	合适
3	核实妥善性	此项解决办法是否能力挽狂澜而值得我们去执行呢？	值得，但需要时间	值得，但需要时间	比较值得	值得
4	有效性评估	此项解决办法符合目标要求吗？	符合长远目标	符合长远目标	符合	符合长远目标
5	成本收益评估	此项解决办法的成本和收益之间的比率是多少？	高	高	较低	低
6	考量副作用	此项解决办法有什么副作用呢？	无	无	治标不治本	无

从确定局限性、确定适合程度、核实妥善性、有效性评估、成本收益评估和考量副作用这几个角度来分析评价解决方案，方案 1 和 2 的成本收益比高、时间长，阻力也大；方案 3 和 4 的成本收益比低、时间短，但涉事方有阻力，方案 3 的阻力小，方案 4 的阻力大。

4.3.3 选择实施方案

按照表 4－5 的相关因素寻找最佳解决方案，如表 4－10 所示。

表 4－10 魏则西事件最佳解决方案

序号	步骤	方案 1（规范医疗机构运作）	方案 2（加强医疗机构监管）	方案 3（规范医疗广告审查）	方案 5（问责）
1	政治因素	可行性中等	可行性中等	可行性高	可行性高
2	安全因素	较安全	较安全	关注舆论焦点，最安全	可缓解民众情绪和规范医院
3	经济因素	可能降低医院收入	监管费用增加，加重财政负担	减少媒体行业收入	涉事企业收入下降，甚至破产
4	环境考量	无影响	无影响	无影响	无影响
5	伦理道德考量	优	优	优	优
6	其他	无	无	无	无

因此，方案 1、2 可能在根本解决问题方面最有效果，但可行性中等，且时间长，不能及时消除事件影响，不是最优方案；方案 3 可行性强，虽然会影响涉事企业的收入，但不会导致涉事企业倒闭；方案 4 见效最快，从政治、安全、环境、伦理上考虑也合理，但如果对涉事的企业特别是民营医院的问责太重，有可能使企业破产，甚至影响民营资本投资医院战略的发展。因此，选择方案 3 和 4 的组合，但方案 4（问责方案）可以选择主要针对个人进行问责，避免对企业造成过度的影响。

4.3.4 执行实施方案

4.3.4.1 调查

2016 年 5 月 2 日，百度董事长兼首席执行官李彦宏因魏则西事件被国家网信办约谈。5 月 3 日，朋友圈内开始流传“卸载百度的所有产品”“抵制百度服务”等言论，对百度的质疑达到顶峰。同时，媒体报道武警二院生物诊疗中心已经停诊，媒体也爆出莆田系承包科室和民营医院虚假宣传各种乱象。

国家网信办 5 月 2 日会同国家工商总局、国家卫计委和北京市有关部门成立联合调查组进驻百度公司，集中围绕百度搜索在魏则西事件中存在的问题、搜索竞价排名机制存在的缺陷进行了调查取证。

5 月 4 日，武警二院贴出停诊通知，宣布暂时停止一切对外服务。武警部队表示对魏则西事件高度重视，已组成工作组进驻武警二院。有关领导表示，将全力配合国家卫计委和中央军委后勤保障部卫生局调查，对发现的问题依法依纪严肃查处，绝不姑息迁就。

4.3.4.2 处理

1. 对武警二院的调查结果①

2016 年 5 月 9 日晚，由国家卫计委、中央军委后勤保障部卫生局、武警部队后勤部卫生局组成的调查组对外发布对武警二院的调查结果。调查组称，武警二院存在科室违规合作、发布虚假信息和医疗广告误导患者和公众等问题，对涉嫌违法犯罪的医务人员移送司法机关处理。随后，武警北京市总队对武警二院相关问题和有关责任人从严作出处理，立即终止与上海柯莱逊生物技术有限公司的合作，对武警二院其他合作项目运行情况进行集中清理整顿，并且对 10 名负有责任的相关人员依纪依法作出严肃处理。其中，给予武警二院 2 名主要领导行政撤职处分。

2. 对百度的调查结果②

调查组认为，百度搜索相关关键词竞价排名结果客观上对魏则西选择就医产生了影响，百度竞价排名机制存在付费竞价权重过高、商业推广标识不清等问题，影响了搜索结果的公正性和客观性，容易误导网民，必须立即整改。调查组对百度公司提出了以下整改要求：

一是立即全面清理整顿医疗类等事关人民群众生命健康安全的商业推广服务。即日起，对医疗、药品、保健品等相关商业推广活动进行全面清理整顿，对违规信息一经发现立即下线，对未获得主管部门批准资质的医疗机构不得进行商业推广。

二是改变竞价排名机制，不能仅以给钱多少作为排位标准。立即调整相关技术系统，在 2016 年 5 月 31 日前，提出以信誉度为主要权重的排名算法并落实到位；对商业推广信息逐条加注醒目标识，并予以风险提示；严格限制商业推广信息比例，每页面不得超过 30%。

三是建立完善先行赔付等网民权益保障机制。畅通网民监督举报渠道，提高对网民举报的受理、处置效率；对违法违规信息及侵害网民权益行为，一经发现立即终止服务；建立完善相关机制，对网民因受商业推广信息误导而造成的损失予以先行赔付。

4.3.5 评估形势

2016 年 5 月 10 日，百度搜索公司总裁向海龙在接受媒体采访时表示：“百度会根据调查结果，立即做出整改，全面审查医疗类商业推广服务，对未获得主管部门批准资质的医疗机构坚决不予提供商业推广；对于商业推广结果，改变过去以价格为主的排序机制，改为以信誉度为主、价格为辅的排序机制。”向海龙还表示：百度将继续提升网民权益保障机制的建设，增设 10 亿元保障基金，对网民因使用商业推广信息遭遇假冒、欺诈而受到的损失经核定后进行先行赔付。

网络搜索用户对魏则西事件的关注大概自 5 月 1 日始持续走高，在 5 月 3 日（A 点）

① 调查组公布对武警北京市总队第二医院的调查结果.（2016-05-09）. http://news.xinhuanet.com/politics/2016-05/09/c_1118833841.htm.

② 国家网信办联合调查组公布进驻百度调查结果.（2016-05-09）. http://www.cac.gov.cn/2016-05/09/c_1118833529.htm.

达到一个峰值，随后几天逐渐递减直至退去，如图 4-9 所示①。这表明，在政府监管部门于 2016 年 5 月 9 日晚公布对武警二院和百度的调查处理结果后，魏则西事件的网络舆情危机基本得到化解。

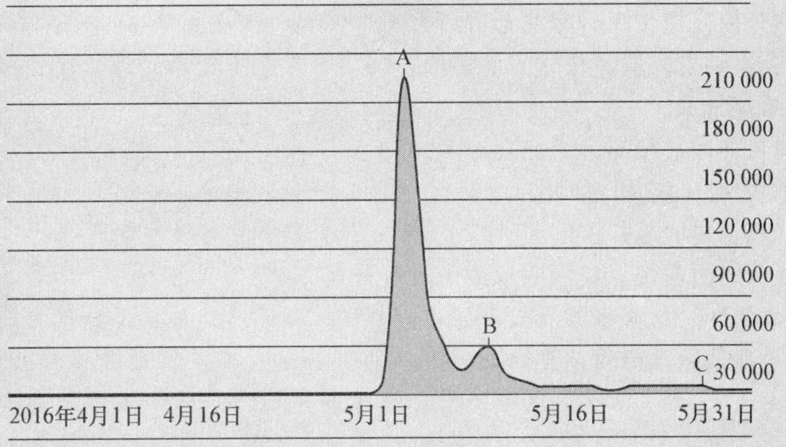

图 4-9　魏则西事件搜索趋势图

专栏

美国"9·11"事件后的健康危机模拟决策

一、确认问题

"9·11"事件

2001 年 9 月 11 日，两架被恐怖分子劫持的民航客机分别撞向美国纽约世界贸易中心一号楼和二号楼，两座建筑在遭到攻击后相继倒塌，世界贸易中心其余 5 座建筑物也因受震而坍塌损毁；另一架被劫持的客机撞向位于华盛顿的国防部五角大楼，五角大楼局部结构损坏并坍塌。

(1) 发生了什么事情：世贸中心和五角大楼因撞击而发生坍塌。

(2) 涉及谁：幸存者、救援人员、公众。

(3) 什么东西有危险：坍塌产生了大量对人体有害的物质，例如烟尘、石膏、玻璃纤维、石棉、多环芳烃、重金属、氯化有机物和二噁英等②，此外灰尘本身呈强碱性，吸入人体内将对呼吸系统产生损害，这些都可能会对人们的健康产生损害；事件还给公众造成巨大的心理恐慌，包括目睹飞机坠毁、建筑物坍塌、大量人员伤亡、失去亲人和朋友等。另外，成千上万的人流离失所，也对其心理健康造成严重负面影响。

因此，问题在于：(1) 如何研判事件对人群健康造成的影响，并且 (2) 如何对存在

① 王怡．魏则西事件网络舆论传播探析．今传媒，2016 (11)：53-55.

② 刘术，任元江．美国"9·11"事件对人群健康的影响分析．人民军医，2012，55 (3)：214-215.

生理和心理健康损害的人们采取一系列的对症治疗措施。

二、探究解决方案

为探究上述问题的解决方案，从专业方面看，可以从三个角度对问题进行定性和分析：

1. 将确认的问题按照进程先后进行分类

(1) 研判事件对人群健康造成的影响；(2) 对存在生理和心理健康损害的人们采取一系列对症治疗措施。

2. 将确认的问题按照人群进行分类

(1) 参加救援、恢复、修复、清理行动的工作者和志愿者；(2) 距离事件发生地点1.5英里半径范围内的居民、学生和工作人员；(3) 事件发生时在世贸中心内的幸存者。

3. 将确认的问题按照健康效应类型进行分类

(1) 急性危害是指有害物质短时间内大量进入环境，或加上不利于污染物扩散的环境条件，使局部区域污染物浓度急剧升高，使得暴露人群在较短时间内出现不良反应、急性中毒甚至死亡。(2) 慢性危害是指环境污染物长时间反复作用于机体所产生的危害。慢性危害可分为致癌、致畸、致突变效应，此次事件的心理伤害由于存在长期影响，因此归为慢性危害。

根据上述分类，分析问题的解决方案有以下三种：

方案一：(1) 由专家来确定"9·11"事件可能造成的生理和心理疾病。识别由事件造成的建筑物坍塌产生的有害物质和事件造成的人群心理伤害；通过查阅现有的文献和聘请毒物、医学、心理学等领域专家研究讨论，划定可能因这些有害物质造成的生理和心理疾病的范围。(2) 针对急性、慢性健康损害，对可能存在健康损害的人员进行生理和心理的健康体检和问卷调查，根据问卷调查和体检结果确定治疗方案和赔偿措施；同时，针对慢性健康损害建立随访登记机制，对此类人群的健康效应进行长期健康监测，出现疾病者及时进行医学治疗。

方案二：(1) 通过全人群的调查确定事件可能造成的生理和心理疾病。进行长期、动态的全人群健康体检，并设立对照组，通过比较两者的健康效应差别确定事件是否造成健康损害，以及健康损害的类型和严重程度等。(2) 治疗同方案一。

方案三：(1) 采取人群分类调查方式确定事件可能造成的生理和心理疾病。由于幸存者、救援清理人员和周边居民接触有害物质的暴露时间、暴露距离不同，周边居民和清理人员的暴露程度会明显低于幸存者和救援人员，因此可对前两者作全人群健康体检和问卷调查，对于后两者可以先抽样开展。(2) 治疗同方案一。

三、确定实施方案

根据问题解决模型，考虑以下几个影响决策的因素，选择实施方案。

1. 政治和安全因素

鉴于事件本身对美国民众造成的心理影响和美国民众在经济及政治上的安全感被削弱，开展上述的健康监测和医学治疗可唤起和延展美国民众的心理影响，同时监测结果的发布可造就民众对政府的不信任、指责、控诉等情况，有引起事发地大量居民迁出、引发恐慌的风险。尽管存在以上风险，但实施方案可以判定事件对人群健康的影响，并可采取针对性的干预和治疗，总体上是利大于弊。

2. 科学因素

(1) 由于“9·11”事件为突发恐怖袭击事件，在政府和公众没有准备的前提下，事件发生后社会的第一反应是救援工作，可能未考虑对环境中的有害物质进行检测，以确定其种类和浓度，因此，后期只能通过分析爆炸物化学反应可能产生的有害物质来确定健康损害后果，采取方案一确定有害因素范围存在一定的主观性；并且，未作现场检测不能得到浓度数值，只是通过有害物质种类进行定性研究，得出的健康影响结论很大可能上只能得出相关关系，不能得出因果关系；急性健康效应采用问卷调查形式，可能会导致由于记忆缺失或不准确造成的结果误差。(2) 采取方案二和方案三可以确定疾病和事件之间的因果关系，但方案二的实施需要时间较长，在尚未划定范围前发病的居民和相关人员可能会延误治疗时机，且公平性也无法得到保证。

3. 经济因素

方案三采用抽样调查所需经费最少。方案二由于采用全人群调查并设立对照组，所需经费最多。方案一所需的经费适中。

4. 伦理道德因素

按照医学伦理要求，上述方案所述的健康检查和问卷调查都应得到本人的知情同意方可实施，并有义务对个体信息保密。从伦理角度考虑，每位居民都应具有接受健康监测的权利，因此方案三只选择部分人群进行监测可能会造成不公平，方案一和方案二则无此风险。

综合来讲，方案一花费适中，且可以尽快开展对受影响人员的治疗，缺点是在因果关系确定方面存在一定的风险；方案二在确定因果关系方面最有力，但是花费较高，影响范围较大，且耗时长；方案三比方案二花费更少，也能确定疾病与事件之间的因果关系，缺点也是耗时较长，公平性不够，无法尽快展开对受影响人员的救治。综合以上因素，美国选择了将方案一与方案三相结合的方式。通过电话采访（问卷调查）的形式开展世贸中心健康登记（2003 年 9 月至 2004 年 11 月），经过分析，用以确定近距接触“9·11”事件的人群存在的生理和心理疾病的范围。同时，对“9·11”事件幸存者开展一次性的健康体检，用于筛查是否存在上述认证的生理或心理疾病；对世贸中心救助人员开展医学监测，即定期进行医学检查，用以监测救助者的健康，查看是否患病。对确认所患疾病是事件相关疾病的患者及时开展救治；对不确定但是可能患有事件相关疾病的人群开展医学健康监测，即定期开展健康体检，用以进一步确诊和治疗；对确认未患有事件相关疾病的人员进行告知，幸存者如日后出现相关症状，可自费进行额外的健康评估，救助人员可申请对相关疾病和症状作出认证，并且以上两者对结论有疑义均允许上诉，如认证后可动态调整事件相关的疾病名单。

四、执行实施方案

1. 制订行动计划

2011 年 1 月 2 日，总统签署批准了《詹姆斯·萨洛加“9·11”健康与补偿法案》

（公法111-247）。萨洛加法案修改了公共健康服务法（Public Health Service Act），对为受到2001年9月11日恐袭直接影响的个人所提供的保护和服务加以延展及改善①。该计划主要包括两部分：

（1）世贸中心健康计划。该计划提供医疗监测检查，针对已获认证的世贸中心相关疾病提供医学和心理健康治疗，以及为参加“9·11”救援、恢复、修复和清理行动的工作者和志愿者（世贸中心救助人员）提供社会服务协助。该计划还为在曼哈顿的休斯敦街以南或布鲁克林世贸中心遗址1.5英里半径范围内生活、工作、上学或上日托的个人（世贸中心幸存者）提供初始健康评估。同时，该计划还就已获认证的世贸中心相关疾病，为世贸中心幸存者提供医学跟进检查和治疗。

（2）世贸中心健康状况登记系统。该系统旨在记录和评估“9·11”事件对生理和心理健康造成的长期影响。它是美国迄今最为用心投入的系统，用以监测近距接触到大规模灾难事件的民众的健康状况。登记系统从2003年9月至2004年11月开放登记，目前已关闭。在那段时间，超过71 000人接受20～30分钟的电话采访，完成登记。这些调查的结果将有助于确定近距接触“9·11”事件的人群存在的生理和心理疾病的范围，以及是否已出现任何新症状和疾病。另一个重要目标是识别出对这些群体进行生理和心理健康治疗中存在的不足之处，并加以改善。

2. 确定所需物资

包含健康体检、问卷调查和医学、心理学治疗所需的一系列临床和实验室设备，环境介质采样和检测所需的仪器设备，以及数据录入和分析、随访登记等所需的硬件、软件设施等。

3. 制订详细的行动计划，并将该计划告知所有的相关方

由于该事件属于突发恐怖袭击事件，因此实施方案应由联邦政府主导实施，所需费用由国会支付，具体执行由美国疾控中心与指定医院配合完成。

五、评估形势

《“9·11”健康与补偿法案》（公法111-247）的批准通过了美国严格的立法程序，得到了众议院和参议院的表决通过，技术方面也应通过召开专家座谈会等形式广泛征求意见。

方案的实施是长期、动态的监测过程，因此可通过过程中的质量控制和分析阶段性数据来校正不科学、不合理的方面，以期提高实施效率、切实达到实施目的。同时，应形成季度或年报的形式，用于及时有效地将阶段性结果反馈给相关方。

本章小结 »

1. 管理决策的基本过程。管理决策一般可按情报（问题识别、问题定义）、设计、抉

---

① NY/NJ Clinical Centers of Excellence. World Trade Center health program member handbook，2015 Version 2.

择和评审（贯彻实施、反馈与控制）四项活动六个步骤划分并按顺序进行，形成每个步骤都可能向前一个或前几个步骤反馈的循环过程。

2. 美国危机决策流程。美国应急管理学院危机决策流程包含五个步骤：确认问题（发生了什么事情？涉及谁？什么东西有危险?）、探究解决方案（通过头脑风暴法、调查、小组讨论等形式开发尽可能多的解决方案，评估这些解决方案）、确定实施方案、执行实施方案（制订行动计划、确定目标、确认所需物资、制订计划、执行计划）、评估形势（监控进度、评估结果）。

3. 德国应急管理学院把管理决策的四大流程分解为九个危机决策流程，分别为情况确定、情况评判、定义问题区域、优先排序、处理可能性、对比可能性、决策、授权委托、监管。

复习思考题

1. 危机决策基本流程与常规管理决策的基本流程有何区别?
2. 比较美国和德国危机决策流程的优缺点。

第5章

危机分阶段决策

在危机信息搜集、响应和善后恢复等危机的不同阶段，危机决策有着不同的内容；甚至在危机发展的同一阶段，不同类型的危机也有不同的危机决策特点。本章介绍危机信息研判与沟通、危机响应和危机善后恢复等的决策内容或要点。

重点问题

- 危机信息的研判与沟通策略
- 危机响应原则、响应活动与分工
- 结束危机的条件、善后中的冲突应对决策
- 如何在危机中塑造形象

5.1 危机信息研判与沟通决策

危机信息的研判与沟通是危机响应的基础，只有掌握充分的危机信息，才能采取相应的措施。公共危机往往涉及众多部门或区域以及社会公众，需要在事发时做好内外联动工作，既需要做好组织内或政府部门间的沟通、与专家的沟通，也需要与社会公众做好沟通。

5.1.1　危机信息搜集成本与研判

5.1.1.1　危机信息搜集成本

一般情况下，人们可能会在相对短的时间内以相对较低的金钱成本获取大量相关信息，但是，在此之后，可能会花费较多的时间，搜集到的信息却越来越少。例如，在一次聚会中，两个初次相识的人在最初的半个小时互相了解的信息是最重要的。聊得越久，所增进的了解就越少，如图 5－1 所示。

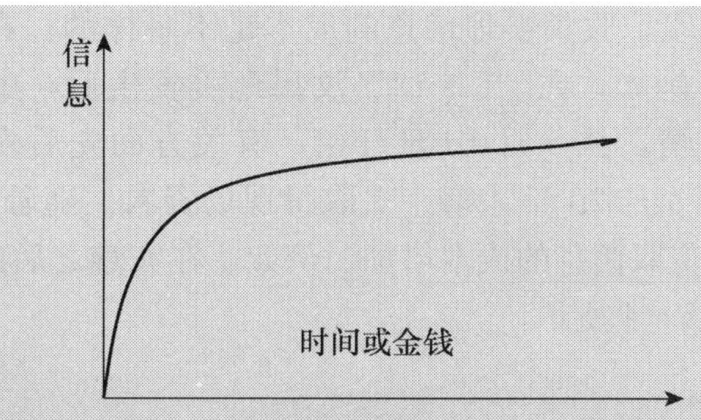

图 5－1　正常时的成本（时间或金钱）—信息曲线

资料来源：约翰·阿戴尔．决策与解决问题．林颖，译．上海：上海人民出版社，2006：24.

危机事件初期，可供危机决策指挥使用的信息很少，但危机决策指挥对信息的需要却很多。随着事态的发展和决策指挥组织对有关情况的收集整理，信息的供给增加。与此同时，随着危机处置措施的实施，事态逐渐被控制，对信息的需求开始下降，如图 5－2 所示。例如，在地震之后，除了要了解生命财产的损失外，同时也需要了解对环境造成负面影响的企业灾害情况（如化学污染、核污染等）、水库溃坝情况等，以防止次生灾害的发生与危害。

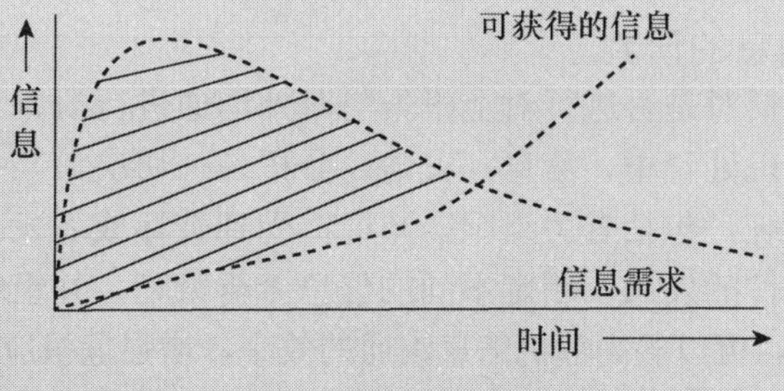

图 5－2　突发事件中的时间与信息供求曲线

但在危机事件中，往往流言、谣言、谎言比较多，会对危机决策指挥造成影响，需要对数据进行排序，排除虚假信息。在真实信息中，也存在有用和无用信息，需对信息进行筛选，把无用的信息排除。虚假信息与无用信息构成了噪音信息。经过综合与加工，整理好真实且有用的信息，如图 5－3 所示。

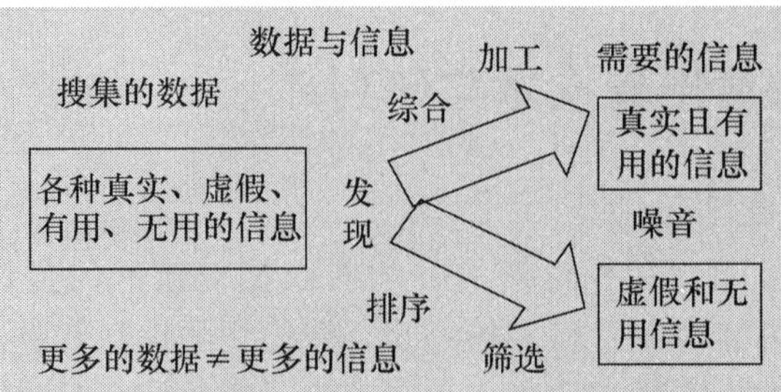

图 5-3 信息需要加工与筛选

在危机事件的不同阶段，收集整理信息的成本是不一样的。在危机事件的初期，信息取得的成本是很高的。例如，在“5·12”汶川地震发生后，由于水陆交通中断，为了了解唐家山堰塞湖的险情，从 5 月 15 日开始，有关方面先后多次派出直升机进行探查，但因天气原因，直到 5 月 20 日才第一次取得现场资料。随着危机处置的进展，获取信息的成本降低。之后，获取信息的成本增加。例如，在灾难之后的财产损失登记中，就很难获得真实信息，如图 5-4 所示。

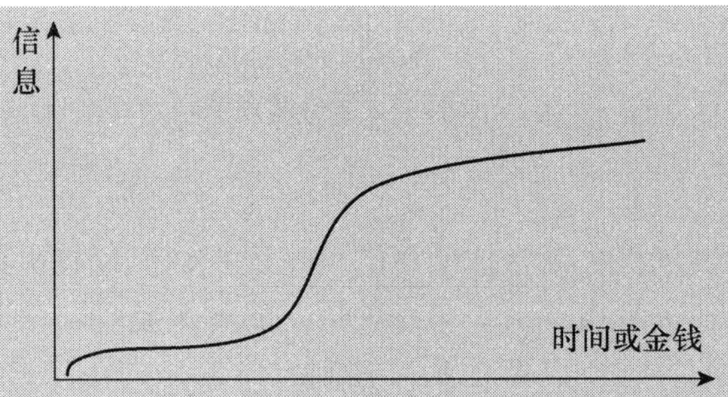

图 5-4 突发事件中的成本（时间或金钱）—信息曲线

因此，在危机决策中，不仅要高度重视信息搜集分析工作，而且要根据危机事件信息供求的特点，科学地组织力量开展信息的搜集研判工作，合理分配宝贵的应急资源。

5.1.1.2 危机信息的研判

危机信息的研判包括对是否进行对上报告与对外沟通进行研判和对拟定初步采取措施的研判两个方面。在危机处置中，信息（灾情）分析是一切决策与指挥的基础。危机事件发生后，往往原有的系统，包括有关组织、环境都受到破坏或者发生改变，因此，决策指挥组织需要根据危机事件的发展，制定不同的信息分析策略，并组织实施。

准确研判危机信息，可以提高危机信息沟通的效率，增强危机应对的前瞻性和针对性。

（1）接到危机信息后，政府值守应急部门应核实、掌握或补全事发时间、地点、事件起因和性质、基本过程、已造成的后果、影响范围、事件发展趋势、已经采取的措施等信息要素，并研判是否符合向上级政府或主管部门报送的范围与标准，对符合报送范围与标准的应按规定及时上报。对情况不明但事件紧急、性质严重的，可边了解边报告。

（2）接到多个单位同时报告同一事件信息的，原则上合并报送，但要特别注意有关数据是否有不同或存在冲突。

（3）县级以上地方各级人民政府应当及时汇总分析危机事件隐患和预警信息，必要时组织相关部门、专业技术人员、专家学者进行会商，对发生危机事件的可能性及其可能造成的影响进行评估。认为可能发生较大或以上的危机事件的，应当立即向上级人民政府报告，并向上级人民政府有关部门、当地驻军和可能受到危害的毗邻或者相关地区的人民政府通报。

（4）接报较大及以上危机事件信息，或者情况紧急、情况不清晰的，接报信息的经办人员应主动与现场指挥人员保持密切联系，跟踪掌握事态发展变化，及时掌握第一手信息，并适时按规定报送。

专栏

地震灾情研判

2010 年 4 月 14 日 7 时 49 分，青海省玉树藏族自治州发生 7.1 级地震。地震发生后，州政府向省政府报告发生地震，但地震灾害情况不明，需进行灾情研判，以便属地政府进行初期响应和上级人民政府确定响应级别。玉树藏族自治州人民政府及随后成立的应急指挥部主要进行了如下研判工作：

1. 临时指挥部领导在政府所在地结古镇驱车目测灾情，感觉比较严重。

2. 派出 5 个分队去了解灾情，一支分队去 214 国道通天河大桥了解受损情况，一支分队去机场路了解机场道路情况，一支分队去震中附近的隆宝镇了解情况，两支分队在结古镇了解灾情。

3. 中午 12 点左右，州临时指挥部决策上报省政府死亡人数为 400 人左右（实际死亡人数 2 698 人，按国家地震应急预案，死亡 300 人以上启动国家一级应急响应机制）。

危机信息研判重点：生命线通天河大桥和机场道路情况；重灾区生命财产损失与受威胁情况。

在对外危机沟通信息方面，针对谣言说“政府的探矿与采矿活动触怒山神，才发生地震”，由州地震局、州科协、州宣传部、州广电局成立科普宣教组，用流动广播宣传车不停广播，同时也广播政府救援措施，起到了安抚作用。政府也发放了 5 000 台收音机，电力恢复后又发放几百台电视机，在人群聚集地安放大尺寸的 LED 显示器进行有关宣传。

5.1.2　危机信息沟通决策

5.1.2.1　沟通形式

沟通就是对话，包括口头与书面的对话，也含表情的对话。沟通包含两层意思：一是信息的传递，二是情感的交流。这两层意思往往是互为融合的。从管理的视角看，沟通是对信息的理解和执行过程，组织管理中的沟通是信息的传递和理解，利于执行。沟通有正式沟通和非正式沟通。正式沟通是在组织系统内部，依据组织明文规定的原则传递信息，如对内对外的公文、召开会议、传达命令等，具有严肃、约束力强、效果好等特点。非正式沟通是正式沟通以外的沟通，如交谈、非正式对话、聚会讨论等，形式灵活，传播速度快，缺点是信息容易失真、比较难以控制。从危机信息沟通的发起人角度看，有事发者的沟通、危机响应者的沟通、危机受威胁者的信息沟通、危机利益相关者的沟通以及媒体和第三方的沟通。表5-1介绍了巴黎城市轨道交通管理系统公司（RATP）危机公关室岗位设置。

表5-1　　巴黎城市轨道交通管理系统公司（RATP）危机公关室岗位设置

编号	岗位	编号	岗位
1	联络员	9	联络决策办
2	助手	10	联络监测室
3	书面记录	11	联系危机办
4	信息汇总	12	撰写文章
5	信息发布与公关	13	内部宣传
6	数字媒体沟通	14	预订版面
7	汇总发布	15	派驻现场
8	后勤保障		

5.1.2.2　沟通对象

危机事件发生后，作为危机处置与决策者的政府或其他责任主体，需要做好纵横内外的危机信息沟通。表5-2介绍了巴黎城市轨道交通管理系统公司（RATP）危机沟通对象与手段。

纵向：及时报告、明确指示。属地监管部门要及时向同级政府和上级主管部门进行信息报告。同级政府要启动相关预案，多部门联动。上级部门要对下级部门进行明确指导，必要时派出工作组进行现场指导。

横向：信息共享、合作共赢。很多危机事件涉及面相当广泛，无论是受危机威胁者、利益相关者，还是政府多部门间，都需要相关企业、监管部门和应对部门共享信息，合作共赢。

对内：多元参与、统一口径。很多危机事件的科普宣教、事故调查均需企业、科研院所、监管部门乃至相关国际组织的参与，需要转变传统社会管理思路，按照社会治理的要求，从内部研判开始就实现多元参与，统一相关口径，避免不符合事实、不利于处置的各种杂音影响危机事件的处置。

对外：及时沟通、公开透明。危机事件事关公众生命安全，甚至相关产业和地区的发展，必须公开透明。政府和企业要及时沟通，公开有关信息。但政府与企业之间既不能越位，也不能错位。

表5-2　　巴黎城市轨道交通管理系统公司（RATP）危机沟通对象与手段

编号	对象	手段
1	个人	公司网页（ratp. fr）、微博、车站电视小屏幕、地铁工作人员、地铁内小广告
2	公交卡用户	手机信息、绿色通道电话
3	消费者协会	通报、微博
4	交通部门	报告、电话
5	各大媒体	公司网站、电话、发布会、电子邮件、微博

5.1.2.3 沟通内容

在政府内部的危机信息报告方面，遵从分级报告原则，按照危机事件信息报送范围与标准程序报告。信息报告的内容要简明、准确，包括时间、地点、信息来源、事件起因和性质、基本过程、已造成的后果、影响范围、事件发展趋势、处置情况、拟采取的措施以及下一步工作建议；对危机事件及处置的新进展、可能衍生的新情况及时报告；危机事件处置结束后，要进行终报。情况紧急的，可先通过电话口头报告，后以文字形式报告。涉密信息报告遵守相关规定。

在对外危机信息沟通方面，按照危机演进顺序，危机信息的发布分为事发、事中、事后三个阶段。事发阶段信息沟通的主要内容为预警信息、相关防控措施；事中阶段的主要沟通内容为危机事件性质、影响范围、事发原因等危机事件基本情况和已经采取的应对措施、事件发展趋势；事后阶段的主要沟通内容为责任调查追究、灾民安置、恢复重建、经验教训等。涉及国家机密、商业秘密和个人隐私的信息不宜进行公开沟通。要遵从统一性、准确性、及时性原则，做到信息内容一致、信息准确可靠、第一时间发布，以满足知情需要，控制事态发展，避免社会恐慌。同时，要注意危机信息沟通的连续性和公众导向性，及时发布公众急需了解、掌握的最新进展情况，引导社会公众正确对待危机事件及其处置工作。

5.1.3 冲突事件现场的公众沟通策略

我国《突发事件应对法》“第三章 监测与预警”对自然灾害、事故灾难和公共卫生事件的预警级别和相应的应对措施作了较明确的规定，但对社会安全事件则只在第四十六条规定了“对即将发生或者已经发生的社会安全事件，县级以上地方各级人民政府及其有关主管部门应当按照规定向上一级人民政府及其有关主管部门报告，必要时可以越级上报”，没有明确规定分级响应标准。由于群体性事件的演变复杂难控，决策政策性和艺术性强，在群体性事件爆发初期，属地领导干部需第一时间赶赴现场，进行快速反应，及时报告；有效沟通，稳定情绪；赢得时间，收集情报。这对于控制和最终平息群体性事件至关重要。

5.1.3.1 冲突现场沟通目的

1. 快速反应，及时报告

领导干部掌握与调动的资源比较多，第一时间赶赴现场可以迅速调动有关资源进行快速反应，及时掌控现场秩序，为平息事态打下良好的基础。

对于事态紧急的现场情况，领导干部第一时间到现场有利于迅速准确地判断形势，减少向上报告程序，为快速取得上级相关资源，控制进一步的事态发展节省时间。

2. 有效沟通，缓和情绪

领导干部具有一定的权威，也可向民众表示官方对诉求的重视，进而有利于沟通对话的展开，迅速稳定现场情绪。主要领导亲临现场，和参与事件的民众或民众代表对话，倾听诉求，解释政策，表达处置意见，并在职权范围内作出将认真回应诉求的承诺，有利于及时安抚民众，消除对抗情绪。例如，在孟连事件的处置中，省委有关领导与胶农直接对话，倾听胶农的意见和诉求，耐心讲解政策，承诺尽快解决好橡胶林利益分配调整问题，拿出相关方面都能接受的方案，确保群众利益不受损害，为最终能够妥善地解决事件起到重要作用。

3. 赢得时间，收集情报

在领导干部现场进行有效沟通，缓和情绪时，可以为相关处置部门工作人员收集现场情报赢得时间，特别是对现场鼓动、挑唆等带头人员进行重点防范，对现场相关犯罪事件进行取证，为下一步化危为机打下基础。

专栏

马鞍山“6·11”局长被围事件

2010年6月11日18时40分，马鞍山市花山区旅游局局长汪国庆开车行至湖北东路大润发卖场附近，中学生行人胡某不小心剐蹭到局长的车，局长下车后动手打了胡某，引起周围人的不满。传言：“局长打人后称‘我是领导’”，“50米外听到‘巴掌声’”，使得围观的人数从几个、十几个，迅速升至几百、几千，整个大街堵得水泄不通，将这位局长大人和一位女士堵在轿车内，使其不能离去。晚上十点半左右，马鞍山市市委书记郑为文赶到现场，站在警车上，高举着扩音喇叭向人民群众说出四点承诺，并说：“我们会全力以赴地保护人民群众的利益，坚决惩治肇事者，你们可以看市委市政府的行动，如果处理得不到位，你们来找我。”围观群众爆发出了10余次欢呼，为市委书记的承诺叫好。

5.1.3.2 冲突现场沟通策略

(1) 开场三要点：亮身份，表心情，明来意。领导干部到达群体性事件现场后，在做好安全防护工作的同时，要站在相对高处的位置，面对群众。首先要亮明身份，表达政府对事件的重视；同时要表达相应的心情，对出现死亡情况的要表达哀痛的心情，对出现公权力滥用导致老百姓利益受损的情况要表达痛恨的心情，等等；也要表达自己来到现场就是要对相关事件进行调查处理的目的。

(2) 交锋三要素：摆事实，严查处，慑犯罪。根据艾伯特·美比拉安倾听定律，在冲突沟通效果中，行为占55%，语调占38%，语言占7%。因此，在与群众沟通的过程中，应坚持及时关注诉求、重对话、多倾听、多安抚和解释、轻强制原则。及时回应诉求，尽早处置，通常能够将事件消解在萌芽和发展状态，从而化解更大的冲突危机。应该就已经初步了解的事实向群众进行说明，减轻谣言对群体情绪的影响；对于政府工作人员在事件中的违法违纪问题，要表明严肃查处的态度；对现场有人趁机犯罪、扰乱社会秩序的行为要严肃查处，威慑犯罪。

(3) 沟通二目标：选出谈判代表，劝众离去。对有利益诉求的群体性事件，要求利益相关者选出代表与政府在另外的场合进行协商与谈判；对无利益诉求的群体性事件，也要就事论事地作出一些处置承诺，并劝聚众者离去，恢复正常的社会秩序。

专栏

办税服务厅突发事件信息沟通

税收自古以来就是征纳双方矛盾的统一体。办税服务厅作为纳税服务窗口，是涉税事项最集中、征纳互动最频繁、纳税人诉求最直接的场所，也是各类矛盾问题和风险隐患易发的场所，如果疏于应对或是处置不当，就可能导致突发事件。

1. 事发

2016年5月16日上午11时许，某区国税局办税服务厅内，等候休息区坐满了前来办税的纳税人，叫号声此起彼伏，每个窗口的工作人员忙碌地处理手中的业务，一切紧张而有序。

“所长，CTAIS白屏。”

“所长，我也登录不了CTAIS。”所有的窗口工作人员都反映了同一问题：CTAIS系统登录不了。

“先检查一下，看看是网络问题还是系统问题。”办税服务厅所长迅速指挥工作人员对网络和系统进行检测。

“所长，网络没有问题，其他系统运行正常，只有CTAIS无法登录。”

3分钟过去了……

10分钟过去了……

工作人员反复测试，却始终登录失败。所长脸色凝重，今天是申报期的最后一天，经验告诉他，前来办理各项业务的纳税人不会少于千人，如果CTAIS长时间登录不了，将会出现大厅人员积压，可能会发生各种难以预料的事情。

2. 信息报告与先期处置

“小李，我现在向刘副局长报告，你通知征管科和信息中心赶快派人来协助我们。小张，你在导税台给纳税人做好解释工作，务必维护好办税秩序。小王，你赶紧去后台播控室，进行语音广播和大屏幕滚动播出CTAIS系统故障情况。其他人继续保持登录测试，让零申报的纳税人先留下纸质材料，不要造成纳税人的拥堵。”所长果断作出了安排。按照应急预案的分工，工作人员立即各就各位。

30分钟过去了……

看到一直不能办理业务，先前还在有序排队的纳税人全部涌向了办税窗口。纳税人嘈杂的抱怨和谩骂声完全淹没了工作人员的解释声，办税服务厅内乱作一团。

上午11时40分，市国税局办公大楼、12366纳税服务热线、纳税服务视频监控中心和应急指挥中心合署办公，主城区的国税局办税服务厅都出现同一问题：“CTAIS系统登录不了。”

市国税局领导及相关处室负责人在接到报告后立即赶赴指挥中心了解进展情况。此时，视频监控系统显示城区各办税服务厅等待的纳税人都有近百人，有的纳税人情绪激动，有的纳税人开始用手机拍照……

3. 响应升级、化解冲突：强化沟通，业务连续，排查故障

市局主要领导部署：“立即启动突发事件应急预案!”

上午12时10分，该市各县区国税局领导班子成员全部进入办税服务厅，向纳税人进行解释劝导……

各办税服务厅显示屏滚动播放通知：尊敬的纳税人，由于系统原因给您办税带来的不便，我们深表歉意。根据有关规定，因税务机关原因造成纳税人不能及时办理纳税申报的，经上级税务机关确认后可不予加收由此产生的滞纳金和罚款……

窗口工作人员也开始受理纳税人的办税资料，手工记录纳税人办理的事项、资料、联系电话等。

各单位举全局之力维护办税服务厅秩序，并给滞留的纳税人发放矿泉水。下午2时，CTAIS系统故障排除，一切恢复正常。

资料来源：根据国家行政学院公共管理硕士2014级学生李晶晶作业修改。

5.2 危机响应决策

不同的危机有不同的响应措施，有的行政性比较强，有的技术专业性强。本节试图总结一些危机响应决策的原则和响应活动，以指导和帮助危机响应决策。

5.2.1 危机响应决策原则

危机的突发性、危害性等特点决定了领导者只能在有限时间内作出决策，以防危机进一步扩散，造成更大的危害。但是，危机决策特点是决策时间的有限性和信息的不完全性，是一种非程序化的决策，只能靠领导者的能力和经验迅速作出决策。如果领导者不遵循任何原则进行决策，就有可能出现决策失误，从而使危机得不到解决，甚至可能使危机进一步蔓延，造成更严重的损失。因此，在有限的时间内以及信息不全的情况下，领导者需遵循一些普遍性的基本原则进行决策；另外，不同危机的应对有不同的特点，其危机决策也有一些特殊性的原则需要遵循。

5.2.1.1 危机决策原则的特点与功能①

1. 危机决策原则的特点

（1）普遍性。在危机决策中，决策的基本原则是领导者进行决策时所普遍适用的基本准则。一方面，它贯穿于领导决策之中，对领导者的决策具有指导和统率的作用；另一方面，它又贯穿于危机管理活动的各个环节，包括决策的实施、善后的处理等。总之，它对整个危机的管理起着普遍的指导作用。

（2）基础性。在危机管理中，领导者可根据不同危机的特殊性作出不同的危机决策，以迅速化解危机。但是，危机中领导决策的基本原则是其前提和基础。特殊性必须服从基

① 叶贵炎．论公共危机中领导决策的基本原则．行政论坛，2006，78（6）：82-84.

本原则，而不能与之相抵触，否则就可能使危机决策偏离危机管理的目的，从而无法及时化解危机。

（3）特殊性。危机中领导决策的基本原则能够反映出不同于一般决策的本质特征。虽然这些基本原则有的与一般决策所应遵守的原则相同，但其中有的是与其相反的，有的则是一般决策的基本原则所没有的。比如，在危机的领导决策中，领导者仍应遵循合法、合理和可行等原则，但可以不按照民主集中制原则进行决策。

2. *危机决策基本原则的功能*

危机决策的基本原则对危机决策以及危机管理的各个环节有着重要的作用。这主要表现在以下几方面：

（1）它是领导者进行危机决策的依据。领导者针对危机进行决策时，可根据这些基本原则进行，以其为指导制定具体的决策方案。如果领导者不根据基本原则进行决策，将可能导致决策失误或决策偏离危机管理的目标或者决策无法实施，从而无法化解危机，致使危机进一步加深。因此，领导者只有在这些基本原则的指导下，根据不同危机的特殊性制定具体的方案，才能保证危机决策不偏离危机管理的目标，保证危机决策更加科学、合理，减少决策失误的可能性，以迅速化解危机。

（2）它有助于执行者掌握决策的基本精神，指导危机的处理。由于决策本身的模糊性、抽象性等特点，执行者很难从决策中直接得到具体的操作措施，这就需要执行者掌握决策的基本精神，对危机加以灵活处理。而执行者如果了解危机中领导决策的基本原则，对各项危机决策的基本精神的掌握也就相对容易。此外，领导者在有限的时间内和信息不全的情况下作出危机决策，难免会出现各种各样的失误，决策本身难免带有片面性，对有些问题可能没有规定或者规定得不清楚，致使决策无法顺利执行，这就需要执行者了解领导决策的基本原则，根据这些基本原则灵活地处理危机；而且在危机管理中，领导者的决策也不可能预测并罗列在执行中可能出现的各种问题，但是，执行者在处理危机的过程中又可能会遇到领导者的决策所没有预料到的情况，并急需采取措施加以解决，这时执行者可根据危机决策的基本原则及时采取措施加以处理，以避免危机进一步加深。

（3）它影响着危机管理的成效。在危机管理中，领导决策是否遵循基本原则关系到危机管理的成效。如果领导者不按危机决策的基本原则进行决策，所制定的政策就可能偏离危机管理的目标，即减少或避免危机所带来的损失，保护人民和国家的利益，从而也就不能迅速地解决危机。此外，领导者是否按照危机决策的基本原则进行决策影响着决策本身的质量，而危机决策又是危机管理的依据，指导着危机的处理。如果决策本身质量低劣，执行者就无法很好地执行或者执行以后造成更大的损失。因此，领导者是否遵循危机决策的基本原则关系到危机决策的质量，最终影响着危机管理的成效。

（4）它最终影响着政府形象和社会稳定。危机本身带有严重的破坏性，会危害到人民群众的生命财产安全。如果领导者不能按照危机决策的基本原则进行决策、解决危机、保护公众的利益，那么公众将对政府处理危机的能力产生质疑，对政府是否有能力保护其利益产生不信任，导致对政府的信任危机。

5.2.1.2　危机决策的制度性原则

1. *属地先期快速处置原则*

不论发生哪一个级别的危机，属地政府或职能部门都要及时地开展先期处置，以防止突发事件事态进一步扩大、升级，尽可能地减少危机事件给公众生命、财产和健康安全带来的损失。危机事件一旦发生，时间就是生命，应急响应速度与事故后果的严重度密切相关。对事件受害人或受到威胁的环境与财产安全进行早期的抢险救援，对保障生命、保护环境和减轻财产损失具有决定性意义。同时，如果在敏感期处理不够及时，可能使事件性质发生剧变甚至是激变。属地政府熟悉事发地周边情况，属地应急力量可以在第一时间赶到突发事件现场，有助于把危机事件消除在萌芽状态。属地先期处置主要做好三件事：一是先期处置决策者要以人员安全为主进行危机应对；二是要防止发生次生、衍生事故，避免造成更大的人员伤亡、财产损失和环境污染；三是组织受威胁群众疏散、转移，做好安置工作。在先期处置的同时要积极开展危机沟通工作。但信用危机和核事故应对不遵从属地管理为主原则①。

2. 统一领导、分类分级负责原则

我国实行在党和政府的统一领导下，分类管理、分级负责，条块结合、属地管理为主的应急管理体制；在各级党委领导下，实行行政领导责任制，充分发挥专业应急指挥机构的作用。

3. 权力集中与程序简化原则

在正常情况下，公共决策必须遵循民主集中制原则，必须按照一定的程序进行。但是，危机情形下，应适当集中危机决策者的决策权，让决策者根据自己的经验、能力及时作出决策，此时的决策程序也应该是简化的，这样有利于节省时间，对危机迅速作出反应，及时采取措施加以化解。权力适当集中的另一个要求是在此种情况下，不能出现政出多门、多头指挥的现象，这就需要统一指挥、协调一致原则。危机决策是与危机指挥组织结合在一起的，虽然危机指挥在组织结构上可分为多种形式，但无论采用哪一类指挥系统都必须实行统一指挥的原则，无论涉及应急救援活动单位的行政级别和隶属关系如何不同，都必须服从应急指挥部的统一指挥协调，统一号令，步调一致，令行禁止。应急指挥最基本的功能就是统一协调执行应急救援任务各单位之间的活动，使各参与单位既能充分发挥自己的作用，又能相互配合，提高整体效能。一般情况下，在同一时间、地区执行应急任务的各专业队伍都应紧密配合执行主要任务的队伍行动，尤其是在跨行业、跨领域、跨地区乃至跨国界的重大突发事件中，更应强调在一个共同的指挥系统内实现高度统一的协调指挥。

在早期，各国应急管理体系基本上依托行政管理体制的树形结构，即按行政隶属与级别，建立复杂的分层与分枝应急管理模式。但由于决策层次过多，影响救援速度，增加应急管理成本，部门职能交叉，责任不清，难以统一指挥协调。近年来，一些发达国家逐渐开始在应急管理工作中采用扁平化网状管理结构，强化地方在应急管理工作中的主导作用，使应急处置指挥地点前移，以提高应急救援工作时效。

4. 政府主导、多方协作原则

“政府主导、多方协作”已经成为发达国家应急管理工作的基本原则。政府应急处置工作需要整合和协调机制：从协调对象上看，包括其他地方政府、军队、企业组织、公共

---

① 汪永清. 中华人民共和国突发事件应对法解读. 北京：中国法制出版社，2007：16.

服务组织、运输经营单位以及社会公众等各方面力量参与应急处置工作；从协调内容上看，有应急处置所需设备、设施、场地、交通工具和其他物资的征用。因此，需要充分动员和依靠公众力量，发挥乡镇、社区、企事业单位、社会团体和应急志愿者队伍的作用，形成统一指挥、反应灵敏、协调有序、运转高效的应急管理机制。

5. 依法规范、损益合理原则

《中华人民共和国突发事件应对法》于2007年11月1日起施行，这使得我国的应急管理法律体系得到进一步的完善，依法应急成为应急管理中的重要准则。但我国应急管理法律体系还存在一些有待完善的地方。例如，在我国应急处置过程中，往往需要进行紧急的社会动员，特别是物资动员，但我国政府应急征用制度目前存在征用主体和被征用人权限不清、征用程序缺失、补偿方式单一、补偿标准不明确等需要解决的问题。无论是“非典”疫情应对、“5·12”汶川地震抗震救灾，还是撤离利比亚中国公民行动，等等，都需要大量的应急征用。在今后的法律法规修改制定过程中，要进一步明确比例原则、补偿原则和救济原则。

比例原则。处置突发公共事件所采取的措施应该与突发公共事件造成的社会危害的性质、程度、范围和阶段相适应；处置突发公共事件有多种措施可供选择的，应选择对公众利益损害较小的措施；对公众权利与自由的限制，不应超出控制和消除突发公共事件造成的危害所必要的限度，并应对给公众的合法利益所造成的直接损失予以适当的补偿。

补偿原则。行政机关应当及时返还为处置突发公共事件征用的公民、法人或者其他组织的财产；不能返还或者财产毁损的，应当依法给予补偿。行政机关为处置突发公共事件征收公民、法人或者其他组织财产的，应当按照被征收财产的实际价值给予补偿。

救济原则。公民、法人或者其他组织认为行政机关和行政机关工作人员应对突发公共事件的具体行政行为侵犯自己合法权益的，可以依法申请行政复议或者提起行政诉讼；其合法权益受到损害的，有权依法要求赔偿。

6. 授权与监督相结合原则

由于危机的突发性、危害性和不确定性等特点，领导者在进行决策时不可能规定危机处理中所发生的各种情况，因此，危机决策不能规定得过于僵化，而应有一定的弹性，授予执行者一定自由裁量权，以便在其遇到突发问题时根据具体情况采取灵活措施加以解决。这样就可节约层层上报的时间，又可及时对新问题作出反应。但是，领导者在授予执行者一定的自由裁量权的同时，必须对其加强监督，监督执行者对危机的处理以及自由裁量权的行使情况，使执行者对自由裁量权的运用符合危机管理的目的。

5.2.1.3 危机决策的战术性原则

危机决策属非程序化的决策，它不可能像常规决策一样，有足够的时间从容地“发现问题，确定目标、价值准则，拟制方案，分析评估，方案优先”。总结近年来国内外危机决策的经验，有如下战术性原则：

1. 安全第一、以人为本原则

危机决策最重要的原则是保障人的安全。坚持以人为本，就是坚持“先救人、后救物”，在任何情况下都要确保人的生命安全和健康，绝对不能拿生命冒险。在应急施救过程中，最优先的目标和最重要的举措都是要首先保障人身安全。同时，也要十分注意保障应急队伍自身的安全。实际上，在极端危难的情况下，保障不了自己的安全，就无法救护别人。每一个应急指挥员都有责任保障救援队伍的安全，任何一级指挥员都没有权力因为财产等物质原因让应急人员冒生命危险。

2. 耐心处理有担当、冷静面对不慌乱原则

危机之后的处理往往更复杂、艰巨，常常耗费很多的时间和精力。面对事故调查和责任追究，不少人首先会选择推诿、逃避，结果导致事态扩大、危机蔓延。决策者在危机决策过程中，必须具有担当精神，否则，不仅面临法律的追究，也面临道德的拷问。

面对意想不到的突发危机，我们不能慌乱，要冷静思考，理智对待；实施有效控制，防止事态扩大。通过分析研判，认清危机性质和危害程度，掌握事件发展态势，以理性思维拿出解决之道，采取有效措施，恰当处理危机现场。记住“每遇大事必有静气”，切忌面临大事时乱方寸。情急慌乱之下处理问题不仅容易误事，还可能造成更大伤害。

3. 果断及时、依靠科学原则

一旦出现危机事件，主要领导要立即赶赴现场，快速掌握情况，及时制定措施，果断应对处置。要区分不同情况，抓住主要矛盾，因情施策，因人制宜，及时疏导化解矛盾，及时平息事态。现场的掌控和事态的平息是第一位的，必要时还需动用政法机关维护现场秩序，使事态不朝难以收拾的地步发展，以防止社会闲杂不法分子借机滋事、闹事，尽量减少社会波及面，防止造成社会动荡。但果断及时不意味着逞匹夫之勇，而是需要依靠科学，专业处置。在危机处置过程中，必须科学有序进行。一是必须充分利用和借鉴各种高科技成果，特别是充分发挥先进的信息技术和有效的应急装备在应急处置中的重要作用；二是要充分发挥各类应急专家的外脑作用，形成科学合理的应急处置方案；三是要充分发挥专业应急处置力量的作用，专业应急处置力量有丰富的处置经验和熟练使用各种救援装备的能力。

4. 超前研判、准确定性原则

危机处置中，信息（灾情）分析是一切决策与指挥的基础。危机事件发生后，往往原有的系统，包括有关组织、环境都受到破坏或者改变。因此，危机决策组织需要根据危机事件的发展，制定不同的信息分析策略，并组织实施。我国实行“统一领导、综合协调、分类管理、分级负责、属地管理为主”的应急管理体制。危机事件发生后，需要准确确定事件的类型，以便相关的主管部门牵头进行处置；也需要确定相应的事件级别，以便根据应急预案启动相应级别的应急响应机制。

研判是定性的基础。突发事件发生后，往往原有社会状况会出现变化，或原有的组织体系或情报系统会出现故障，给事件的定性工作带来一定的困难，因此，需要在事件研判方面下力气、花工夫。例如，自然灾害发生后，按照我国突发事件分类原则，需要按死亡人数或经济损失确定响应级别，如果自然灾害造成交通与通讯中断，则这些数据的统计非常困难，有时只能进行估计。在传染病发生初期的研判也非常重要，如果误判，有可能响应过度，并造成社会恐慌。在群体性事件预防与处置中，做好研判工作可以有效预防或处置群体性事件。在危机的管理中，决策必须有一定的超前性，即对危机管理中可能出现的问题进行预测并制定措施加以预防。只有这样，才能减少问题发生时领导者和执行者不知所措的现象。

定性是应急响应的基础。突发事件发生后，准确定性有利于根据应急预案准确地启动响应级别，有利于同级人民政府多个部门准确按应急预案规定动作应对突发事件，也有利于上级部门进行指导与支持应急处置。准确定性也有利于进行广泛的社会动员，例如，汶川特大地震发生后，我国社会各界均被动员起来参加抗震救灾工作，极大地支持了国家的抗震救灾工作。特别是在群体性事件应急处置中，准确定性对于应急处置异常重要。美国“9·11”事件发生后，美国总统布什称之为“战争”，为后来的伊拉克战争和对本·拉登的“斩首”行动作了很好的动员，也使众多保险公司免于破产。

5. 注重细节、动态调整原则

无论是事故灾难，还是社会安全事件，多为细节方面的问题导致，特别是由管理中的细节问题引发。在危机处置中，细节在多数情况下是危机处置成功与否的关键，也是保护处置队伍的关键。

广西龙江河 2012 年 1 月 15 日出现重金属镉含量超标；26 日，污染水体进入下游柳江系统；27 日，柳江上游河段镉浓度超标达 5 倍。在处置过程中，武警战士投放石灰等化学物质中和龙江镉污染；但在投放过程中，由于没有注意投放动作细节，致使石灰被风吹进年轻武警战士的眼中，不少战士眼睛被烧伤。后来，大家吸取教训，改为先把石灰变成液体，再通过管道注入河水中，使化学物质投放不致伤人。

在紧急情况下，领导者的决策时间有限、信息不全，一开始的决策可能不是十分的理想、可行，甚至可能是错误的。因此，在危机决策作出后，应不断有反馈信息，不断完善决策，同时也可纠正决策中的不当之处。

6. 早沟通、积极疏导化解风波原则

危机发生后，要及早做好危机事件的沟通、协调、疏导工作，争取新闻界的理解与合作，正确引导舆论，掌握事件报道的主动权。要遵循公开、坦诚、负责的原则，统一信息发布的口径，及时、透明地披露信息，诚恳表明当下和未来的应对措施，以低姿态、富有同情心和亲和力的态度来表达歉意、表明立场。统一口径尤为重要，不随意发表个人意见，绝不传播未经证实的消息。危机事件是社会关注的焦点，在人人都是记者、个个都有麦克风的互联网和微博、微信时代，心存侥幸，以为通过拖延或瞒报的方式可以将大事化小、小事化了，悄无声息地将事态平息，只会使公众对政府丧失信任，使政府形象受损。必须尽早进行媒体沟通，有效防范情绪化和碎片化的网络言论误导大众。

专栏

玉树地震先期响应决策

一、玉树地震基本情况

2010 年 4 月 14 日 7 时 49 分，一场震中位于玉树县结古镇附近的上拉秀乡日麻村（北纬 33.1°，东经 96.7°）的里氏 7.1 级地震袭来。震源深度仅 14 公里，最大烈度达到 9 度强，波及范围约 3 万平方公里，重灾区面积约 4 000 平方公里。震中 25 公里以内为无人区，25～50 公里内有 6.4 万人，50～75 公里内有 2.4 万人，结古镇有 12 万人。距震中100公里范围内有青海、四川两省20个乡镇。此次地震发生在甘孜—玉树断裂带上，断裂带整体呈北向西分布。地震的断层是近乎直立的，为左旋走滑运动；断层的破裂时间为20～23秒，长度为60公里左右。此次地震为当地有历史记载以来最强烈的一次地震，造成2 698人遇难。

地震发生时，当地的气温只有—1.2℃。时差上，当地时间比北京时间晚一个多小时。早晨7点多地震发生时，大多数居民正在睡梦中，相当一部分居民被压埋。这次地震灾害情节主要有三个特点：一是地震发生的地点靠近城镇。此次地震的震中位于玉树县城附近，震害是沿着活动断裂带呈带状分布，穿过了州政府所在地结古镇，烈度达到了Ⅸ度；对城镇的房屋基础设施和生命线工程系统造成了比较大的破坏，供电、通信一度中断。二是灾区的设防薄弱。受当地经济发展水平所限，灾区的房屋结构类型以土木、砖木结构为主，面对突如其来的大地震，除了少数几栋新盖的楼房外，90%的民房倒塌。这次地震的地形效应和地震构造效应明显，灾区居民点的分布与发震构造的方向比较一致，因此造成的破坏较大。灾害沿江、沿河谷地带房屋震害破坏明显严重。三是地震发生在高原山区，地形复杂，交通困难，加大了救灾的难度。

二、地震信息报告

地震发生时，玉树藏族自治州州委书记在中央党校学习，州长在西宁市出差，州人大常委会主任、州政协主席、州委秘书长和州委组织部长等州领导在岗。电信、移动信号一度中断，但州军分区通讯和州委机要电话畅通。

4月14日早8时，玉树军分区司令员通过手机给兰州军区和青海省军区作战部报告"玉树发生了大地震"；同一时间，州委秘书长用手机向省委常委值班室报告"玉树发生了大地震"，同时向州委和州政府主要领导汇报。

省委常委办公室值班人员立即向省委主要领导报告；省地震局应急处监测中心同时监测到玉树地区发生地震，马上检测地震的经纬度，并在第一时间向省政府应急办报告；州委、州政府主要领导接到汇报，分别作出电话指示，明确当下由州委秘书长和州委组织部长负责组织救援，并以最快的速度赶回玉树。

14日中午12时左右，在灾情统计难度相当大的情况下，玉树州抗震救灾临时指挥部初步估计死亡人数约400人，并向省政府报告。

三、启动地震应急响应

根据州委、州政府主要领导指示，在震后20分钟成立了玉树州抗震救灾临时指挥部。州委常委、秘书长任总指挥，其他部分州委、州政府领导任副总指挥，各县党政领导、州直属相关单位负责人为指挥部成员；启动了玉树州地震灾害防治应急预案，建立了重大问题、重大事项随时通报研究制度；现场对临时指挥部成员进行了分组，组建了搜救组、联络组、应急抢险组、灾民安置组、医疗救助组、社会治安组、宣传组等7个工作组。

1. 组织力量救援被埋、被困和受伤人员

（1）灾情：灾后半小时，州医院汇报已经满员，且医院本身也受损，医生和药品奇缺。州府所在地只有一条"丁"字大街，在群众自救互救后，大街边上有大量的伤员和尸体。经联系，州辖区内其他5个县受灾不重，有的县没受影响。寺院住持和民族中学校长都请求派人去救被埋的僧人和学生，但救援力量不足。

(2) 处置决策。

组织救援力量：军分区下令各县民兵2 000人紧急支援；临时指挥部要求各县书记和县长带人来，第一支赶到的队伍有400多人。辖区寺院僧人约2 000人也来参加救援。学校与寺院都有大量人员被埋，请求救援。先去学校救人；答应禅古寺住持，等外面第一支救援队到后就去救僧人。15日凌晨3点，第一支外援部队到达后，马上被派去救僧人。

医疗救护：对于大街上的伤员，客运公司的6辆车全被征用，加上一部分本地群众志愿者，把伤员送到医疗点。再开辟新的医疗场所，在体育场、武警驻地、赛马场用仓库里现有的帐篷搭建140个帐篷。动员所有医学学生、个人诊所。个人诊所表现很好，政府对僧人医生没有要求。15日半夜，省里的医疗队才赶到。

尸体处理：对于大街上的尸体，由统战和宗教部门做说服工作，让僧人把藏民尸体送结古寺、汉人尸体送烈士陵园。

灾情上报：中午把各组和各片区的领导召集起来，汇总后上报灾情（民房全倒，楼房损失大，死亡300多人，受伤1 800人）。

进一步了解灾情：派出5个分队去了解灾情，214国道通天河大桥、机场路、隆宝镇各一支队伍，结古镇2支队伍。

2. 排险与抢险，防止次生灾害

(1) 灾情：地震造成山体滑坡，州府通往玉树机场的道路被阻断；加油站和5处居民点起火；8:30，有传言说禅古电站水库出现险情；州府所在地通往省会的国道有多座大桥可能受损；供电、供水、通讯都出现了问题。

(2) 处置决策。

机场抢险：玉树军分区接受兰州军区和省军区作战部（应急办）发出的负责打通机场道路的命令，命令70名官兵用了2个多小时清除塌方泥石。

水库排险：州委、州政府临时指挥人员立即通知玉树县水利部门马上到现场勘验，及时汇报。针对禅古电站水库大坝一侧山体滑坡、坝体分裂情况，指挥员决定启闸泄水。因为8时停电，现场人员启用了手动闸，分别从两个泄水口放水。安排河道两岸居民迅速撤离。但军队与武警仍在搜救中。州水利局、州水电公司被指派负责监测坝体安全。

214国道排险：派出人员去了解214国道路况和通天河大桥等的状况，组织力量清理道路。

3. 救灾物资分配与妥善安置灾民

(1) 灾情：各种外援力量和救灾物资从214国道和玉树机场逐渐抵达灾区。由于昼夜温差大，群众急需领到帐篷、衣服和食品。随后几天有更多的救灾物资和救援力量抵达。

(2) 处置决策。

结古镇只有两条主干街道，物资发放难度很大，物资发放地点集中在结古镇中心地带州委、州军分区大院前，虽然政府有人在做宣传工作，老百姓排队领取物资，但要等几个小时，且物资根本不能满足灾民每人一份的要求，在地震发生后的两三天内出现了哄抢物资的情形。最初，物资发放采取两种方式，一是大多数救援物资由政府按基层组织发放，二是僧人们挨家挨户发放，僧人发放老百姓不抢，但僧人们寺院储存的物资少，大多是用政府的物资在发放，反而造成政府不作为的局面。

4月14日晚上，青海省抗震救灾指挥部把结古镇受灾地区划分成21个片区，每个片区由一个厅级干部负责，按片区发放物资。省委组织部组织60名干部紧急进入灾区，帮助加强基层组织建设和做好翻译工作。至4月17日，物资发放基本做到有序。同时，在西宁市、海南藏族自治州和清水河镇建立了三个救援物资转运站，以解决结古镇交通堵塞的问题。

5.2.1.4 社会安全事件的危机决策原则

1. 预防为主、及时控制原则

坚持预防为主的工作方针，建立健全社会利益协调机制和社会稳定预警工作机制，立足于防范，坚持抓早、抓小、抓苗头，认真开展矛盾纠纷排查调处工作，强化信息的广泛收集和深层次研判，争取早发现、早报告、早控制、早解决，把社会安全事件控制在萌芽阶段和一定范围内，避免造成社会秩序失控和混乱。

2. 依法处置、区分性质原则

坚持依法行政、依法处置，自觉维护法律法规的权威性和政策的严肃性。必须依照国家法律法规办事，该断必断，该柔必柔。在处置过程中，既不能无原则迁就，也不能一味强行，要做到有理有节，以协调、协商处置为最好，从而实现双方圆满的结局。

要坚持从保护人民群众生命和财产安全的角度出发，严格区分和正确处理两类不同性质的矛盾，注意工作方法和策略。对于大多数属于人民内部矛盾的事件，要及时化解矛盾，防止事态扩大。做到合情合理、依法办事，维护人民群众的合法权益。对于不属于人民内部矛盾的事件，要最大限度地团结人民群众，最大限度地孤立和打击极少数不法分子。对于发生暴力行为或严重扰乱社会治安秩序、危害公共安全的事件，要及时、果断采取措施，坚决制止违法犯罪行为，尽快平息事态。

3. 快速反应、相互配合原则

群体性事件发生后，相关地方人民政府应及时启动应急预案，严格落实应急处置工作责任制，上级有关部门应当及时给予配合和支持。地方人民政府与上级有关单位要相互协作、相互配合，并确保信息收集、情况报告、指挥处置等各个环节的紧密衔接，在最短的时间内控制事态；应切实加强沟通和交流，实现信息资源共享，为科学决策提供可靠依据。

4. 加强教育、正确引导原则

预防和处置群体性事件，要将法制宣传、教育疏导工作贯穿整个过程。要通过新闻媒体、现场广播、印发通告等方式，广泛宣传有关法律法规和政策，教育人民群众遵守法律法规，依法维护自身合法权益，通过合法、正当渠道和方式反映问题。群体性事件一般不公开报道，确需公开报道的，要按照党中央、国务院的指示精神统一部署，组织好信息发布工作。对国内外的歪曲性报道或谣言应及时予以驳斥和澄清，正确引导舆论。

5. 宜散不宜聚、宜解不宜结、宜顺不宜激原则

要以教育疏导为主，做到说清问题、讲明政策、解疑释惑、理顺情绪、化解矛盾、尽快劝返，防止矛盾激化。综合运用法律、政策、经济、行政等手段和教育、协商、调解等方法加以处置，做到动之以情、晓之以理、明之以法。对于涉事对象乃至广大群众，应让其懂得：即使合理合法，表达方式不合法、不合程序也属违法行为，也必须承担相应的法律责任。

6. "三慎用"与"三高举"原则

不仅是社会安全事件的应急处置，其他自然灾害、事故灾难，乃至公共卫生事件和食品安全事件等突发事件的应急处置，也需要出动警力进行现场控制、秩序维护和社会治安管理等。如果警力运用不当，有可能导致新的突发事件出现。在工作中，要合理用警，必须讲究政策、讲究策略、讲究方法，坚持"三慎用"（慎用警力、慎用武器警械、慎用强制措施），坚决防止因用警不当、定位不准、处置不妥而激化矛盾，坚决防止出现流血伤亡事件。

但在实践中，如果对"三慎用"把握不好，在一定程度上会给群众造成"政府怕群众""闹事有理"的错觉，甚至形成"大闹大解决、小闹小解决、不闹不解决"的观念，使事件的处置更加困难。因此，在坚持"三慎用"的同时，也要做到"三高举"：高举维护法制、维护国家和人民的利益、维护社会稳定的旗帜。

7. 减少损失原则

尽最大努力和可能，最大限度地避免和减少人员伤亡，减少财产损失和社会影响，尽快恢复社会秩序，维护公众生命、财产安全，维护国家安全和利益。

8. 快速侦办原则

采取一切有效措施和手段，尽快查清事件真相，维护法律尊严，维护国家安全和社会稳定。

专栏

城管执法导致危机

一、城管执法遭围攻

大兴区某街道马路北侧无照经营、污染环境的露天烧烤现象突出，城管队员多次下达限期整改通知书无果。2007 年 5 月 31 日 17 时许，北京市大兴区城市管理监察大队清源分队、兴丰分队的城管队员联合属地派出所民警，集中对这一难点地区开展集中治理。当检查到任 A 与任 B 经营的"A 烧烤家常菜""路边烧烤"时，店员拒不配合执法队员，坚决不收桌椅、不停止露天烧烤行为。当执法人员采取强制执行，扣押经营工具（桌椅）时，遭多人持械围攻。其中，任 C 持匕首刺扎民警和城管队员，并持椅子、镐把对城管队员进行殴打；任 A 持煤夹子，任 D 持木棍，董某持椅子、木棍，任 B、张某

等人用拳脚对城管队员进行殴打，导致1名民警和5名城管队员受伤，其中3名城管队员和民警伤势较重。犯罪嫌疑人随后四散逃离现场。经过警方工作，截至6月1日凌晨5时，包括主犯任C（男，28岁）在内的全部嫌疑人在黄村被警方控制。

二、主要嫌疑人精神有问题？

熟悉任C的居民称，作为主要涉案人的他身有残疾，精神也有些问题。

“高个壮实，耳朵有点聋，说话不清楚，脑子也有问题。”这是清源东路附近熟悉任C的居民对他的印象。28岁的任C是“A烧烤家常菜”店老板任A的亲弟弟。

任A的一名老乡称，这兄弟俩父母都不在了，身有残疾的任C也没有媳妇，只能跟着哥哥、嫂子生活，他在店里人手少时帮忙烤肉串。

“要不是他，事情不会闹大。”烧烤店相邻一商户称，当天城管队员来检查没收经营工具时双方发生争执。此时，任A把弟弟锁在店里，“怕他脑袋一热，就惹事”。该商户说，此前任C就因精神问题多次与顾客发生冲突，都被哥哥制止。

随后，该店人员和城管队员冲突升级，任A与妻子也在其中。锁在店内的任C用椅子砸破窗户玻璃，持刀冲出来，扎伤多名执法人员。

对于任C是否精神有问题，警方未予证实。据相关人士介绍，即使嫌疑人持有证明其精神方面有缺陷的残疾证，但一旦涉及案件，也都必须委托专门机构再次进行认定，最后出具关于精神是否存在缺陷的报告。这一般需要1至2个星期。

三、案件后续处理

2008年6月2日，大兴区5名城管和1名民警在执法时被刺伤案在市一中院开庭审理，据悉，共有任C、任A、任B、任D、张某、董某6人被指控分别犯故意伤害、妨害公务、窝藏罪。案件所涉及的大兴城管清源执法队、兴丰执法队队长由于现场处置不力，造成严重后果，给予记大过处分。

资料来源：根据国家行政学院公共管理硕士2014级学生刘俊作业修改。

5.2.2 危机响应活动与分工

在确定突发事件的类型与级别后，应该按照相应的预案规定，由拥有相应管辖权的人民政府迅速启动相应级别的危机响应机制，调集有关队伍、物资，派出相关人员与专家赶赴现场，视情况成立现场指挥部。在突发事件继续扩大升级的情况下，危机响应级别应作出相应调整。

突发事件发生后，先期处置中就已经开始进行危机响应了，可能是居民自救互救，可能是基层组织与单位组织的避难避险、预警信息传播、组织先期处置和自救互救、信息收集报告、人员临时安置等。由于先期处置的专业队伍、专家、物资资源等不足，往往不能有效处置危机，因此，需要在此基础上根据预案的规定启动相应级别的危机响应活动。此时的危机响应活动是全方位的。

5.2.2.1　危机响应活动[①]

危机响应活动是在突发事件的事态趋于稳定前所采取的一系列紧急应对措施，具体有三个：保护公众；减轻原生灾害的损失；最大限度地减轻二次灾害的损失。危机响应不仅要解决迫在眉睫的问题，如开展急救、搜索与救援、提供紧急避难场所，还包括为解决这些问题而进行的协调与支持行动。此外，关键基础设施的快速恢复也属于危机响应的范畴，如打通交通干线、恢复供电与通信等。

当预警到突发事件即将发生时，危机响应活动包括：

（1）预警与疏散。应急部门应向可能受到突发事件影响区域内的社会公众发出警报，督促其进行最后的准备活动或采取正确避灾行动，包括按照一定的路线安全地疏散到应急避难场所。

（2）预置资源和装备到受灾害影响的区域。例如，在灾害发生之前，将救灾装备、医疗设施、药品、食品、衣服等运输到应急现场。

（3）补充性减缓或准备措施。例如，在洪峰来临之前，加固堤坝。

在突发事件发生后，救人成为响应活动的重中之重。在此过程中，响应活动包括：

（1）搜索与救援。搜救可分为农村搜救、城市搜救、水上搜救及空中搜救，主要目的是寻找被困者，并将其转移到远离危险的地带。其具体活动包括：寻找失踪者；确定被困者位置；制定、实施搜救战略，将被困者安全解救出来；提供初步的急救处理；将被困者转移到安全地带，进一步治疗。

（2）医疗急救。在伤者众多、医疗资源有限的情况下，危机响应者应对伤者进行检伤分类，分轻重缓急，予以救治。

（3）进行疏散。疏散要求人们预先指定集结地点，沿着安全的疏散路线到达安全的避难场所。

（4）开展灾害评估。包括灾情评估和需求评估。危机管理者在响应阶段必须经常进行损失评估，以便协调装备及物资，并将其送达最需要的地方。此外，危机响应者需要对恢复阶段进行前瞻，根据损失评估，确定恢复阶段的资金、政策需求。

（5）处置危险源影响。例如，灭火、抗洪、除雪铲冰等。

（6）提供水、食品及避难场所。

（7）进行卫生管理。包括对人与动物尸体进行妥善处理，防止传染病疫情的发生。

（8）维持治安。包括维持社会秩序，避免出现趁火打劫等刑事犯罪。

（9）提供社会心理咨询服务。突发事件发生后，人的情感、认知、生理及人际关系都会出现问题，如恐惧、易怒、焦虑、不自信、疲惫、头痛、人际冲突增多等。危机响应者应提供心理咨询服务，解决这些问题。

（10）恢复关键性基础设施。交通、通信、供水、供电、供气等基础设施的服务应尽快复原。

（11）对捐赠进行管理。

（12）协调。危机管理者需要与专业人员、志愿者进行良好的合作，形成危机响应的

---

① 王宏伟. 应急管理理论与实践. 北京：社会科学文献出版社，2010：149-150.

合力。

5.2.2.2 危机响应分工

根据我国突发事件应急预案管理办法，不同层级政府及其部门在危机突发事件应对中的分工是，国家层面主要体现政策性和指导性，省级层面体现指导性，市县级层面体现应急处置的主体职能，乡镇层面应对行动体现先期处置特点，如表5－3所示。

表5－3 不同层级政府专项和部门应急预案分工

层级	特点	主要内容
国家	重点规范国家层面应对行动，体现政策性和指导性	侧重明确突发事件的应对原则、组织指挥机制、预警分级和事件分级标准、信息报告要求、分级响应及响应行动、应急保障措施等
省级	重点规范省级层面应对行动，体现指导性	侧重明确突发事件的组织指挥机制、信息报告要求、分级响应及响应行动、队伍物资保障及调动程序、市县级政府职责等
市县级	重点规范市（地）级和县级层面应对行动，体现应急处置的主体职能	侧重明确突发事件的组织指挥机制、风险评估、监测预警、信息报告、应急处置措施、队伍物资保障及调动程序等内容
乡镇层面	重点规范乡镇层面应对行动，体现先期处置特点	侧重明确突发事件的预警信息传播、组织先期处置和自救互救、信息收集报告、人员临时安置等内容

对于实行大部制的国家，危机响应的部门分工制度相对简洁，例如，德国的危机行政指挥部（以联邦州为例）常设成员部门只有办公厅（负责信息通报与媒体工作）、警察局（治安与警务执行）、消防局（灾难应急总指挥）、卫生局（负责卫生健康）、环境局（负责应急中的环境保护）。另外，如果突发事件涉及中小学，则教育局长成为危机行政指挥部的专设成员。我国目前还没有实施大部制，危机响应的分工较为复杂，既有根据日常管理职责的成员单位分工，也有应急指挥部工作组的分工，部分成员单位既是有关工作组的牵头单位，同时也是其他工作组的成员单位。

根据我国《突发事件应急预案管理办法》，“专项应急预案是政府为应对某一类型或某几种类型突发事件，或者针对重要目标物保护、重大活动保障、应急资源保障等重要专项工作而预先制定的涉及多个部门职责的工作方案，由有关部门牵头制订，报本级人民政府批准后印发实施。部门应急预案是政府有关部门根据总体应急预案、专项应急预案和部门职责，为应对本部门（行业、领域）突发事件，或者针对重要目标物保护、重大活动保障、应急资源保障等涉及部门工作而预先制定的工作方案，由各级政府有关部门制定。鼓励相邻、相近的地方人民政府及其有关部门联合制定应对区域性、流域性突发事件的联合应急预案”。在我国危机响应中，牵头部门起主导作用，其他部门为危机响应提供应急资源保障，相邻、相近的地方人民政府及其有关部门应为事发地政府的危机响应提供支持。

专栏

上海市"5·23"中环道路交通事故中的先期应急处置

一、事故基本情况及影响

5月23日凌晨0点30分左右，上海市中环线（内圈）真华路至万荣路匝道之间发生一起单车事故，一辆装载预制管桩的卡车侧翻后造成高架路段主桥面翘起损坏。经核实，肇事车辆违反禁令驶入高架道路，行至中环线（内圈）真华路至万荣路匝道之间时，发生单车侧翻事故，致使高架路段主桥面翘起损毁，桥面最大高差处约40厘米。

事故未造成人员伤亡，但导致中环道路部分通行中断。事故当日早高峰期间，上海北部、西北部交通受影响严重。5月24日17时许，事故受影响路段部分恢复通行，但全面消除事故影响、恢复交通正常需2周左右时间。

作为城市主干道的上海中环线发生如此重大交通事故，对上海这座超大城市的交通造成了重大影响。事故虽然只是中环线上的单一事故，但是因为事发路段是立体交通，最上层是中环高架，中间层是沪太路跨线桥，最下层是地面交通，所以事故的发生对上海市区交通造成了很大影响。高架的封闭除导致相连的高架道路受到影响外，地面道路也几近瘫痪。事故当日，沪太路、汶水路等严重拥堵，周边支小马路一片红色，古浪路、桃浦路、真华路、华灵路、沪太支路、晋城路、原平路、高平路、阳城路、永和路双向拥堵。拥堵同时呈连锁反应向周边扩散，早高峰期间金沙江路、祁连山路、广中路、新村路等均出现长时间大面积拥堵。

事故的发生受到广大网友、上海市民和媒体舆论的广泛关注，事故相关话题一度上升到热搜榜前三名，舆论关注度之高近年来罕见。如何采取及时有效的措施，减轻甚至消除事故造成的负面影响，成为基层交通、交警、路政等部门的当务之急。

二、先期应急处置情况

事故发生后，上海市基层交通、交警、路政和道路养护、抢险救援等部门均及时介入，主要采取了以下几方面的先期应急处置措施：

一是立即赶赴事发现场。事故发生后，在中环线真华路至万荣路匝道一线附近执勤的交警、交通、路政、道路养护等部门工作人员立即赶赴事发现场，查勘事故基本情况，了解事故发生直接原因，管控事故现场局势。其中，交警部门工作人员在事故发生5分钟内即抵达现场，体现了上海市交警部门极快的反应速度。交通、路政、公路抢险等部门也在事发10分钟内相继赶到现场。

二是及时报送事故信息。事故发生后，交警、交通、路政等部门抵达事发地的工作人员，在对事故现场进行初步勘察的同时，第一时间将事故基本情况（事故发生时间及地点、道路损毁情况、肇事车辆车牌号及所属公司、事故发生初步原因、事故造成的直接损失、是否有人员伤亡等）向上级业务部门作了报告，确保上级部门在事故发生5分钟后即掌握了事故相关情况。

三是控制肇事车辆司机。赶赴现场的交警人员迅速控制了肇事车辆及司机，并对肇事司机进行了初步问询。交通部门工作人员对肇事车辆进行了初步检查。经查，肇事车辆系上海建景物流有限公司一辆装载十余米长预制水泥管桩、载重超百吨的重型卡车。交警、交通等部门工作人员依法对肇事司机及车辆进行了控制，以便于后期调查取证和责任追究。

四是实施周边交通管制。事故的发生导致高架路段主桥面翘起损毁，桥面最大高差处约40厘米，直接导致了交通阻断，车辆均无法通行。为尽量降低事故导致的负面影响，交警等部门对事发地周边主要的交通道路实施了临时交通管制措施，禁止车辆进入事发地周边，一方面防止发生次生灾害，另一方面方便事发地现场的抢险救援。

五是增加一线执勤人员。事故发生在中环线真华路至万荣路匝道之间，造成的交通阻隔会极大地影响上海市的交通；且事故发生时间为凌晨，距当日交通早高峰仅有6个小时左右。为保障交通秩序正常，交警、交通、路政、道路养护等部门均在事故发生地周边增加了执勤人员，一方面管控事发现场，另一方面维护交通秩序。

六是认真勘察事故原因。事故发生的直接原因是肇事车辆违反禁令驶入中环线，因车辆载重严重超过道路承载标准导致事故发生。经查，事发时肇事车辆载重超百吨，而中环线高架路的限载标准只有15吨。肇事车辆的载重远远超出高架路本身的承载能力，直接诱发了事故。

七是参与制定处置方案。事故发生当日交通早高峰前，上海市交通委牵头，与路政、安监、市政、基建等部门在现场勘察的基础上，联合制定了事故处置工作方案。作为抵达事故发生地最早的工作人员，基层交通、交警、路政、抢险救援部门的工作人员全程参与了方案制定工作，并提出了相关意见建议。

八是采取交通保畅措施。针对5月23日的交通早高峰，一线交通、交警、市政等部门联合采取了增开地面公交、加密地铁班次等公共交通临时疏运保畅通措施，同时加大宣传力度，引导群众避免自驾车途经事故发生地周边或尽量乘坐公共交通，力求把事故造成的影响降低到最小。

九是开展事故抢修抢险。一线抢险救援和道路抢修人员全程参与了事发路段受损桥面加固修复方案研究制定工作，并会同桥梁、公路、住建、科技等领域专家对方案进行了专项评审，确保在最短的时间内拿出事故抢险救援和道路修复方案。在确保安全的前提下，一线道路抢修和施工人员迅速开展道路抢修工作，力争在事故发生2周内修复受损的高架路，尽快恢复正常交通。

十是全力做好信息公开。通过"上海发布""上海交通""上海宝山交警"等微博、微信自媒体，以及上海电视台、电台等载体，及时发布中环事故有关处置和道路交通情况。5月23日15时，市交通委与市交警总队联合召开新闻通气会，通告事故发生过程、交通组织方案及桥梁结构检测、抢修工作及计划安排等，第一时间回应社会公众关切。

资料来源：根据国家行政学院公共管理硕士2014级学生田桂飞作业修改。

5.3　危机响应结束决策

在危机应对到一定程度后，需要解除紧急状况，恢复常态。如何选择结束危机响应的时机，如何进行善后恢复，都是危机决策的重要内容。为给社会与利益相关者一个交代，也需要作出决策，从危机中学习和改革，这项内容也经常成为危机决策的重要内容。对于危机事件的威胁和危害得到基本控制和消除后的危机管理阶段，常用的概念有善后处置、恢复与重建等。

5.3.1　危机的终止

西方危机的终止在很大程度上取决于领导者在危机运作阶段之后责任追究的方式。一些危机郁积，突然间爆发；一些危机犹如晴天霹雳，来去突然；一些危机像种子一样，成为难以根除的不断的威胁或者妨害，如果忽视它们，将会带来更大的损害。快速结束型危机（fast-burning crisis）和长期阴影型危机（long-shadow crisis）的结束方式完全不一样。

5.3.1.1　两种不同类型危机的特点①

1. 快速结束型危机

快速结束型危机的核心特征是行动反应努力的结束也就标志着危机在政治上的结束，例如自然灾害，如地震、飓风、海啸，当破坏的原因消失后，灾区能够拯救生命财产、掩埋死者、照料幸存者、进行灾后重建。其他快速结束型危机包括劫机事件、劫持人质事件，这类事件通常是靠快速军事干预或者迅速的谈判来解决。其有效的危机管理标准是，与耗时、费力的谈判相比，利用突击队的快速干预是更好的选择。如果成功，每个人都获得荣誉——彻底的、最小代价的胜利；如果失败，他们仍然会被看作英雄般地失败。特别是在危机中，竭尽全力却失败的领导人比那些没有尽力的领导人会赢得人们更多的尊重。有三种情形特别有助于危机的迅速终止。

第一种情形：由危机的本质决定。当危机的规模、影响没有超出人们共同的预想，没有超出应急机制的能力时，一旦运作上的慌乱消失，危机的主要特征将很快丧失。某种类型的危机经常发生的地方形成了适应性亚文化（resilient subculture）。日本的地震、佛罗里达的飓风、巴斯克地区（Basque，位于法国和西班牙北部边境一带地区）的炸弹爆炸、英国的火车相撞——这些危机不大可能持续太久以致超出操作性危机的范围。

第二种情形：问责过程中所需的民主讨论的缺乏。这种“缺乏”允许领导者坦率地宣布危机将要“结束”。但这并不意味着这一幕将从公众的记忆中抹去。

第三种情形：出现某些更重大或者更糟糕的事件。2004 年 3 月发生基地组织对马德里市郊往返列车的致命袭击后，西班牙政府将反恐政策的矛头坚决转向伊斯兰宗教极端

---

① 阿金·伯恩，保罗·特哈特，埃瑞克·斯特恩，等. 危机管理政治学：压力之下的公共领导能力. 赵凤萍，胡杨，樊红敏，译. 郑州：河南人民出版社，2010：123-129.

恐怖主义。巴斯克分离运动埃塔恐怖主义的“渐进发展的危机”至少暂时性地降至第二位。

2. 长期阴影型危机

长期阴影型危机的定义是，即使导致危机的威胁因素不再存在，它们仍然存在于政治和社会领域。美国在越南、苏联在阿富汗的窘境就是例子。在最后一批士兵离开多年以后，这些战争依然持续地在相关国家国内引发危机。有些情况正好相反：在取得政治上的投票表决之后，运行中的挑战依然存在。如环境危机一般是长期积累而非一时造成的。全球性的艾滋病在西方已不再被认为是危机了，但是，在非洲大陆，它在相当大的程度上仍然是危机。一些危机范围广而且意义重大，如全球变暖、人口过剩、森林滥砍滥伐和水资源分布不均，它们从根本上是难以管理的。以下三种危机具有政治和制度上的持久力。

“难懂”的危机：1986 年瑞典首相奥洛夫·帕尔梅（Olof Palme）被暗杀事件，发生在世界上最持久和平的国家，在令人伤心痛苦的同时也十分令人困惑。随后的警方调查使人们再次感到震惊：它是不成功的，而且暴露了一直隐藏在瑞典刑事司法体系内部的严酷斗争。这类危机公然挑战现存的危机预防和应对的政治官僚项目。

“处理不当”的危机：当就某一事件的反应被广泛地认为是缓慢、不适当的时候，对于失败的想象或许会持久地加剧危机。被摄像机拍到的来自洛杉矶警察局的一群警察殴打罗德尼·金（Rodney King）的事件是一个典型的案例。洛杉矶警察局低估了这一事件，并试图（徒劳无益地）解释说：金对警察表现出一种威胁，因为他拒不遵守直接的命令。再三播放的现场直播录像很难使洛杉矶黑人相信警察机关的看法。一年后的 1992 年，以白人为主的陪审团判决警察无罪。洛杉矶爆发了大规模的暴乱，暴乱持续了几天。1984 年发生的导致数千人丧生的博帕尔（Bhopal）石化（属于联合碳化公司）爆炸案例也是一个相关的例子——联合碳化公司（Union carbide，美国母公司）、印度地方政府和受害者组织之间在灾难过去 20 年后才最终达成协议。

“议程设置”危机：具有“体制断裂”的特点。它成为迄今为止未知的或者被忽视的风险和弱点的一个象征。三里岛核电站的事故尽管没有造成人员伤亡，但还是引起极大的恐慌。该事件使得核能利用问题在美国再度政治化，该产业此后再也没有从这一事件中恢复过来。当灾难发生在一个主要的种族聚居区时，它很容易暴露出多种族文化区域治理令人吃惊的错综复杂性，并且促使这些成为政治议题。1992 年阿姆斯特丹空难后，荷兰人突然发现他们的国家有大批非法外侨。这一点促成了 20 世纪 90 年代移民政策政治环境的明显改善。

5.3.1.2 结束危机：时机选择的艺术①

1. 结束危机的运作与政治两个维度

只有在危机管理的运作和政治方面的终止都实现后，危机的终止才完成。从运作的角度看，危机终止的主要挑战在于，要准确适度地评估对稳固危机反应基础设施的需要（应急过程的法律框架和细则，决策制定和资源流通的集权化模式）。在某些时候，这种紧急

① 阿金·伯恩，保罗·特哈特，埃瑞克·斯特恩，等. 危机管理政治学：压力之下的公共领导能力. 赵凤萍，胡杨，樊红敏，译. 郑州：河南人民出版社，2010：130-132.

状态不再是必要的。决定这一时机是否已经适时到来才是领导者的任务。

领导者还必须评估中止的政治利害。关键的问题在于要认清何时象征性秩序的故障已经排除。领导者必须决定在扩展而不是抑制危机情绪、继续采取而不是废除危机治理方式上是否具有战略上或者策略上的见解。

如果把运作和政治层面并置的话，就可以描述各种“结束”的状态，如表 5-4 所示。

表 5-4　　危机结束的两个维度

		政治层面的结束	
		是	否
运作结束	是	第二次世界大战	韦科惨案
	否	艾滋病	“9·11”事件

(1) 当运作的要求停止，同时政治和公众的危机感也消散时，就能取得完美的结束。二战结束后，对于欧洲几个国家，包括斯堪的纳维亚国家和荷兰来说：敌对状态结束后，社会和政界的普遍倾向是继续前进和重建。

(2) 只要危机的运作性定义与政界和社会的看法一致，危机就会继续存在。在“9·11”事件引发“全球反恐斗争”之后，许多西方国家一直就是这种情况，更不用说阿富汗和伊拉克。

(3) 运作和政治层面对危机界定的匹配不当：韦科惨案。1993 年，当大卫教派（Davidian Seventh-day Adventists）的成员在美国得克萨斯州的韦科市固守其据点时，联邦调查局和酒精、烟草和武器署（Alcohol Tobacco and Fire，ATF）的部队设法冲进该据点，并且以 74 名男人、妇女和儿童的死亡迅速地结束了这次行动。然而，对联邦调查局和酒精、烟草和武器管理机构以及司法部长珍尼特·雷诺（Janet Reno）来说，危机只是刚刚开始。这次拙劣的行动计划（4 名 ATF 人员在此次行动中丧生）引发了政治危机，包括高调的调查和刑事诉讼。

(4) 有时虽然实现了政治上的关闭，然而从运作的角度看，危机却继续猛烈如初。如一直困扰着非洲大陆的食物短缺和战争危机，以及艾滋病案例。

2. 结束危机的两个时机选择缺陷

(1) 领导者过早地结束了危机体制。双重危险：一是可能造成政策制定和服务传递上的空白。专注的、大规模的快速行动经常让位于政治和官僚——散乱、渐进、缓慢。换句话说，危机运行的效力可能遭到暗中破坏。二是过早地结束可能导致不信任、失望以及强烈的批评。特别是在依然存在急迫的需求和巨大压力的地方，会面临反应迟钝和机会主义的指责（“一旦离开镜头，他们就忘了自己的许诺”）。

(2) 危机的过分扩展。领导者可能过于关注运作层面以至于忽略大局。例如，领导者连续几周在指挥中心处理危机并且迷失于看起来紧急的信息交换，而外界已开始关注其他事情。但权威当局已经切断了自己与现实的联系，继续把全部精力放在从许多方面来说不是热点问题的危机上。

领导者也可能出于纯粹的政治原因选择延期结束危机，不断延长紧急状态以巩固手中的权力、诋毁迫害政治对手。但这容易使他们受到政治上利用危机以转移注意力的指责。

5.3.2 危机的善后

在汉语中，“善后”一词的解释可谓十分丰富。《孙子兵法·作战》有云：“虽有智者，不能善其后矣。”原意是说不能防止后患。后来指妥善地料理事后遗留的问题，如：处理善后事宜。苏轼《送范经略分韵赋诗》诗云：“谋初要百虑，善后乃万全。”在清代，还曾设有善后局，“清代后期，在有战事的省份通常设有处理特殊事务的机构，称为善后局。督、抚可以不按常规支款办事”①。“善后”一词的意义相当广泛。危机的善后主要是处理好责任冲突与经济利益冲突。

5.3.2.1 西方国家的问责②

1. 问责的功能

领导人不能控制危机的演变和终止，对于事态进展有时是无能为力的。当所有人知道危机仍然持续时，领导人不能在电视上声称事态已经得到控制。否则，直接的后果就是信任度的迅速下降。如某市长在一个正在燃烧的工厂背景下接受现场采访，当他声称火势已经得到控制时，观众从背景中可以看到工厂浓烟滚滚，市长即刻丧失了作为一个可以信赖的危机领导者的资格。领导人也会被惯例、老规矩所束缚。需要解释究竟发生了什么？哪里出了问题？下一步的发展趋势如何？

问责过程不只是促使危机结束的一种方式，它也能延长危机的期限，并使之改变性质，常引起一个真正的“危机后的危机”，将一组事件从运作层面提升到政治和政策层面。开始是一个事故或者一系列事件，后来就演变成关于权力、管辖权限、领导能力和合法性的故事。

成功的危机预防和缓解案例很少引人关注，其原因在于媒体环境：媒体沉迷于挑毛病，适合提出问题而不是赞扬决策者。问责中的争执或许会强调总结过去失误，并促使组织和政策作出相应改善，同时，它也可能会放大责任和过错的问题。常常出现如下两种情况：

模式一：问责有两种功能，即提供一个宣泄情绪的机会和有利于组织的学习。这取决于危机管理关于优化社会预防和吸收极端情况的能力。

模式二：问责是危机政治的一种延伸。把危机的“创伤”看作危机自身范围内的和其自身的组成部分。一方面，问责完全是民主的体现，但当中心内容的调查和争论变得仪式化时，问责将是虚空的；另一方面，当公众意见反复无常时，问责不可控。

2. “开放社会悖论”与责备游戏

开放社会悖论：问责程序对有利害关系的人越是开放，结束危机的时间就越长。自由出版、政治民主和官僚体制多元论甚至可能帮助危机调查和问责过程退化为“责备游戏”。

责备游戏指的是企图保护他们自己的利益而不是服务于共同利益的人员之间的相互作用。其结果是，民主问责被扭曲，机构的学习能力被减弱。

在重大危机下，谁有权力并且有足够的动力去充当监管人的角色？所有的参与者面临

---

① 辞海编辑委员会. 辞海. 上海：上海辞书出版社，1999：5450.

② 阿金·伯恩，保罗·特哈特，埃瑞克·斯特恩，等. 危机管理政治学：压力之下的公共领导能力. 赵凤萍，胡杨，樊红敏，译. 郑州：河南人民出版社，2010：132-149.

三个方面的选择：严重性（事态已经糟糕到什么程度?）、机构（它是怎么发生的?）和职责（谁应当得到赏罚?）。

第一是，要对事件进行评估：哪些价值和利益至关重要？在哪些方面它们已经受到分割或者威胁？

第二是，情况是否是一事故？是由运作上的特定故障造成的，还是由一种潜在的政策失败造成的？

第三是，任何单位和个人究竟处于怎样重要的位置？重要的行动或者疏漏是由单独的组织还是由整个组织网络造成的？

图5－5表明了问责中不同参与者做出的选择所导致的四种主要评估组合。当参与者达到结果A（替罪羊，scapegoating）时，问责就转向特定的部门或者危机反应机构；当他们共同断定是网络的失败时（结果B），对整个运作组织不利的制裁成为可能：对整个组织制裁，调整政策、法规和程序；政治上最具爆炸性的结果是C（失败的决策者）；研究者最关注的是D（政策或体制的失败）。

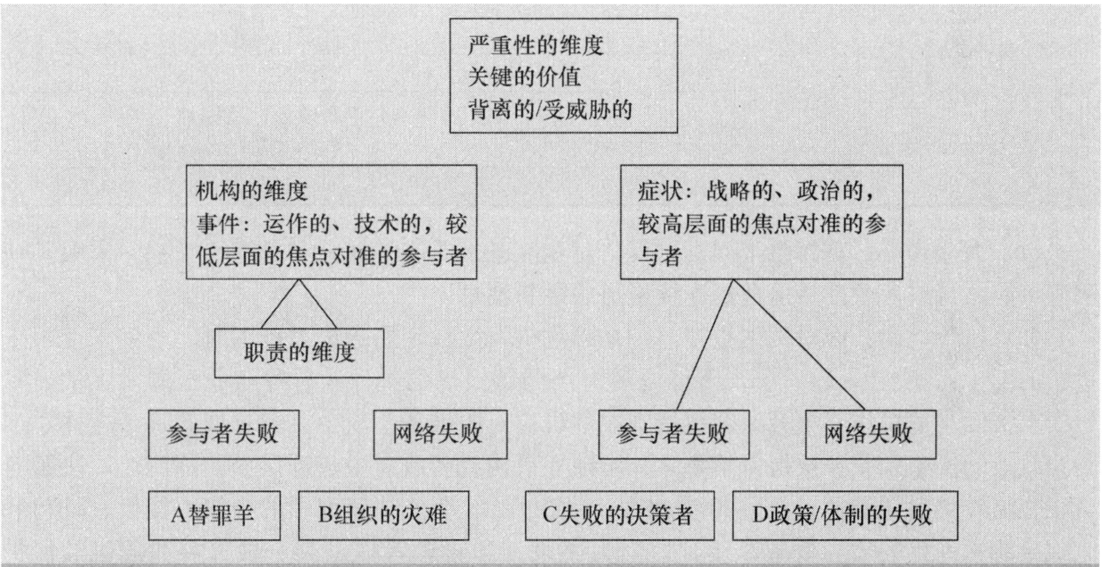

图5－5 危机导致的责备游戏中参与者的选择

在危机调查的政治斗争中，参与者广泛地运用修辞策略和辩论（见表5－5）。使用这些技巧时需要注意：什么时候使用（时机）、在哪里使用（场所）、被谁使用（信用度），展现程度（表演、陈述）。

表5－5 责备游戏：辩论的策略

问责范围	策略	论点
严重性	否认	没有什么糟糕的事情发生
	缓解	危害是微不足道的 损害是可以弥补的 有失必有得

续前表

问责范围	策略	论点
机构	正面评价	它是一个胜利
	推脱原因	它不是我做的 我只是一个小小的促成因素 无法控制的力量占主导
	推脱能力	我不了解情况 别人作出实质性的决定 我是奉命行事
	责备报信者	宣传导致了危害
	取消调查者的资格	调查是不公平的 调查者是不称职的 报告是不专业的
职责	正当的理由	我选择了较少的祸害 我阻止了他人造成的危机
	防止贴标签	这是反常的行为
	替罪羊	我已经惩罚了犯错的人
	忏悔	我道歉，请原谅 我已经总结了教训
	象征性改良	我已经改变了政策

（1）大众媒介：贯穿整个问责过程，时刻准备发布有关风险、危险、灾祸、失败和缺陷等可能维持或者改变目前危机连续报道的最新消息。

（2）执行机构：面对两类指控。一是当危机发生在它们的势力范围时，为何未能阻止危机的发生？如“9·11”袭击事件之后对美国情报局的批评。有些与危机爆发无关、只被要求帮助与危机作斗争者，会被指责在危机应对中准备不充分、懈怠或者疏于合作。二是当政策的实施和服务被指派给私人、半独立机构或者政府中较低层面的部门时，决策者就很容易转移对他们的指责。20世纪90年代时尚的新公共管理中的分权、授权、外包和其他技能所产生的边际效应在于，它们为决策者和管理者提供了一种失败和危机的保护层，可以把问题指向政策的实施者。1994—1995年间，英国监狱机构遭遇到一连串尴尬的事件。内务大臣迈克·霍华德争辩说他不能为这些意外事件负责。在指出监狱机构操作职责的同时，内务大臣撤销了监狱管理署长德里克·刘易斯的职务。刘易斯只有悄悄地离开，但是霍华德保住了自己的职位。

（3）危机应对机构：面临机遇与挑战，需要面对最高标准的准备、快速动员、顺畅的沟通和协作以及提供高效服务的挑战。危机同样也是一个展示其相关性和证实其执行能力的好时机。

（4）立法者：利用危机来展示他们监视和控制政府的能力，以证明他们作为一支抗衡力量的坚韧性。

（5）特别委员会：设立特别选举出来的委员会，常常是为了给一个危机提供“全面的”和“独立的”评价。这些委员会要界定政治、法律和财政责任方面的评判参数。它们作为真相的讲述者、政治冲突的管理者和制度议程的设定者等潜在角色，很容易把委员会的构成、授权和运作方式转变为政治争议的对象。针对各种不同的利益相关者，这些危机委员会要服务于数个目标；只有其中的一个，而且不必是最重要的一个，是为了促成政府的学习。在一些案例中，政府高调任命一个调查委员会，并希望最终的报告吸引更少的注意。

（6）调查委员会：从相关政府部门得到不同授权和独立性的常设调查机构，其境况与危机应对机构相似。但它们常遇到“汉斯·布利斯困境”，即 2002—2003 年伊拉克危机中联合国武器核查小组组长所陷入的困境。调查委员会依赖于向它们提供必要信息的所有其他部门，或许有办法强制合作，但仍然依赖于自愿地遵从，从而挖掘出一个成熟的评估所需要的所有信息。

（7）公民、受害者和利益团体：要想得到公众的认可，需要较高的补偿和较为集中的重建支持。但如今公民有了较为强大的发言权，新闻记者、反对党的政治家、利益集团的积极分子和律师都有足够的动机和机会授权给公民，甚至可以制造一个新的危机。

在西方“民主”社会，危机问责实践常被打上“交易”的标记。各利益集团之间的潜在冲突不会在危机过程中消失，甚至会比平时更加明显。最大的风险在于双方将在各方都失败的游戏中分摊指责和当众出丑。

5.3.2.2　我国应急管理问责对象和存在的问题与对策

问责是善后处置的重要内容，既是从灾难中学习，预防危机事件的重要手段，也是妥善解决因危机或处置危机引发的矛盾和纠纷的重要工作。

1. 问责对象

我国《突发事件应对法》第六十二条规定：“履行统一领导职责的人民政府应当及时查明突发事件的发生经过和原因，总结突发事件应急处置工作的经验教训，制定改进措施，并向上一级人民政府提出报告。”

（1）对政府的问责。

我国《突发事件应对法》第六十三条对政府的问责进行了明确规定。地方各级人民政府和县级以上各级人民政府有关部门违反本法规定，不履行法定职责的，由其上级行政机关或者监察机关责令改正；有下列情形之一的，根据情节对直接负责的主管人员和其他直接责任人员依法给予处分：

未按规定采取预防措施，导致发生突发事件，或者未采取必要的防范措施，导致发生次生、衍生事件的；

迟报、谎报、瞒报、漏报有关突发事件的信息，或者通报、报送、公布虚假信息，造成后果的；

未按规定及时发布突发事件警报、采取预警期的措施，导致损害发生的；

未按规定及时采取措施处置突发事件或者处置不当，造成后果的；

不服从上级人民政府对突发事件应急处置工作的统一领导、指挥和协调的；

未及时组织开展生产自救、恢复重建等善后工作的；

截留、挪用、私分或者变相私分应急救援资金、物资的；

不及时归还征用的单位和个人的财产，或者对被征用财产的单位和个人不按规定给予补偿的。

（2）对单位的问责。

我国《突发事件应对法》第六十四条对有关单位的问责进行了明确规定。有关单位有下列情形之一的，由所在地履行统一领导职责的人民政府责令停产停业，暂扣或者吊销许可证或者营业执照，并处五万元以上二十万元以下的罚款；构成违反治安管理行为的，由公安机关依法给予处罚：

未按规定采取预防措施，导致发生严重突发事件的；

未及时消除已发现的可能引发突发事件的隐患，导致发生严重突发事件的；

未做好应急设备、设施日常维护、检测工作，导致发生严重突发事件或者突发事件危害扩大的；

突发事件发生后，不及时组织开展应急救援工作，造成严重后果的。

（3）对个人的问责。

根据我国《突发事件应对法》第六十六条和第六十七条规定的有关负责人的法律责任：

个人违反本法规定，不服从所在地人民政府及其有关部门发布的决定、命令或者不配合其依法采取的措施，构成违反治安管理行为的，由公安机关依法给予处罚。个人违反本法规定，导致突发事件发生或者危害扩大，给他人人身、财产造成损害的，应当依法承担民事责任。

2. 我国公共危机问责中存在的问题与对策

张创新和韩艳丽围绕2003年4月—2012年12月人民网和新华网所公开报道且已有明确处理方式的问责事件，对所收集到的116个样本中的行政领导干部问责层级的基本特点和分布状况作了分析，指出：一是问责情况与宏观经济形势表现出一致性，在2005年宏观经济过热、煤电油运紧张时期，事故多、问责多。2008年国际金融危机后，宏观经济过热，事故多、问责多，如表5-6所示。二是被问责的对象最多的是县处级领导，如表5-7所示。

表5-6　　2003—2012年行政问责事件的类型和年度分布情况

问责事件类型	问责事件的年度分布										合计
	2003	2004	2005	2006	2007	2008	2009	2010	2011	2012	
公共卫生	5	0	3	2	0	0	3	0	0	1	14
环境污染	0	1	1	2	1	2	4	3	1	2	17
火灾事故	0	2	2	0	0	3	1	1	0	1	10
道路交通事故	1	2	1	1	2	2	3	1	3	5	21
煤矿事故	0	2	9	4	2	2	4	8	1	2	34
群体性事件	0	0	1	0	1	3	3	3	0	0	11
食品安全	1	0	0	0	2	1	1	1	3	0	9
总计	7	7	17	9	8	13	19	17	8	11	116

表 5-7 问责事件中被问责的行政领导干部最高职务层次分布情况

问责事件类型	被问责的行政领导干部最高职务层次分布情况								合计
	省部级正职	省部级副职	厅局级正职	厅局级副职	县处级正职	县处级副职	乡科级正职	乡科级副职	
公共卫生	2	0	0	2	3	7	3	2	19
环境污染	1	0	1	3	6	3	4	2	20
火灾事故	0	1	1	0	6	4	0	0	12
道路交通事故	1	0	0	2	5	10	3	6	27
煤矿事故	0	6	5	6	15	6	1	0	39
群体性事件	0	0	1	0	5	1	4	1	12
食品安全	1	0	1	0	2	3	4	1	12
总计	5	7	9	13	42	34	19	12	141

资料来源：张创新，韩艳丽．我国行政领导干部问责层级的实证研究．吉林大学社会科学学报，2013，53（3）：99-106.

有学者①认为，在 2009 年以前，我国有“问责”而无“问责制”。2005 年颁布的《公务员法》虽有只言片语，却没有建立起系统、统一的制度。2009 年 7 月，中共中央办公厅、国务院办公厅《关于实行党政领导干部问责的暂行规定》出台，在其列举的七种问责情形中，过半与公共危机管理有关。官员问责制有广义、狭义之分。广义的问责制可以指一切就官员的职务行为向其追究责任的制度。狭义的问责制特指通过官员的职务声誉受损或职务身份丧失、降低等方式，使其对职务行为承担否定性后果的制度。这些责任方式侧重于表现官员的领导责任、政治责任。我国目前绝大多数关于官员的问责制主要指狭义的问责制。公共危机管理中的问责制，指的是因为公共危机的发生、扩大或应对不利，由负有职责的官员通过公开道歉、停职检查、引咎辞职、责令辞职、免职等职务身份或职务声誉受损的方式承担个人责任的制度。在我国，官员问责制与公共危机管理有着天然的紧密联系，大部分案例都发生在这一领域。有学者收集了 1979—2012 年的 86 起重大问责事件，其中属于事故问责的就有 52 起，占 60.47%。

当前的安全生产事故的调查与问责机制有待完善。一是问责压力影响属地管理责任领导人和相关人员的应对行动，下级有意隐瞒事故的严重性，把大事故说小，对有效施救的影响非常大。二是善后补偿法律规范不足。事故相关方因担心追责，或者是为了维护稳定，在善后过程中不依法，“开口子”的问题越来越严重。三是目前的调查评估信息公开不足，透明度不够，影响全社会有效从灾难中学习。因此，未来需要在以下几个方面加强改进：一是逐步引入第三方参与事故调查的机制，组织人大代表、政协委员以及相关专家、学者、律师和其他社会人士参加，提高调查的独立性、公正性以及调查结论的科学性、权威性，缓解媒体与社会绑架问责机制的压力，提高事发单位与基层单位如实报告事故信息的积极性。二是强化事故调查对改进工作与完善制度的引导作用。我国现行突发事件调查相关规定，除《突发事件应对法》《民用航空器事故和飞行事故征候调查规定》等强调应以总结经验教训、改进工作为目的外，其余都把事件调查和问责处理合并进行规

① 林鸿潮．公共危机管理问责制中的归责原则．中国法学，2014（4）：267-285.

定，强调事件调查的责任追究，甚至直接将追究责任作为调查目的，建议还原调查的事实真相取向，强化从灾难中学习的功能。三是要遵循“公开是原则、保密是例外”的原则，进一步推进调查过程、调查证据和调查结论的适时公开，消除公众疑虑，提高公众对调查工作和调查结果的认同度①。

5.3.2.3 妥善处置利益冲突

危机结束之前，要解决因危机或处置危机事件引起的矛盾和纠纷中的利益冲突。这是一项很重要的善后工作。

1. 征用补偿

对突发事件中的伤亡人员、应急处置与救援工作人员依法给予相应的抚恤、补助和褒奖。行政机关采取应急处置措施致使公民、法人或者其他组织的合法权益受到损害的，应当及时予以补偿。政府要依照国家有关规定，对应急处置与救援工作中征用的劳务和物资、装备给予补偿，并及时返还征用的物资和装备。征用的物资和装备在应急处置过程中损坏或丢失的，政府应当责成有关部门负责修复或依法予以赔偿。所需经费由政府财政安排，必要时请求上级给予财政支持。审计部门应适时进行监督，必要时实施跟踪审计。

机关和企事业单位的人员被抽调参加突发事件应急处置与救援工作的，其工资和奖金由原单位照发，原福利待遇不变；城镇没有工作单位的人员和农村村民参加应急处置与救援工作的，由事发地政府给予适当补贴。因参加突发事件应急处置与救援工作导致伤残或死亡的，其抚恤事宜依照国家有关规定办理。

2. 保险理赔

突发事件发生后，保险机构应立即在第一时间赶赴现场对突发事件造成的损失进行评估、审核和确认，并且根据投保合同及损失情况及时依法开展理赔工作，提供快速便捷的理赔服务。工伤保险经办机构应当及时为在应急工作中因工伤亡人员足额支付工伤保险待遇费用。有关部门应当及时向保险监督管理机构通报情况。保险监督管理机构应当及时组织和督促有关保险公司赶赴现场提供定损理赔等保险服务，必要时可预付理赔款。鼓励灾害事故责任单位、各级政府、保险公司和群众积极参与灾害事故保险。但我国保险业在巨灾救助体系中的作用还不突出。在美国，保险通常可以覆盖巨灾损失的40%～50%，欧洲的比例为20%～25%，全球的平均水平超过30%。我国保险业赔付金额尚不足损失总额的3%。在四川汶川8.0级大地震中，保险业的赔款额度占比不高。

专栏

上海“11·15”特大火灾保险赔付

2010年11月15日下午，上海市静安区胶州路的一栋28层民宅发生严重火灾，造成58人死亡和多人受伤，大部分房屋被毁，居民生命财产遭受严重损失。根据主流媒体的推算，此次事故仅造成的房产直接损失便可高达5亿元人民币，再加上居民其他财产项，总损失额将超过10亿元。

---

① 龚维斌，宋劲松．提高我国事故灾难应对能力的对策建议．社会治理，2016，7（3）：59-61．

上海“11·15”特大火灾发生后，涉案保险公司快速启动理赔程序。根据保监会上海监管所信息，共有 9 家产险公司涉及理赔案 58 件，多个险种的理赔金额超过 1 900 万元。另外 15 家寿险及养老险公司确认共有 17 名被保险人身故，保额合计 319.6 万元。这和火灾所造成的经济损失比较起来，还是微乎其微的。本次保险公司的赔偿金额在事故总损失中所占的比例为 2.2%，远远低于国际上巨灾保险赔付 36%的平均水平。这主要由于家庭财产保险投保率较低与建筑工程一切险及相关责任险的缺失。

资料来源：陈蕾. 由“11·15”火灾反思相关险种的发展. 中国保险报，2010-11-30；陈靖. 从上海特大火灾看我国家庭财产保险投保率低问题. 河北金融，2011 (8)；边海宁，赵静. 从上海火灾和伊春空难看国民的保险意识. 学术探讨，2011 (9).

专栏

美国“9·11”事件造成的主要损失及保险公司接受的赔付

“9·11”事件给美国乃至全球经济带来巨大冲击，虽然恐怖事件不属美国保险条款中的可保风险，但保险公司曾在 1993 年世贸中心遭恐怖分子炸弹攻击后付出数亿美元的赔款，因此，此次事件也不例外。这次损失处理涉及的险种除了财产保险、航空战争险以外，还有意外伤害险、雇主责任险、产品责任险、营业利润险等十几项，对国际保险业来说是一次涉及面广、赔偿金额大的考验。穆迪评级公司和惠誉评级公司估计，世界各保险公司所支付的赔偿金额可能达到 300 亿～700 亿美元。美国标准普尔评级公司认为，此次事件全球保险公司的总计赔偿额接近 500 亿美元。由于再保险机制的存在，这次损失在国际各保险公司之间得到有效分散，从而未给保险业带来灭顶之灾，但是很多大保险公司还是因此元气大伤。由于美国总统布什将“9·11”事件的性质定位为一场战争，国家遭受的损失不能全部由保险公司承担，因此，政府对保险业给予援助和通过间接方式援助。

资料来源：张国威，黄玉龙. 美国“9·11”事件对保险业的影响. 中国保险管理干部学院学报，2001 (6)；苏莉. 从“9·11”事件看国际保险业的调整. 世界经济与政治论坛，2002 (2).

3. 社会救助

鼓励和利用社会资源进行救济救助，积极吸纳国际组织、境外机构和个人捐赠，发挥红十字会、慈善机构的社会救助作用，鼓励公民、法人和其他组织参与社会救助，同时充分发动社区民众、志愿者组织、减灾协会等社会力量。各级接受救灾捐赠部门应立即开通 24 小时捐赠热线，启动社会募捐机制，动员社会各界提供援助。政府及其职能部门通过广播、电视、报刊和信息网络等新闻媒体通报突发事件造成的损失情况和向社会发布救助信息，确定受援区域和接受捐赠机构，并根据捐赠者的意愿或实际需要，统筹平衡，统一调拨分配，迅速将捐赠款物发放给受害人员或家属。

4. 政府的经济善后措施

(1) 国务院根据受突发事件影响地区遭受损失的情况，制定扶持该地区有关行业发展的优惠政策。

（2）受突发事件影响地区的人民政府应当根据本地区遭受损失的情况，制定救助、补偿、抚慰、抚恤、安置等善后工作计划并组织实施，妥善解决因处置突发事件引发的矛盾和纠纷。

（3）公民参加应急救援工作或者协助维护社会秩序期间，其在本单位的工资待遇和福利不变；表现突出、成绩显著的，由县级以上人民政府给予表彰或者奖励。

（4）县级以上人民政府对在应急救援工作中伤亡的人员依法给予抚恤。

5.3.3 危机的恢复

恢复（收复），“指收复失地。班固《东都赋》：‘茂育群生，恢复疆宇。’亦用为回复原状之意。如，恢复健康”①。重建（reconstruction）是事后的再次建设。“恢复”与“重建”之间存在差别。有的事件，如交通事故，大都“有恢复无重建”。在巨灾中，恢复一般是指早期的生产恢复和正常生活条件的回归，这类恢复有的是有计划的，有的由于时间紧迫，是临时性的，没有恢复计划，而重建一般是经过全面规划之后全方位地进行的。甚至有的重建是发展性的重建，考虑到今后的发展，运用新方法与新技术，在全面规划、合理布局等基本思想的指导下进行根本性改造，使旧貌换新颜。因此，重建更主要是指危机之后在常态下的决策结果。在罗伯特·希斯的4R应急管理模式中，把恢复看作应急管理的最后一个阶段，它包括人的管理以及物和系统的恢复两个方面，并且突出了恢复力，即有效生存与反应的能力的重要性②。这一观点忽略了问责等其他的善后处置。

狭义的恢复主要是使遭受突发事件破坏的设施与受影响的个人和组织回到突发事件发生前的状态。广义的恢复不但是被破坏事物的修补和康复，更重要的是实施社会、政治、环境和经济等一系列措施，重建政府运转和服务功能，为受影响的人们提供长期的关爱和治疗，是一个复杂的过程和系统工程。它不但恢复突发事件中的受损物资与设施，而且治疗突发事件中受害人的心理创伤和精神恐惧以及通过调查评估、总结教训来弥补突发事件应对中暴露出来的不足之处。

5.3.3.1 恢复的分类

1. 根据突发事件的性质不同

根据突发事件的性质，可以分为自然灾害恢复、事故灾难恢复、公共卫生突发事件恢复和社会安全事件恢复四大类，其中每一大类可以分为若干小类。

2. 根据所需时间及事件规模、影响分类

根据恢复与重建所需时间的长短和突发事件规模与影响程度等因素，大致可以分为临时性恢复（或称暂时性恢复）、短期恢复与长期恢复等。临时性恢复在有些时候与突发事件“应急处置与救援”环节紧密连在一起。

3. 根据相关要素与工作构成分类

从相关要素和系统工程的角度看，特别是在巨灾情况下，主要是生产与基础设施恢

---

① 辞海编辑委员会. 辞海. 上海：上海辞书出版社，1999：2808.

② 罗伯特·希斯. 危机管理. 王成，等，译. 北京：中信出版社，2004：20-23.

复，即物质恢复与社会恢复（包括心理救助、家庭重组、文化教育等方面）。

4. 根据紧迫性与速度要求分类

从恢复的紧迫性与速度要求上看，存在着快速紧急性恢复与缓慢持续性恢复的差异。“恢复的速度取决于以下几个关键因素：可用资金；有效资源的补给；重获物料及劳力的途径；组织遭受损失的多少；危机发生前恢复计划的准备；卷入危机的程度以及与利益攸关者信息沟通的程度；危机情境属于地区性的（单个组织）还是地域性的（多个组织）；要求作业恢复及利益攸关者支持的程度。这些因素通常是恢复速度的内在决定因素”①。

5.3.3.2 恢复的主要工作

美国的《联邦反应计划》（Federal Response Plan）认为：“‘恢复行动’是指灾民所从事的一些活动，这些活动使他们得以开始重建家园、重置财产、恢复就业、恢复营业、永久性地修复、原地或异地重建公共基础设施，减轻未来灾害损失的过程。它也指联邦政府为帮助灾民的恢复行动而实施的援助、支持、技术服务计划，如提供修复或重建房屋、企业、财产、基础设施的救济金或低息贷款，提供技术援助，提供教育和信息，等等。”②美国《全国突发事件管理系统》（NIMS）中对“恢复”的定义是：“制定、协调和实施服务和现场复原预案，重建政府运转和服务功能，实施对个人、私人部门、非政府和公共的援助项目以提供住房和促进复原，对受影响的人们提供长期的关爱和治疗，以及实施社会、政治、环境和经济恢复的其他措施，评估突发事件以吸取教训，完成事件报告，主动采取措施减轻未来突发事件的后果。”③

我国《突发事件应对法》第五十九条规定：“突发事件应急处置工作结束后……受突发事件影响地区的人民政府应当及时组织和协调公安、交通、铁路、民航、邮电、建设等有关部门恢复社会治安秩序，尽快修复被损坏的交通、通信、供水、排水、供电、供气、供热等公共设施。”

1. 基础设施恢复

（1）政府应当及时组织交通、铁路、民航、邮电、建设等有关部门采取措施，尽快修复被破坏的交通、通讯、供水、排水、供电、供气、输油等基础设施。

（2）污染物收集处理和现场清理。污染物收集处理和现场清理，由政府及其相关部门组织专业队伍实施，及时处理和焚化遇难者尸体。污染范围较大、程度较重的，组织专家进行技术指导；必要时，请求上级有关部门进行指导。环保等部门要做好环境污染消除工作。核应急机构负责受核辐射污染地域的后期辐射监测和去污洗消。

2. 社会恢复

（1）人员安置（或灾民安置）。对突发事件涉及人员进行详细调查和登记造册，制定安置方案，妥善进行安置。特别是民政部门要迅速设立灾民安置场所和救济物资供应站，继续做好安置和提供生活必需品等工作，迅速恢复生命保障系统，保障基本生活。同时，

---

① 罗伯特·希斯. 危机管理. 王成，等，译. 北京：中信出版社，2004：307-308.

② 美国联邦反应计划. 中国地震局监测预报司，译. 北京：地震出版社，2003：131.

③ Department of Homeland Security. National Incident Management System. 2004：135.

组织力量抢救自救，尽快恢复正常生产、生活和工作秩序。需要转移安置的由政府尽快组织转移安置。

（2）卫生、防疫等有关部门要做好医疗救治、疫情监控、疫病防治、消毒等工作。

（3）政府停止执行相关非常措施，解除紧急情况下限制公民权利和人身自由的限制性或禁止性措施（如隔离、交通管制、现场封锁与设立警戒区等），保护公民的人身权和财产权等。

（4）应急处置措施结束之后，公安部门应当根据实际情况加强治安管理和安全保卫工作，采取有效措施预防和打击各种破坏活动与犯罪活动，对实施盗窃、抢劫、损毁公私财物，哄抢救灾物资，制造、散布谣言和虚假信息，借灾害用手机短信和网络诈骗敛财，违法经营，阻碍执行公务等行为，公安机关坚决予以打击，并依法从重处罚；情节较轻的，依照《中华人民共和国治安管理处罚法》予以处罚；情节严重，构成犯罪的，依法追究刑事责任。尽快恢复社会正常的生产、生活、工作和治安秩序。

（5）心理危机干预。政府及其职能部门应组织专家小组设立评估指标体系，进行心理灾害评估，并及时组织心理咨询专家，启动工作流程，对包括消防人员、公安人员、军人、应急工作人员、突发事件目击者、志愿者、当事人及其家属等在内的人员及时开展心理咨询、安抚工作，降低灾后精神疾病发生率，努力消除突发事件给人们造成的精神创伤。司法、教育等职能部门和工会、共青团、妇联、红十字会等群团组织应组织力量，积极参与突发事件中的社会心理援助活动。广播、电视、报刊、互联网站等新闻媒体采取各种通俗易懂的方式，开展心理卫生的公益性宣传，纠正公众对心理危机问题的错误认识，学习应对心理危机的有效的策略与健康的行为，提高公众对突发事件心理影响的认识，提升公众应对应激情境的能力和增进公众的心理健康。政府应该建立和完善心理危机干预的分级、分阶段标准及相关从业人员的资格准入制度，专门规定心理危机干预的部门、内容、主体支撑系统与专业性工作要求。政府及教育、卫生等部门应建立、完善社会心理援助体系，设立心理危机干预的工作机构和稳定的专业队伍，鼓励建立兼职队伍，积极开展相关培训，从人员、组织和措施上提供保证。

在有的发达国家，这一块的工作包括心理和心灵两方面的工作，心理方面的安抚工作由医生和护士负责，心灵方面的救助由教会来负责。

5.3.4 从危机中学习和改革[①]

失败是成功之母。理想状态是一旦有适当的经验教训，决策者就能相应地将之吸收进他们的组织与决策中。现实状态是，难以确定哪里出了错、采取何种措施才能防止类似危机的再次发生，不能保证总结出的经验能够切实地执行。

5.3.4.1 从危机中学习

1. 三种学习类型

以经验为基础（experience based）。经历危机能让人对危机的起因及其应对行动的效果

① 阿金·伯恩，保罗·特哈特，埃瑞克·斯特恩，等．危机管理政治学：压力之下的公共领导能力．赵凤萍，胡杨，樊红敏，译．郑州：河南人民出版社，2010：155-180.

终生难忘，但个人经验往往有限，且大多数公共领导者在他们的职业生涯中只处理过一两件危机事件，危机演习给他们留下了一些间接的印象。但演习只是对真实情况的一种补充。

以解释为基础（explanation based）。这是对失败的原因和应对效果的理性的、科学的探究，但需要一批足够数量的能胜任梳理因果关系并且确定其效果任务的人员。

以能力或者技术为基础（competence or skill based）。新发传染病要求医生和保健人员学习新的技术。技术引发的危机，如电脑病毒或者软件故障，也需要新技术。

2. *两种学习态度*

悲观主义者：受约束而不合常理的学习。

悲观主义者认为，尽管危机导致公共领导者和他们的组织采取多种学习方式，结果却令人失望。这主要是因为存在着多种制约个人和组织学习能力的因素。人们倾向于对威胁和不确定性作出死板僵硬的反应，特别是，担心自己职位的领导者是不太可能鼓励其他人去彻底调查危机前和危机过程中究竟哪里出了错；对于组织来说，难以搜集危机有关的足够的资料，从有限的、并不完善的资料库中提炼因果关系是十分困难的；当领导者感到他们以及系统在上次危机中总体上做得很好时，这种设想将会引导他们去重复他们的策略和行动。但危机从来不会以同样的情况或者方式再现，过去的经验教训可能成为明天的盲区——没有什么比成功更失败的了。

乐观主义者：不断提高的、有目的的学习是可能的。

乐观主义认为，许多案例还是营造了学习的强大动力。有学者提出单环学习和双环学习模式。

单环学习：现在政策路径和组织框架内的校正实践。这种方式在危机后很普遍，大多数调查报告都包含了大量的有关调整、设备和训练方法的革新、沟通程序的改善等方面的建议。虽然单环学习很必要，但不是充分的，因为许多危机都具有“范式破碎”的特点，它们的发生是特定的，其应对也经常是随意的。因此，需要双环学习。

双环学习：通过设置新的优先顺序和规范的比重，或者重构自己的规范以及相关的战略和设想，来解决不协调的组织规范问题的组织调查类型。在这一学习过程中，错误的发现不仅与“有效执行的策略和设想”相联系，还与界定有效执行的特定规则有关。一些危机积极促成了一些新事物的出现，如改善执行、对现存问题的有说服力的调查分析和改变的可行性建议，有影响的、有积极性的学习和变革的拥护者联盟，一套积极有效且经久实用的官僚机制。当然，组织的领导能够在组织中构建和维持能促进有效学习的安全文化是最为重要的。

5.3.4.2 危机后的改革

危机为正常情况下无法想象的或者政治上不可行的关键问题的突破创造了机会。它们使精英的更替、政策的修订和制度的重构成为可能，它们打开了一扇机会之窗。但在许多危机中，精英人物不顾一切地努力维持而不是改革现状。

1. *危机能否推动改革*

为什么危机能推动改革？改革建议要取得成功，必须经得住其概念形成阶段官僚政治的内部纠纷，经得住其诞生期的政治辩论和早期顽敌。当危机使执行的缺陷变得突出时，它就为改革创造了机会。

1989年柏林墙倒塌之后，联邦德国宪法第16款随即陷入了困境，因为它规定：所有难民都有权到德意志联邦共和国避难。它表达了联邦德国人民帮助他们生活在共产主义制度下的兄弟姐妹们的意图。但当大门打开时，大量拥入的寻求庇护者霎时间显得太多了。除了紧迫的人道主义关注（像样的住所）外，移民开始遭受到公开的攻击和暴力。1992年12月，在经过激烈的政策制定过程后，所有的政党都同意第16款已经起到了其应有的作用，必须中止。

危机使改革成为可能有三个原因：危机松动了稳固机构的结构性制约；常规的工作与思考方式在外人眼里变得不可信，替代方案的空间突然出现；一场危机不仅改变了高层，还改变了发生危机的整个政策部门根深蒂固的思维方式。

但危机并不总是引发改革。这是由于得到的教训能否被实施在相当大的程度上取决于处理危机所采用的管理战略，守旧和改革是管理战略中的两个极端，如表5-8所示。

表5-8　　可选择的危机后的前景

		可觉察到的制度变化的等级	
		高	低
危机管理战略	改革派	改革	觉醒
	保守派	不期望改变	修复

改革主义路线：决策者放大而不是减缓危机的情绪，在政治与官僚领域内为危机前的状况推销一个新的备选方案。

保守的路径：旨在保卫和维持先前的制度本质。核心观点是渐进式改善而不是彻底的重构。这种战略实际上是"能动的保守主义"作为保留制度核心的一个途径。一个体制机构的小故障需要的是一个有能力的机修工，而不是一种新机制。在任的权威当局倾向于把维持和保护那些已经社会化的价值观以及他们自己管理的成功记录看作自己的工作。新近任命的精英则更倾向于把他们的任务看作重建之一。仅仅在这种特殊的情况下，政策精英会把危机看作一个机会。

研究者们发现，有以下关于危机后是否改革的规律：

为了应对危机，在任的政策精英更倾向于以保守而不是以改革为目标。

如果领导者把危机的主要原因归咎于外部因素的话，领导者更可能采用一项改革主义的危机管理战略。

如果决策者相信危机能解决长期存在的烦心事和恼人的问题的话，他们将更可能采用一项改革主义的危机管理战略。

如果领导者相信存在（至少有）支持政治领域中对维持他们自己的执政地位有用的、经过必要改革出现的最小的获胜联盟的话，他们将更可能采用一项改革主义的危机管理战略。

如果领导者处于一个主动权和权威特别集中的框架内，他们将更可能采用一项改革主义的危机管理战略。

2. 改革成功的条件

所选择的战略要与对未来的政治和社会观念一致。

危机领导者设法获取并且保持在危机过程中的主动权。

领导者精于危机后的改革政治学的游戏：不要为减轻媒体压力而牺牲其公信力；挡住英雄主义的诱惑；不要孤军奋战。

3. *危机后改革的风险*

决策者如何利用危机提供的改革的机会之窗，是修补还是改革？在危机最严重的时候，学习和改革并不总是危机决策者优先考虑的事情，在这一混乱期，使用改革的修辞可能加剧而非缓解由危机引发的集体压力。抓住危机这一机遇以获得改革的动力意味着要承担与历史赌博的风险。在危机期间，决策者倾向于使用自上而下、指挥与控制的行为方式。在危机的早期阶段，政治支持差不多能自动地给予。然而，一旦第一波打击被消化，第一次披露的原因公开化，危机通常开始消退。想利用短暂权威以获得改革动力的领导者们正冒着巨大的风险，其代价是在危机过去很长时间之后必须天天应对利益相关者的对抗，甚至有可能演变为“从危机导致的改革到改革导致的危机”。

专栏

布鲁塞尔海瑟尔体育场悲剧问责与改革

1985 年欧洲足球冠军杯决赛于 1985 年 5 月 29 日在比利时首都布鲁塞尔的海瑟尔体育场举行。5 月 6 日，举办者召开了第一次安全预防措施会议，当地警察和国家宪兵队负责维持整个欧洲冠军杯决赛期间的秩序和安全，分别负责体育场不同区域的安全，并且各自都有自己的程序和运转方式。红十字会、消防队和医疗等应急服务单位于 5 月 23 日进入初步的筹备阶段。由于筹备阶段的非正规性和行动缺乏协调性、压力下的系统脆弱性（包括通信系统）、决策中的非正式集权和非正式分权，特别是安保计划中警察与宪兵指挥协调机制不完善等原因，导致海瑟尔惨案（Heysel Disaster）发生。利物浦队与尤文图斯队进行欧洲冠军杯决赛前，意大利与英格兰球迷发生冲突，造成多人死亡。死者中包括意大利人 32 名、比利时人 4 名、法国人 2 名、爱尔兰人 1 名。还有 300 余人受伤。比赛因此推迟了一个小时，直到警察们恢复了秩序才得以进行。事后，英格兰球队被禁止参加欧洲三大杯赛 5 年，有关方面进行了问责与改革。

1. 问责难

比赛之后的周四，许多政府机构、官员和媒体都进行了事后检讨，并立即开展了对肇事者的寻找。每一个应急服务机构及其官员都受到了应有的指责。议会成立的调查委员会的报告严厉批评了欧洲足球联盟和比利时足球联盟在比赛准备过程中的粗心大意，批评了宪兵队在比赛当天的无能表现。调查委员会的大部分成员建议内务部大臣辞职，议会的大多数成员却拒绝支持这项决定，大臣本人试图挽救其政治生涯并且争取继续留任。司法调查虽然启动了，但获取有用的证据极其困难。25 名英国球迷被引渡到比利时，由于审判一拖再拖，数月后大部分人被释放。一名比利时足球联盟的官员和两名宪兵队的指挥官面临严重失职的指控，但在灾难发生 3 年后，对他们的审判才刚刚开始。

2. 改革

比利时方面：鼓励地方政府和体育场业主重建工作提高安全性；宪兵队的后勤装备

进行了升级，训练方案和设施也得以改善；内阁监督得到加强；纠正了市与国家警察队伍间的模糊责任分工；成立警察特别拘捕队。欧洲方面：立即无限期禁止所有英国足球队参加欧洲杯锦标赛；英国宣布对足球流氓的强硬立场；体育和娱乐部长们制定新的欧洲足球联盟准则和阻止流氓的欧洲协议。

改革行动的效果：足球流氓问题依然有增无减。把改革政策转为有效的行动是相当困难的。足球俱乐部、国家足球组织和有关政府部门之间在谁来担责问题上存在分歧。由于预算和经济上的压力，只能去冒“可接受的风险”。

3. 新情况不断出现

足球流氓问题从本质上是难以管理的，这些行为有着深厚的社会和心理根源。这不利于完全镇压性的、以治安为导向的方法，捣乱者中坚分子的姿态也随着新老更替而发生了变化。另外，在赛前和赛后，冲突的基本区域从球场及其周围向火车与公共汽车、到访球迷的中转站和市中心转移。

资料来源：乌里尔·罗森塔尔，迈克尔·查尔斯，保罗·特哈特，编. 应对危机：灾难、暴乱和恐怖行为管理. 赵凤萍，译. 郑州：河南人民出版社，2014：193-219.

5.4 危机中形象塑造决策

危机沟通有利于公众了解危机，减少危机带来的损害；同时，在危机沟通中塑造良好形象，有利于提高相关处置主体的公信力，优化危机处置的环境。

5.4.1 形象塑造与危机沟通

危机往往成为引人瞩目的政治舞台，需要危机决策者做好危机沟通，以塑造良好的个人形象、政府形象和组织形象。

大众传媒能迅速地为读者提供有影响的、精心设计的有关事态的图像和来龙去脉。当局要把危机发生的原因、后果以及解决危机的办法等信息真实地传达给公众。危机沟通过程具有高度的竞争性：关于危机的每一个用语、图片、姿态和执行的细节都至关重要。除了政府对信息流的全面控制外，还有许多可以将有关危机的新闻传达给已经觉醒的大众的方法。

5.4.1.1 危机沟通中的主角

决策者沟通环境包括：大众传媒、公众以及决策者（政府和非政府的）之间的三角关系。

1. 大众传媒

媒体是羔羊，很容易被接待它的狡猾的领导者和媒体顾问所欺骗。媒体是狮子，它把四处寻找政治领导者和政府内外其他人员丑闻的报道统称为“垃圾场的狗”。

公共危机时刻，新闻媒体充当了政府领导者与公众沟通传播的重要渠道。其作用有三：一是传播信息。在公共危机中，媒体通过集中报道领导者应对危机的积极态度、有效措施及爱民之心，能使公众充分感知到政府领导者处理危机的决心与能力，增强公众应对危机的信心。二是引导公众。公共危机总是波及国家和社会两个层面，引起公众舆论的强烈反应。危机本来就是由危机本身和公众舆论的反应构成的。媒体是激发公众知晓、讨论危机的一个重要渠道和工具。在对危机的报道中，媒体会激起公众的注意，从而改变公众议程，使政府领导者成为人们议论的焦点。三是收集反馈意见。一场危机发生后，媒体除了报道危机事件外，往往还会请一些专家或学者对危机发表评论，就危机产生的原因、过程和目前的状态发表个人看法，并对下一步的危机管理提出建议。这些专家咨询或意见可能会给公共危机管理者带来很大的启发和帮助。媒体就危机事件采访普通公众或利益相关者的报道，可使领导者了解到社会公众对危机所持的现有心态，掌握社会舆论的“风向标”，从而采取相应的配合措施。但部分媒体会因缺乏危机应对的全局观和专业性，一味追求新闻的曝光率与刺激性，出现抢发消息、过度报道、信息失实、媒体审判等行为，很可能会导致政府危机传播一度失控、社会稳定受到进一步伤害的局面。因此，政府领导者应选择对大众媒体实施必要的新闻管制。而当危机来临时，新闻媒体则应坚守本职①。

2. 公众

旁观者是媒体和政府竭力影响的对象。受害者要搜集信息，目击者是记者们不可抵御的信息来源。

危机情境下的参与者分为以下三大类：受害者（受到危机直接影响的人）、反应者（对危机有反应的人）和旁观者（站在旁边观望且未被危机直接波及的人）。身处“风暴眼”的受害者是突发性危机事件直接威胁的对象，是领导媒体形象建构传播的信息优先传递者。但公共危机的“涟漪效应”（ripple effect）往往波及整个社会范围，不同程度地反映到社会公众身上。反应者、旁观者以及受害者的家属和朋友都有可能变成第二轮波及的受害者，甚至他们表现出的恐慌情绪也往往比受害者更为强烈。危机的爆发往往会给人们带来心理震荡，导致包括生理、认知、情感及人际关系上的诸多异常征状，即便危机结束，许多人也仍然无法摆脱危机所带来的消极影响，即形成心理学上所说的“后危机综合征”（PTSD）。群众在危机中表现出的拒绝合作、自行其是、恐惧与逃避、无助和无望等心理定势，加大了政府领导者进行有效危机传播的难度。公共危机中的流言便是在这种不确定感下产生的一种畸变舆论形态。当公共危机爆发时，人们的第一反应往往是求助于政府主持下的权威新闻媒体；当正常渠道不畅通时，人们就迅速转向流言。流言止于公开。在危机信息得到充分满足的情况下，流言就会失去生存的环境；反之，其可能形成强大的负面舆论，在社会中造成猜测、怀疑乃至对社会秩序的震动②。

①② 廖为建，徐来. 公共危机中的领导者媒体形象建构问题：用角色研究的方法解析. 2008 第六届亚洲传媒论坛：国家形象传播论文集，2008.

3．决策者（政府和非政府的）

决策者往往试图主导或者影响公众的行为和看法，但容易陷入救火式的反应模式。影响决策者沟通的三种因素为：准备的程度、发出信息的一致程度、专业化的程度。抓住公众注意力的能力以及拥有正确和可靠的声誉已经成为基本的政治管理资本。拥有信任度的决策者可以去冒政治风险，并且能够相对轻松地平息重大的政治风波。只有决策者设法保住了目标人群的注意力和信心，危机管理中的沟通战略才能有效。危机中，领导者必须在很短的时间内依靠有限的信息正确估计形势，找到危机的关键要害因素，履行好“3C”——命令（command）、控制（control）和沟通（communication）——的行政职责。领导者在危机管理中扮演着危机的指挥者、危机公关的执行者和公众舆论的引导者三重角色。

5.4.1.2 危机沟通者的信誉①

可信度本身并不能带来有效的危机沟通。在危机中，以往的成就很容易而且很快会被不断涌现的有关过去失误的报道所抹杀。尽管如此，影响决策机构危机沟通最重要的因素仍然是决策机构及其发言人所拥有的信任度。

1．信誉的来源

（1）组织的历史、声望以及它们的发言人塑造了危机前的印象。

（2）最初的反应定下了基调。媒体和民众更倾向于原谅过度的反应，而非否认和影射危机。在得到2004年亚洲海啸涉及很多德国的度假者这一消息后，德国总理施罗德马上取消他的圣诞旅行回到柏林，并承诺提供5亿欧元的援助。这一富有同情心和果断的形象在国内外赢得了很高的声誉。与此相反，瑞典的决策者在灾难发生一天多后还没有公开露面，依然继续着他们的圣诞休假；当他们终于开始发言时，才意识到低估这一问题的严重性。在泰国普吉岛有几千瑞典人在度假。危机初期政府部门傲慢的形象被瑞典国王尽量用关心和怜悯的声调发出戏剧性的公开声明而加强了。

2．两类错误经常断送信誉

（1）过度强调事情美好的一面，总是想淡化问题的严重性。例如，在1990年代初期英国疯牛病流行期间，英国农业大臣约翰·冈墨通过自己吃和喂自己四岁的女儿吃她不愿意吃的牛肉汉堡包试图达到目的。其继任者格拉斯·霍格在1995年发表声明说：“英国的牛肉从来就不是很安全的。”

（2）表现果断性的诱惑。领导者经常面临压力就危机和将如何应对发出强有力的声明。例如，决策者或发言人说：“我们已经控制住了危机”，表现出果断的一面。但这样的可信度不如谨慎的表现：“是的，它是很棘手，但是我们决不放弃，并且能够处理好危机。”

5.4.1.3 意义构建

决策者在危机处置中的形象不仅来源于遵照现有的应急预案或者执行在危机发生时的战略选择，也需要突然陷入忙乱的危机报道中的领导人进行直观的、即兴的公众沟通。有

① 阿金·伯恩，保罗·特哈特，埃瑞克·斯特恩，等．危机管理政治学：压力之下的公共领导能力．赵凤萍，胡杨，樊红敏，译．郑州：河南人民出版社，2010：105-110.

如下三种策略可供选择：参与构架，运用危机的仪式，掩饰危机的范围和危机反应的操作①。

1. 构架

构架通常包括对论据、论点和历史类比的选择性宣传，参与者也试图通过和志趣相投的团体组成“话语联盟”（discourse coalitions）来构架危机。在政治意义构建的公开场合，领导人通常使用修辞和司法术语。

（1）修辞。

一个事件（event）是用事故（incident）、意外事故（accident）、悲剧（tragedy）、灾难（disaster）还是危机（crisis）来标记，是有着非常大的差别的。它对人们对于接下来会发生什么、谁在负责、谁是英雄，以及谁是事件的罪魁祸首等问题的预期有很大的影响。

（2）司法术语。

司法语言功能：以无党派的方式来界定形势和评估成败得失，从而实现危机的去政治化。20 世纪 20 年代和 90 年代发生于英国的一系列旧城区的暴乱和令人不安的高频率人为灾难（飞机失事、轮渡灾难、石油平台爆炸、泰晤士河上的撞船事件、几次重大火车碰撞、地铁站着火和体育场拥挤事件等）证明司法语言是非常有效的。在每一个事件中，法定的调查由政府提出，由法官执行，避开了根本的政治问题和冲突。

除了司法术语外，根据科学语言来构建关键的事件被证明是去政治化的一个有效途径。例如，在福特执政时期的猪流感危机中，当时决定实施大规模的、覆盖每一个美国公民的预防接种计划；由于副作用，一些人肯定会死：“专家们不能告诉人们感染猪流感的机会是 30%、3%或者不到 1%”。决策者们能听到的是有一些感染流感的可能性，这就足够了。负责任的政治家决不希望把自己置于反对这项计划的立场，从而冒着证明自己是流行病或者死亡的罪魁祸首的风险。

成功的危机修辞能减轻决策者的压力。当被定义为与邪恶威胁作斗争时，许多问题包括一些伤害公众的政策被打上敌人烙印的情况和在“大局”里被完全低估的利益就会消失。

在大多数情况下，一开始就夸大形势的严峻性会形成良好的政治意识。

2. 仪式

危机反应也受仪式的影响。危机仪式既要影响又要符合公众对现有秩序遭严重破坏的认识。在事故或者袭击地，或者其他具有象征意义的地点摆放花圈，是一种很好的做法。对领导者来说，对严重的或大规模的危机作出反应的一个必要的、具有象征意义的行为是去检查相关的地点，看望受害者和行动人员。荷兰内政大臣在最初拒绝去泰国海啸袭击地时，受到当地媒体和政党的严厉批评。他的理由是，他对促进当地的危机反应运作无能为力，不去是明智的。

1985 年发生的导致 520 人死亡的日本航空失事事件中，失事航空公司花费 150 万美元

---

① 阿金·伯恩，保罗·特哈特，埃瑞克·斯特恩，等. 危机管理政治学：压力之下的公共领导能力. 赵凤萍，胡杨，樊红敏，译. 郑州：河南人民出版社，2010：111-118.

举行哀悼仪式，还有财政赔款、总裁深鞠躬、首席维修官自杀……公司很快完全恢复市场份额。

经典仪式之一：在以美国 20 世纪 60 年代后期大量的街头游行和暴乱为背景的作品中，包含了以惩罚罪犯为结果的司法仪式。这有助于降低焦虑水平，并且让人们感觉到他们在一定程度上可以掌握自己的生活，尽管这种仪式的实际影响微不足道。

术语：一个“独立的专家”，哲人指导的“全面的、客观的调查”将“不惜一切代价”，等等。

对付对手的仪式：燃烧敌人的画像和旗帜等，砍掉人质的头……

3. 掩饰

有时，隐瞒比曝光有利，危机赋予政府“撒谎的权利”。说出去的不一定是百分之百，但说的百分之百是真的。

危机造就了一种根本上模糊、混乱、猜疑和冲突的信仰以及集体觉醒的环境，需要高技巧的协商规则。

5.4.2 危机领导者的形象

孔子认为，君子的品德（质）有三：“知者不惑，仁者不忧，勇者不惧”。孔子的学生子夏说，君子“望之俨然，即之也温，听其言也厉”。既庄“重”也“温”和，是儒家理想的君子形象。孔子更看重“重”：“君子不重，则不威。”在儒家看来，“重”是专制社会统治的需要，君臣只有稳重、庄重，才能生威，让下属和百姓产生敬畏感。作为领导干部，内敛庄重能够透露出泰然自若的自信，散发出让人敬重、信服的魅力，这正是中国传统文化优秀面的体现，但同时也容易让人产生高高在上、不近人情的刻板印象。再加上长期以来严肃的政治生态环境，使得他们有性情和个性也不敢流露，即使有所流露，也被严肃的主流媒体滤化并包装成为“高大上”形象。如果说在封闭、愚民的专制社会里还需要君臣以庄重示人来实施自上而下的威慑统治的话，那么，在信息传播更加快捷化、互动化、多元化的全媒体时代，更需要领导者以平等的理念、人性化的沟通、富于亲和力的形象去赢得民众的支持和信赖。当今全球日益一体化，西方领导人的平民作风和真性情也影响着中国人对传统君子形象的认知。过于庄重，不苟言笑，只能让民众敬而远之，甚至会被认为是在装“重”①。

公众对政府的信任主要有三种类型，即制度信任、政策信任、领导干部信任。在处理危机的过程中，领导多到公共场合走走，可以调节社会情绪，增强社会整体心理的“免疫力”，不仅有利于危机的处理，也能在很大程度上改善行政领导形象。

1. 硬汉形象

危机当中，领导者的“硬汉”形象有利于稳定危机中的公众心理，有利于增强组织的凝聚力，是危机管理成功的重要因素。硬汉形象首先表现为领导者面对危机有自信的形象与科学的决策。

---

① 张志平. 从庄“重”到“温”和：当今领导干部公众形象的转型. 公关世界，2015（12）：62-63.

专栏

罗斯福第一次“炉边谈话”：拯救金融

在美国 1930 年代的经济危机中，经济的萧条、信用的危机终于导致 1933 年情人节晚上整个美国银行开始崩溃，各州的信托公司已到山穷水尽的地步，银行成批地倒闭，全国银行库存黄金不到 60 亿元，却要应付 410 亿元的存款，银行门前人山人海，挤兑风潮遍及全国。就在罗斯福宣布就职的那一天（1933 年 3 月 4 日），全国金融的心脏停止跳动，证券交易所正式关闭。

罗斯福上任的第二天，发布了两条总统通令——要求国会于 3 月 9 日举行特别会议和宣布所有银行休假 4 天。国会特别会议赋予政府控制金融的权力和根据银行资产发行货币的权力，同时赋予政府对囤积和输出黄金的行为实施严惩的权力。

为了争取全国人民的理解和支持，罗斯福举行了第一次记者招待会，在轻松和谐的气氛下就金融业中的诸问题回答了记者提问。此举有助于在政府和新闻界之间架构一座沟通的桥梁，也达到了政府通过传媒稳定民心的功效。白宫记者招待会从此成为惯例，每周两次。

在银行即将重新开业的前夜，罗斯福对全国 6 000 万听众发表了第一次“炉边谈话”。他说：“我要指出一个简单的事实，你们把钱存进银行，银行并不是把它锁在保险库里了事，而是用来通过各种不同的信贷方式进行投资的，比如买公债、做押款。换句话说，银行让你们的钱发挥作用，好使整个机构转动起来……我可以向大家保证，把钱放在经过整顿、重新开业的银行里，要比放在褥子下面更安全。”第二天，部分银行开业了，人们把就在不久前也是这样排着长队挤兑的通货存入银行。只过了 3 天，美国有 574 家银行开业，不出一周，就有 13 500 家银行（占全国总数的 3/4）复了业，交易所又重新响起了锣声。

罗斯福通过“炉边谈话”的形式，创造了一种放松心情的环境，传递了一种自信的信号；银行休假则有助于打破充斥于金融界的恐慌和紧张状态，使政府遏止了挤兑风潮和有时间赶印货币。在美国的金融业危机应对中，罗斯福通过其自信的形象和科学决策展现出了“硬汉”形象，对于稳定美国金融业起到了关键作用。

在危机状态下，决策者应该迅速反应、果敢决断、放手执行，这样，公众才会更加信任组织，愿意同该组织一起应对危机。因此，危机决策给了领导者一个提高综合素质、完善个人能力的广阔平台，它是政府危机管理成功的重要保证。

2. 柔情形象

危机中，受影响的民众有的失去亲人，有的失去家园或财产，或是自己受到伤害，处于无助、悲伤、恐惧、失望、思念、内疚甚至愤怒中。此时，不仅需要领导者在面对危机时的“硬汉”形象来稳定恐惧、无助的民众情绪。同时，面对受危机影响的民众，领导者应展现一种亲民的柔情形象，以安抚民众悲伤、失望、思念、内疚和愤怒的情绪。

在危机中，往往需要有关专业队伍和人员冒着生命危险战斗在危险处置的第一线，需要领导者进行慰问、给予鼓舞，提振士气。对于牺牲的处置人员，要对其亲人给予亲人般的柔情关怀；对于受伤人员，要给予亲人般的安抚；对于战斗中的人员，要给予亲人般的鼓舞。

5.4.3 政府的形象

公共危机的发生，对政府形象既有负面影响，也有正面影响。对政府形象的负面影响主要表现在：政府形象在危机情境中被“放大”，各因素之间的平衡被打破，某些在平时看来细小的行政瑕疵在危机情况下都有可能成为公众广泛关注甚至群起攻击的对象。政府在某一方面表现不佳可能会殃及公众对政府形象的总体的认知和评价，政府对危机的不当处置行为和表现会引起公众的强烈情绪反应，政府形象容易受到损毁。公共危机对政府形象的正面影响表现为：政府危机处置得当，会赢得公众的理解和支持，从而巩固其威望和信誉；危机会暴露出政府管理中的一些深层次的矛盾和问题，促进政府从灾难中学习，推动相关改革，完善社会治理。

1. 责任政府

在公共危机中，责任政府需要做到：预有准备，积极预警，及时响应。一是要有比较完善的应急管理体系，包括健全的中央统筹指导、地方就近指挥、分级负责、相互协同的抗灾救灾应急机制，比较完善的应急管理法律法规体系，科学合理的应急预案体系；二是要有不断加强的应急管理基础能力建设，包括基础设施抗损能力、风险识别和监测预警服务体系、广泛的科普宣教体系建设；三是要有比较高水平的关键领域核心救援能力建设与综合应急保障能力建设；四是要有科学合理的社会协同应对能力建设；五是责任主体能够及时快速反应；六是建立科学的危机事件调查与问责制度。

2. 高效政府

在危机发生后，负有属地管理职责的地方政府要迅速启动应急响应，迅速组建结构合理的危机指挥体系，有效、有序整合政府与社会的各种力量，有效应对危机。这需要政府不断从灾难中学习，优化应急预案体系，加强应急演练。政府在处理危机事件时必须积极作为，迅速行动，主动采取科学、严谨、高效、迅捷的方案来解决危机。

3. 透明政府

透明政府是指政府进行社会治理时所处的一种状态，即政府的职能计划、管理、组织、执行等必须公开，政府的政策制定、运作、程序必须公开。社会公众可以根据法律的规定和相应的程序，随意通过便利的渠道获取需要的信息。在危机处理过程中，面对社会公众产生的极度恐慌，政府要及时回应社会关注，客观真实地向公众公布危机的真相，公开表明自己的立场和观点，使公众了解实情，同心协力，共渡难关。要遵从有利于处置、不违伦理的原则，做到“要公开、真公开、巧公开”。

5.4.4 组织与机构的形象

遭遇公共危机时，企业应积极主动地履行社会责任，树立企业在公众心目中的良好公民形象。企业扮演“公民”的角色，正是另一种意义上的有效危机公关。企业在公共危机中体现出社会责任感和正义感，员工也因此产生自豪感，企业的凝聚力也会提高。企业为社会捐款捐物是超越企业利润的行为，企业的诚信度和声誉将得到提高。社会形象管理是企业对社会负责、对公众负责、对环境负责的观念意识和具体表现的综合体现。在发生公共危机时，企业应充分考虑到社会形象的维护。企业经营有两个核心：一是品牌；二是企业的整体运转，即卖了多少产品。日常企业经营中，两者是并驾齐驱的。但公共危机来临时，企业是选择利用危机提升产品销售，还是借此树立企业形象和企业信誉，这是一场对企业的严峻考验。很明显，公共危机是企业树立自身形象的一个机会，而不是卖产品的机会。如“非典”爆发初期，蒙牛乳业成为第一家向国家卫生部和内蒙古紧急捐款的企业，所捐款项专门用于“非典”的防治工作，极大地提高了企业的社会形象和产品在消费者心中的好感。无独有偶，在“非典”疫情最盛时期，北京同仁堂、长沙九芝堂的中药药材始终没有涨价，赢得了好口碑①。

专栏

在危机中做良心企业——哈根达斯和蜜蜂危机

有专家认为，一只蜜蜂在它六周的生命中只能生产半茶匙的蜂蜜，但它却为 300 多万朵花授了粉。据统计，蜜蜂授粉占所有昆虫授粉的 80%。我们日常饮食的三分之一都依赖于蜜蜂对食物授粉。

一、蜜蜂危机背景

1. 普遍的危机

2006 年，美国蜜蜂数量开始锐减；2007 年，35 个州报告称蜜蜂的数量平均减少了 30%。在加拿大，相比前些年，2007 年有 29%的蜜蜂消失了。在乌拉圭，有一蜂农在 2007 年只有 400 箱的蜜蜂，损失了 50%，他认为是乌拉圭上空的臭氧空洞导致的。在德国，7 000 多名蜂农在 2008 年报告称，约有 50 万只蜜蜂消失不见。欧洲的法国、希腊、意大利、波兰、葡萄牙、俄罗斯、乌克兰、西班牙、瑞典和瑞士这些国家平均有 40%的蜜蜂消失。在亚洲，泰国、韩国和中国都遭遇了蜜蜂数量的锐减。

2. 原因何在

该危机的专业术语为“蜂群衰竭失调”。关于蜂群衰竭失调，有如下主流观点：寄生虫、螨虫和疾病；新的剧毒病原体出现；蜜蜂的营养不良；水源污染；蜜蜂基因多样性和遗传谱系的缺失；成年蜜蜂的压力水平（卡车干道上的运输过于拥挤、受限，其他环境或生物刺激）；环境化学物资，例如控制寄生蛾类的杀虫剂；各种因素的综合作用。

3. 蜂群衰竭失调工作组

蜂群衰竭失调工作组成立于 2007 年 1 月，是一个由美国农业部、众多大学、各州农业部门及相关组织的学者们联合成立的协会。当年，该工作组报告称蜂群衰竭失调与

① 王振华．公共危机与企业形象维护．青年记者，2014（4）：102.

以色列急性麻痹病毒的病原体的存在有密切关系。当这种病毒侵入一个蜂群后，会导致“蜜蜂戏剧性死亡”。该组织指出，引发蜂群衰竭失调还有另外一些原因，比如杀虫剂和营养不良。

4. 美国政府与其他国家政府的行动

2007年6月，美国加利福尼亚州、南达科他州以及宾夕法尼亚州的三名议员共同倡议立法以帮助调查研究，保护和维持美国蜜蜂和本土传粉昆虫的数量，以保障依赖蜂群授粉的农作物成活。2007年7月，美国参议院拨款委员会通过了一项法案，为“授粉恢复项目”提供150万美元资金，这笔钱用于蜂群衰竭失调和其他对国内蜜蜂造成威胁的因素的调查研究工作。

英国和加拿大的养蜂协会也开始了系列活动。

5. 其他行动

2009年，摄影家理查德·诺克斯·罗宾逊制作《养蜂者》的短片，把养蜂的历史与禅意和一场名为“蜂群衰竭失调”的疾病（这种疾病摧毁了世界上大部分的蜂箱）所带来的危机融合在一起。一家生产地球友好型个人护理产品（依赖花朵和蜜蜂）的制造商“小蜜蜂”在2007年称，小蜜蜂公司正在资助“蜜蜂健康改善项目”的研究工作来帮助寻找一种解决措施，并将利润的5%捐赠给“北美授粉者保护运动”，并向消费者发放了95 000包野生花种，鼓励消费者去大量种植鲜花。

二、哈根达斯加入应对蜜蜂危机战役

哈根达斯是一家冰激凌生产商，其理念是用世界上最好的原材料生产冰激凌。例如，其众多口味是基于香草、巧克力和咖啡这几种最原始的口味开发的。除了天然的胚乳，哈根达斯不会使用其他乳化剂和稳定剂。公司40%多的纯天然口味冰激凌的原料需要蜜蜂的传粉。没有了蜜蜂，将无法使用一些在冰激凌中用到的水果和坚果，哈根达斯的草莓味和香草味的冰激凌也无法再生产了。2008年2月19日，哈根达斯发起爱蜜蜂运动，针对蜜蜂危机采取了以下活动：

(1) 向研究工作进行捐赠。向经过评估的大学捐赠25万美元和向“传粉者合作组织”捐赠1万美元，以支持他们的工作。

(2) 创立由科学家组成的指导委员会，用以指导该品牌开展工作，并确保信息传播的真实可信，所有蜜蜂委员会的成员都可以作为媒体发言人向外界发布各自特定专业领域内的活动信息。

(3) 口味创新。研发一款依赖蜂蜜的产品——香草蜂蜜冰激凌。承诺将此种口味的冰激凌和所有其他依赖蜂蜜的冰激凌总销售利润的一部分捐赠给蜂群衰竭失调的调查研究工作，并将蜂群衰竭失调的信息印在每个依赖蜂蜜的冰激凌盒盖下面。

(4) 行业推广。2月初，在正式启动活动之前，在一次重要工业会议上，将这次活动通知蜜蜂养殖团体和科学社团。专家们很愿意成为公司的品牌大使。后来，又将这次活动的信息传递到整个行业内部，也传递给其他影响者。

(5) 媒体推广。提出了一套综合的媒体策略，以保证所有的媒体都能够协助运作。将科学、农业、环境和园艺以及蜂业贸易等方面的媒体都包括进来，并在宣传中注重教育。

(6) 百万种子的挑战。利用相关网站寻找蜜蜂支持者，向他们提出帮助公司去播下 100 万粒种子，以建立蜜蜂友好栖息地的挑战任务。热心者收到“哈根达斯爱蜜蜂”的种子包后，就把种子播在了自家的后院和花园里。

(7) 国会山的冰激凌社交。在全国昆虫传粉周，哈根达斯和“传粉者合作组织”在国会山举办了一场关于蜜蜂困境和哈根达斯冰激凌社交的简短通气会。相关的媒体报道接踵而至。

2008 年 4 月，哈根达斯的销量提升了 5.2%，4—7 月销售量保持了 4%的增长。

资料来源：凯瑟琳·班克斯. 危机传播（第四版）：基于经典案例的观点. 陈虹，等，译. 上海：复旦大学出版社，2013：153-164.

本章小结

1. 危机信息判断中的信息成本。危机事件初期，可供决策指挥使用的信息很少，但决策指挥对信息的需要却很多。随着事态的发展和决策指挥组织对有关情况的收集整理，信息的供给增加；与此同时，随着危机处置措施的实施，事态逐渐被控制，对信息的需要开始下降。危机事件的不同阶段，收集整理信息的成本是不一样的：在危机事件的初期，信息取得的成本是很高的；随着危机处置的进展，获取信息的成本降低；之后，获取信息的成本增加。

2. 对外危机信息沟通内容。按照危机演进顺序，危机信息的发布分为事发、事中、事后三个阶段。事发阶段信息沟通的主要内容为预警信息、相关防控措施；事中阶段的主要沟通内容为危机事件性质、影响范围、事发原因等危机事件基本情况和已经采取的应对措施、事件发展趋势；事后阶段的主要沟通内容为责任调查追究、灾民安置、恢复重建、经验教训等。

3. 危机决策的一般性原则包括制度性原则和战术性原则。危机决策的制度性原则主要有：属地先期快速处置原则；统一领导、分类分级负责原则；权力集中与程序简化原则；政府主导、多方协作原则；依法规范、损益合理原则（包括比例、补偿、救济三原则）；授权与监督相结合原则。危机决策的战术性原则主要有：安全第一、以人为本原则；耐心处理有担当、冷静面对不慌乱原则；果断及时、依靠科学原则；超前研判、准确定性原则；注重细节、动态调整原则；早沟通、积极疏导化解风波原则。

4. 社会安全事件的危机决策原则主要有：预防为本、及时控制原则；依法处置、区分性质原则；快速反应、相互配合原则；加强教育、正确引导原则；宜散不宜聚、宜解不宜结、宜顺不宜激原则；三慎用、三高举原则；减少损失原则；快速侦办原则。

5. 危机响应分工。不同层级政府及其部门在应急突发事件应对中的分工是：国家层面主要体现政策性和指导性，省级层面体现指导性，市县级层面体现应急处置的主体职能，乡镇层面应对行动体现先期处置特点。牵头部门起主导作用，其他部门为应急响应提供应急资源保障，相邻、相近的地方人民政府及其有关部门应给予事发地政府应急响应支持。

6. 结束危机的两个维度。只有在危机管理的运作和政治方面的终止都实现后，危机的终止才完成。

7. 问责的功能。问责过程不只是促使危机结束的一种方式，它也能延长危机的期限，并使之改变性质。常常出现如下两种情况：模式一，问责有两种功能，即提供一个宣泄情绪的机会和有利于组织的学习。这取决于危机管理关于优化社会预防和吸收极端情况的能力。模式二，问责是危机政治的一种延伸。把危机的“创伤”看作危机自身范围内的和其自身的组成部分。一方面，问责完全是民主的体现。但当中心内容的调查和争论变得仪式化时，问责将是虚空的。另一方面，在公众意见反复无常时，问责不可控。

8. 危机的善后恢复。对于危机事件的威胁和危害得到基本控制和消除后的危机管理阶段，常用的概念有善后处置、恢复与重建等。危机的善后主要是处理好责任冲突与经济利益冲突。狭义的恢复主要是使遭受突发事件破坏的设施与受影响的个人和组织回到突发事件发生前的状态。广义的恢复不但是被破坏事物的修补和康复，更重要的是实施社会、政治、环境和经济等一系列措施，重建政府运转和服务功能，为受影响的人们提供长期的关爱和治疗，是一个复杂的过程和系统工程。

9. 从危机中学习。悲观主义者认为，尽管危机导致公共领导者和他们的组织采取多种学习方式，结果却令人失望。乐观主义者认为，许多案例还是营造了学习的强大动力。

10. 危机后的改革。危机使改革成为可能有三个原因：危机松动了稳固机构的结构性制约；常规的工作与思考方式在外人眼里变得不可信，替代方案的空间突然出现；一场危机不仅改变了高层，还改变了发生危机的整个政策部门根深蒂固的思维方式。但危机并不总是引发改革。

11. 决策者沟通环境指决策者（政府和非政府的）、大众传媒以及全体公民之间的三角关系。新闻媒体在公共危机时刻充当了政府领导者与公众沟通传播的重要渠道，其作用有三：传播信息、引导公众、收集反馈意见。但部分媒体会因缺乏危机应对的全局观和专业性，一味追求新闻的曝光率与刺激性，出现抢发消息、过度报道、信息失实、媒体审判等行为，很可能会导致政府危机传播一度失控、社会稳定受到进一步破坏的局面。

复习思考题

1. 危机沟通者的信誉来源有哪些？哪些错误经常断送信誉？
2. 即兴的公众沟通有哪些策略？
3. 危机中，领导、政府和组织各应该树立什么样的形象？
4. 有哪些措施可以用于妥善处置危机及危机处置过程中产生的利益冲突？
5. 我国《突发事件应对法》第六十三条对政府的问责包括了哪些问责事项？
6. 我国《突发事件应对法》第六十四条对有关单位的问责包括了哪些问责事项？
7. 除了我国《突发事件应对法》第六十三条和第六十四条规定的有关负责人的法律责任外，还有哪些是针对个人的问责？

第6章

危机决策心理、伦理和压力

本章主要研究危机决策中的心理、伦理以及压力。决策心理影响决策偏好。公共行政中的伦理选择比较丰富，但对危机中的决策伦理研究还比较弱。危机决策主要受制于时间压力与危机信息是否对称。

重点问题

- 心理类型理论
- 决策伦理概念与危机中的伦理道德困境
- 时间压力下的决策理论

6.1 决策心理与决策偏好

6.1.1 决策心理

6.1.1.1 心理类型理论

根据瑞士心理学家荣格的理论，心理类型是指个体的人格模式。通过临床观察和心理分析，他得出个体行为差异有3个维度[①]：

① 曾维希，张进辅. MBTI人格类型量表的理论研究与实践应用. 心理科学进展，2006，14（2）：255-260.

（1）精神能量指向：外向（extraversion）—内向（introversion）。

（2）信息获取方式：感觉（sensing）—直觉（intuition）。

（3）决策方式：思考（thinking）—情感（feeling）。

凯瑟琳·布里格斯（Katharine Briggs）和伊莎贝尔·迈尔斯（Isabel Myers）在上面3个维度的基础上补充了一个新维度：

（4）生活态度取向：判断（judging）—知觉（perceiving）。

凯瑟琳·布里格斯和伊莎贝尔·迈尔斯在荣格心理类型理论的基础上，通过50多年的观察研究，提出了心理类型理论（MBTI）。该理论认为，个体的心理类型可以从4个基本的维度去确定，每个维度由对立的两极构成。这4个维度是：外向—内向（extraversion-introversion，E-I），感觉—直觉（sensing-intuition，S-N），思维—情感（thinking-feeling，T-F），判断—感知（judging-perceiving，J-P）。对于个体而言，在每对维度中偏向于一极。表6-1是对4个维度和对应极的解释①。

表6-1　MBTI的4个维度的含义及其相互关系

使用心理能量的偏向	外向（E）	内向（I）
	能量主要指向外部世界的人或物	能量主要指向内部世界的经验和观念
感知信息的过程或功能	感觉（S）	直觉（N）
	主要注意通过五官能感知的事物	主要注意抽象的以及全局的模式和内在联系
处理信息或判断的过程或功能	思维（T）	情感（F）
	基于客观、公正的逻辑分析作出判断	基于与人相关以及与个人价值取向相关的因素作出判断
信息处理和感知的偏向	判断（J）	感知（P）
	在处理与外部世界的关系时喜欢通过判断过程（T或F）尽快地处理信息、作出决定	在处理与外部世界的关系时，喜欢通过感知过程（S或N）更多地获取信息而不作出决定

例如，对于一个苹果，感觉型人（偏向S型）可能这样形容它："红的""多汁液的""脆脆的""果肉是白的，种子是黑的"。他们感知的苹果是可以实际感觉到的东西。而对直觉型的人（偏向N型）而言，苹果可能是一个人的脑袋、一样可以用来贿赂人的东西、"烘烤过的小猪"、"馅饼"等。偏向直觉型的人考虑的是由苹果的作用产生的有关的事物。根据这一理论，在这4个维度的每一维度中选择一极，进行有机组合，就形成16种类型，每一种类型用4个字母表示，例如ESTJ、INFP（字母的先后顺序不能打乱）等。具体来讲，这16种性格类型组合特征如表6-2所示。

美国新墨西哥州立大学商学院的大卫·波伊（David M. Boje）博士专门对MBTI的16类性格与领导能力之间的关联性进行过深入的研究。他在其著作《领导就是表演》（*Leadership Is Theater*）一书中，将MBTI性格测试的16种类型映射到一个人领导力的

① 敖小兰. 心理类型理论概述. 西南民族大学学报（人文社科版），2004，25（1）：393-397.

表 6-2 MBTI的4个维度的性格特征

	感觉型		直觉型	
内向型	ISTJ	ISFJ	INFJ	INTJ
	沉静，认真，贯彻始终，值得人信赖而取得成功，讲求实际，注重事实，实事求是和有责任感，能够合情合理地去决策应做的事，而且坚定不移地把它完成。	沉静，友善，有责任感和谨慎，能坚定不移地承担责任，做事贯彻始终，不辞辛劳和准确无误。	希望了解什么可以激发人们的推动力，对别人有洞察力。尽责，能够履行他们坚持的价值理念。	具有有创意的头脑和很大的冲劲去实践他们的理念，以达到目标。能够很快掌握事物的发展规律，从而想出长远的发展方向。有怀疑精神，独立自主。
	ISTP	ISFP	INFP	INTP
	容忍，有弹性，是冷静的观察者。一旦有问题出现，便迅速行动，找出可行的解决方法。	忠于自己所重视的人。不喜欢争论和冲突，不会强迫别人接受自己的意见或价值观。	理想主义者，忠于自己所重视的人。重视外在的生活与内在的价值观配合。有好奇心，很快看到事物的可能与否，能够加速对理念的实践。	对任何感兴趣的事物，都要探究一个合理的解释。喜欢理论与抽象的事情，喜欢理念思维多于社会活动。
外向型	ESTP	ESFP	ENFP	ENTP
	有弹性，能容忍，讲求实际，专注即时效益。喜欢物质享受。能够通过实践得到最佳的学习效果。	外向，友善，包容。热爱生活，热爱他人，爱物质享受。在工作中，能够注意现实的情况，使工作富有趣味性。	热情，富于想象力。能够很快地找出事件与资料之间的关联性，而且有信心依照他们所看到的模式去做。	思维敏捷，机灵，能够激励他人，警觉性高，勇于发言。能够随机应变去应付新的挑战。善于找出在概念上可能发生的问题，然后很有策略地加以分析。
	ESTJ	ESFJ	ENFJ	ENTJ
	讲求实际，注重现实与事实。能果断地做出实际可行的决定。有一套清晰的逻辑标准，然后系统地去做。会以强硬的态度去执行计划。	有爱心、尽责、能合作。渴望有和谐的环境，而且有决心营造这样的环境。喜欢与别人共事并能准确、准时地完成工作。	温情，有同情心，反应敏捷和有责任感。高度顾及别人的情绪、需要和动机。能够看到每个人的潜质，帮助别人发挥潜能。	坦率，果断，乐于作为领导者。很容易看到不合逻辑和缺乏效率的程序和政策。喜欢制定长远的计划和目标。

资料来源：张强，吴加，赵大伟．请对号入座．新知客，2007（3）：42-45.

三维坐标之中。这个三维的领导力坐标的Y轴象征对权力的欲望和愿意服务他人的愿望；X轴代表擅长守江山，习惯日常运作性工作的领导力，还是愿意带领组织发动变革的领导力；Z轴代表能够容纳不同声音的领导，还是只能有一种声音的领导。大卫·波伊博士还将16种性格类型划分为8组不同风格的领导者，分别是王子型（勇敢）、保守型（官僚）、超人型（救世）、英雄型（魅力）、政客型（领导）、领袖型（舆论）、改革型（创新）和革命型，如图6-1所示。

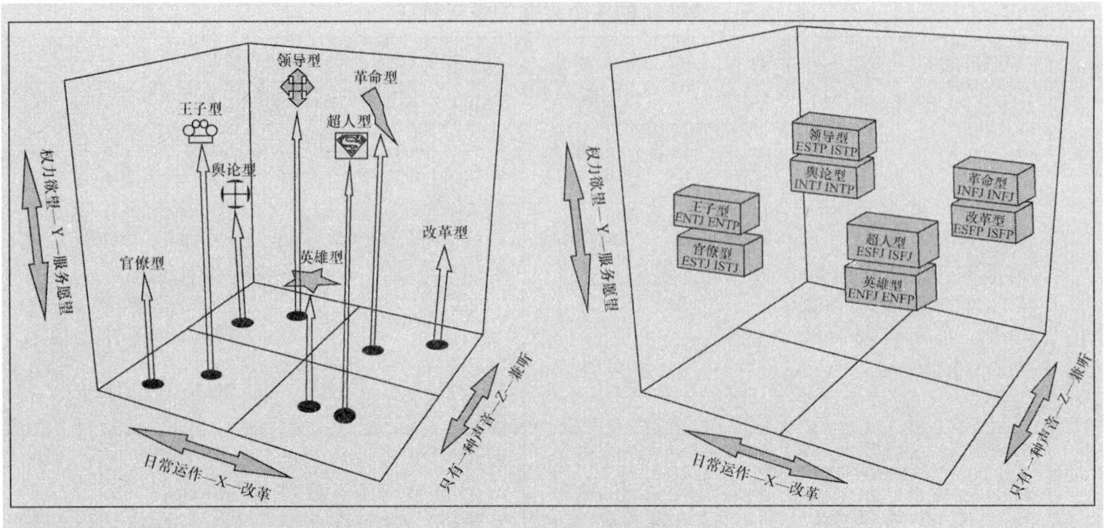

图 6-1 性格类型与领导力三维图

资料来源：张强，吴加，赵大伟．请对号入座．新知客，2007（3）：46-48．

6.1.1.2 心理类型与决策制定

利用心理类型 MBTI 测量表，会得到四个字母，以表示测试者占支配地位的决策类型。例如，让三位学生试验 MBTI 测量表（登录 www. humanmetrics. com/cgi-win/JTypes2. asp 网站做的测试），得到如表 6-3 所示的结论：

表 6-3 性格类型与决策类型

	INTJ 型（学生 1）	ESTJ 型（学生 2）	ESFJ 型（学生 3）
1	相比外向性格更倾向于内向性格（38%）	相比内向性格更倾向于外向性格（16%）	相比内向性格更倾向于外向性格（12%）
2	倾向于直觉而非感觉（9%）	倾向于感觉而非直觉（3%）	倾向于感觉而非直觉（3%）
3	倾向于理性而非情感（3%）	倾向于理性而非情感（1%）	倾向于情感而非理性（12%）
4	倾向于判断而非理解（28%）	倾向于判断而非理解（25%）	倾向于判断而非理解（12%）

在决策时，每一个支配功能项都有自己的特征强度和盲点。下面是每一个功能项的一般特征①。

（1）感觉：倾向于稳定。决策的制定一般是基于过去的经验。会问："事实是什么？花费和收益是多少？"

（2）直觉：倾向于创新。利用新的机会和见解进行创造性的决策。会问："有什么规律？有何种可能的解释？"

（3）思考：倾向于效力。决策必须客观且具有逻辑性。会问："事情的原因、结果以及优点和不足之处是什么？"

（4）感情：倾向于完整。决策应该考虑人们的价值观和需求。会问："会对那些涉事

① 敖小兰．心理类型理论概述．西南民族大学学报（人文社科版），2004，25（1）：393-397．

人员有何影响?”

我们的偏好会影响我们如何决策。比如，一个理性的人和一个感性的人相比，他们的决策方式肯定会有所不同。在实际工作中，人们如何组织和完成任务常常受 J-P 倾向的影响，而选择什么样的工作领域又与 E-I 倾向有关。例如，ISTJ 的人通常喜好组织事实和概念，他们在律师行业就适合；而 ESTJ 的人倾向于组织他们的环境（人、物体、任务），选择经商或工业管理部门较适合。MBTI 可以用来指导个人更好地作出决定，提高解决问题的能力。根据类型说，最好的决定一方面有赖于接受事物的方式（S 和 N），以便更好地收到有用的信息；另一方面有赖于两种判断方式（T 和 F），用以确认所有因素中哪些因素更重要。一个人因为偏好某种接受事物的方式和判断事物的方式，而对于对非自己偏好的方面有积极意义的东西注意不够。在作出一项健全的、理性的决定时，MBTI 提供给人们的参考是：用 S 去定义问题，用 N 去思考各种可能性，用 T 去掂量每一行为的后果，用 F 去体会人。在如何提高作决定能力方面，MBTI 建议考虑这几点：思考所有的事物、可能性、不良影响和后果。

大卫·波伊经过对 600 万人参与的 MBTI 调查，于 1988 年公布了不同性格类型的人与他们从事工作之间的关系，如图 6－2 所示。

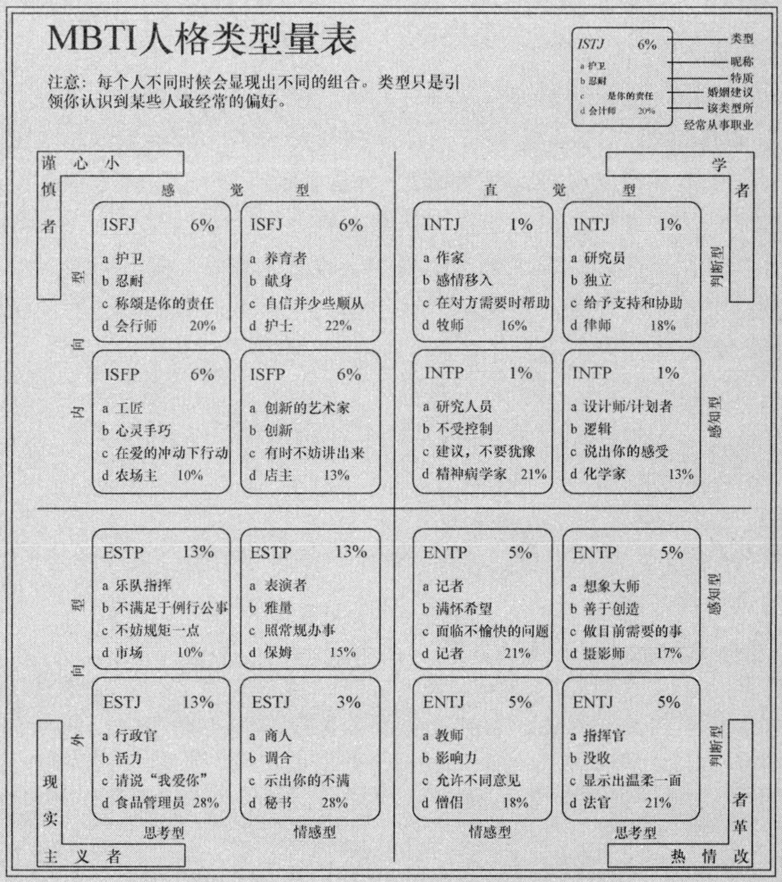

图 6－2　性格类型与职业关系图

资料来源：张强，吴加，赵大伟. 性格与领导力. 新知客，2007（3）：46-48.

6.1.1.3 决策灵活性[①]

好决策的关键在于，既能利用感觉和直觉搜集各种相关信息，又能利用思考和感情来权衡所有的相关因素。如果我们只依赖自己的支配功能项，我们就可能漏掉某些因素，从而作出不当的决策。

灵活就是既要问自己支配功能项内的问题，也要问自己其他三个功能项内的问题。虽然开始时做起来可能很棘手，但这么做会让你的决策更合理有效。

专栏

你应该在什么地方灵活?

当你和其他人互动时，可以检测自己偏好的决策类型。请按下列要求完成该活动。

第一步：读完案例“会议中的灵活性”。

第二步：分析该个案，并决定在什么地方对自己的偏好作灵活调整，从而保证决策的有效合理。

第三步：依照你的偏好思考该个案学习。在此种形势下，你该如何对自己的偏好作灵活调整?

会议中的灵活性

卡尔是印第安纳州霍华德县的应急管理负责人。霍华德县以农业为主，最大的城市是科科莫，人口45 000，其余地方除了几个小城镇外都是一片乡村风貌。该县的大部分社区之间已有紧急事态协助协议，卡尔认为当前的主要问题是缺乏协调性和全面的规划，如谁来指挥、该布置什么样的物资等问题。卡尔把主要城镇的主要行动人员召集过来，使全县的应急行动预案能真实地反映整个县域内的需求、资源和能力。会议开始时气氛很友好，但接着分歧就逐渐显现。有两个镇的消防队长谁都不想放弃对本单位的领导权，要求把指挥系统分开。另一个市的消防队长愿意接受统一指挥，尽力给那两位调停，但不成功。

卡尔觉得两人的争吵真是荒谬可笑：联合行动需要统一的指挥系统。

1. 在此情形下，谁应该灵活调整?

2. 哪里是需要灵活调整的关键决策点?

3. 假如你知道卡尔的个人偏好，你认为他该如何帮助他们解决争端呢?

会议中的灵活性答案

1. 在此情形下，谁应该灵活调整?

两个消防队长作灵活调整的空间都很大。统一指挥是有效的，但谁都不愿意服从。

卡尔也可以作一些灵活调整，但他过多介入会使问题变得更糟，这次活动无法得到消防队长们的配合。

---

① FEMA Course of Independent Study. Unit 3：identifying decision-making styles and attributes，decision making and problem solving，November 2005.

2. 哪里是需要灵活调整的关键决策点?

两个队长就联合行动时使用统一指挥系统达成一致。

3. 假设你知道卡尔的个人偏好，你认为他该如何帮助他们解决争端呢?

卡尔的第一反应说明他是个倾向于感觉、思考和判断性格的人。要避免急于下结论，和两位队长好好谈谈并设法站在他们的立场上看问题。作为调停人，应该让两位队长明白在使用统一指挥系统时，不仅放弃指挥权这样的事需要集体协商，其他决策都需要大家讨论。

以卡尔的第一反应和他在性格特征上明显的STJ偏向来看，对他来说，解决该问题所需的灵活性要求可能是他难以承受的。

专栏

2015年11月法国巴黎恐怖袭击事件的决策心理分析

当地时间2015年11月13日晚，法国巴黎发生一系列恐怖袭击事件，分别为6起枪击事件、3场爆炸和1起人质劫持事件。在此次巴黎连环恐袭中遇难的人数至少有132人，其中在巴塔克兰剧院被恐怖分子打死的人质就有87人。爆炸发生时，法国总统奥朗德正在体育场内观看比赛，随后安全迅速撤离，与总理瓦尔兹、内政部长卡泽纳夫在内政部举行紧急危机磋商。法国领导人在处理此事件的不同时段体现了不同的决策心理。

1. 事件初期，决策从感觉出发，决策时更倾向于稳定，决策的制定一般是基于过去的经验

(1) 控制局势，启动应急响应。奥朗德在事发两个小时之后，通过电视直播发表讲话。通报已经采取的措施有:“我们已经尽可能动员了所有的力量，来遏制恐怖分子，并保障所有可能涉及街区的安全。我们还要求要有军事增援。他们目前已部署在巴黎地区，以确保不会有任何新的袭击发生。”同时，奥朗德还宣布了将要采取的应急决定，包括全国进入紧急状态和关闭边境。除了奥朗德讲话所宣布的决定之外，政府当晚还宣布了其他应急决定，包括实施宵禁、停止地铁服务、呼吁市民留在家中等。

(2) 稳定情绪，国家领导人电视讲话和亲临事件现场。在常规突发事件应对中，法国坚持属地管理原则，国家领导人通常不会干预地方做法，也无须抚慰公众情绪。暴恐事件则不同，必须首先降低社会的恐惧感，国家领导人第一时间的行为和立场就显得极其重要。发表电视讲话之后，奥朗德和总理瓦尔兹、内政部长卡泽纳夫等政府要员前往遇难人数最多的事件地点巴塔克兰剧院了解情况并接受媒体采访。

2. 从直觉出发，决策时倾向于创新，利用新的机会和见解进行创造性的决策

(1) 加强重要地点保护。作为国家紧急状态的具体措施，法国部长会议决定:允许某些地方禁止通行，并设立“安全保护区”;允许软禁任何有危险活动的人，收缴武器，

并可以展开行政调查。巴黎市长宣布：除车站及机场外，14 日关闭学校、博物馆、图书馆、体育馆、游泳池及市集等公共设施；埃菲尔铁塔无限期关闭，卢浮宫和巴黎迪士尼乐园等景点暂停开放，多间著名百货公司暂停营业，多项体育及文娱活动亦取消。1 500 名军人被动员起来加强巴黎的防卫。

(2) 进行广泛社会动员，重树信心。为建立社会信心和提倡全社会共同应对事件，法国采取了几乎完全透明的方式公布事件进展信息，包括：暴恐分子的详细信息，如国籍、家庭、如何抵达法国等；逃跑车辆信息，如品牌、颜色、追寻过程等；在逃分子信息，如国籍、姓名、年龄、身高、照片、危险提示等；事件组织信息，如策划地点、过程等。

3. 从思考出发，决策时倾向于效力，决策必须客观且具有逻辑性

(1) 公布应对措施，引导公众平稳有序地生活。法国很快公布了政府应对恐怖主义的整体方案、重要措施等，引导公众继续平稳有序地生活。巴黎的零售超市均宣布第二天正常营业。在交通方面，巴黎 RATP 公司发布消息称，除了 11 个地铁车站关闭和 8 条公交线路停运之外，其他地铁、公交、快线等均正常运行。法国高铁公司 SNCF 表示，所有铁路工作人员均处于在岗状态，以保证国内交通的正常运行。火车站将加强警力部署，与警察和政府一道保证公众安全。奥利机场和戴高乐机场正常接待旅客，但安检更加严格。银行方面表示，除了 14 日相关袭击地区的办事处关闭之外，其他街区的办事处正常营业，但会加强安保措施，以保证顾客、员工的生命、财产和信息等安全。

(2) 宣告整体应对方案。当地时间 11 月 14 日中午，奥朗德发表第二次电视讲话，通报迄今准确的遇难人数，有限公开事件最新调查情况，公布“伊斯兰国”是袭击事件的幕后黑手，并宣告了事件是野蛮的“战争行为”。这意味着，法国将采取应对战争的手段应对恐怖主义。15 日，法国派出了 12 架战机对叙利亚的“伊斯兰国”组织进行轰炸。此外，法国启动了应对巨大伤亡事件紧急医疗服务的“白色计划”，外交部、司法部和卫生部的受害者办公室启动与巴黎警察局的联动。

4. 从感情出发，决策时倾向于完整，考虑了人们的价值观和需求

(1) 避免恐怖情绪蔓延。“面对恐惧，法国一定要坚强，一定要强大，政府部门要坚定，我们会做到。我们还需要呼吁每个人负起责任。恐怖分子想要的是让我们害怕，用恐惧控制我们。我们有理由感到害怕，恐惧也的确存在，但这个国家面对恐惧的时候，知道如何自卫，知道如何调动其力量，也知道如何再次击败恐怖分子”，“在此请你们充分相信我们可以和安保力量一起保护我们的国家免受恐怖行为袭击”。

(2) 伤亡人数即时发布。在事件还在处置阶段时，警察就通过媒体披露伤亡的估计数据，尽管后来发现该数据被高估了，却满足了公众的知晓期待，同时提高了公众对事件严重程度的心理接受度。在事态稳定后，伤亡人数则是根据进展即时发布。

(3) 事件过程逐渐披露。为了满足公众知晓需求，同时减少信息集中轰炸所造成的心理冲击，在不影响事件处置和调查的前提下，法国对事件过程进行渐进式的披露，包括事件发生的具体时间、地点、参与人数、现场情况、救援过程等。

(4) 进展有序公开，营造事态稳定可控的感知。经过自我心理调适之后，公众开始逐渐关注事件的起因、经过、进展等信息。对这些信息的认可程度，决定了公众对事态

可控的感知程度。法国在事件进展方面采取有序公开的方式，除了政治领导人的宏观、概述信息公开之外，主要由负责事件调查的司法部门统一披露，营造事态基本稳定可控的社会心理感知。

(5) 宣布全国国殇三天。在14日的电视讲话中，奥朗德宣布将签署法令，为哀悼事件死难者国殇三天。同时，所有境内外的法国公立机构降半旗致哀。

(6) 举行宗教悼念仪式。15日晚，巴黎圣母院举行1 500多人参加的弥撒，巴黎市长伊达尔戈，巴黎国民议会主席巴尔托洛内，法国前总理菲永、朱佩和前总统德斯坦等参加。巴黎大主教万特鲁瓦主持弥散仪式，呼吁信众要保持希望，“在野蛮暴行面前我们要保持更多的信心、团结和尊严”。法国通过卫星电视直播了弥散活动。

(7) 举办全国默哀活动。当地时间16日中午12点整，全国默哀一分钟。就连街上的车都停下来，公交车司机要求所有乘客把手机通讯暂停，以示尊重，乘客一一低头默哀。

(8) 开放事发地点祭奠。事发后的第二天，巴黎就有序开放事发地点，容许公众前往祭奠，随后前往人数日益增加。很多人都把鲜花、蜡烛、留言放到了袭击事件发生的几个地点，悼念和缅怀遇难人士。当然，官方加强了对祭奠地点的警力部署和保护。

资料来源：根据国家行政学院公共管理硕士2014级学生马晓雯作业修改。

6.1.2 决策偏好理论[①]

6.1.2.1 经典决策偏好理论

在决策领域中，对偏好的相关论述最早见于20世纪50年代，当时冯·诺依曼（Von Neumann）和奥斯卡·摩根斯特恩（Oskar Morgenstern）提出了期望效用理论（expected utility theory，EUT），期望效用理论认为，理性人的决策偏好遵循三条基本公理：(1) 偏好完整性公理。对任意的两种方案A、B，理性人具有明确的偏好，或者相对于B来说偏好A（A>B），或者相对于A来说偏好B（B>A），或者两者无偏好差异（A~B）。(2) 偏好传递性公理。对任意的三种方案A、B、C，如果理性人认为A好于B（A≥B），同时B好于C（B≥C），那么他一定认为A好于C（A≥C）。(3) 效用最大化公理。理性人总是选择对他来说效用最大的选项或方案。

根据EUT，人们总是按照最大期望效用值进行决策，其偏好系统是稳定的、有序的；对同一主体而言，偏好顺序应该具有稳定的一致性。但真实情境中人的决策偏好并非稳定一致的，最突出的例子有两个：框架效应和偏好反转。

(1) 框架效应（framing effect，FE）的提出源于特沃尔斯基（Tversky）和卡尼曼（Kahneman）在1981年进行的著名的“亚洲疾病问题”研究，它是指同一个问题由于描述方式的改变而导致决策者选择偏好发生改变的现象。

---

① 常光伟，王青春，阴国恩. 决策偏好研究述评. 心理研究，2011，4 (6)：10-14.

（2）偏好反转（preference reversal，PR）是指人们在不同决策任务中表现出偏好不一致的现象，是一种由决策任务模式引起的偏好改变。如面对两只期望值相当的彩票——H 彩票（94%的概率获取 4 元）和 S 彩票（3%的概率获取 150 元），当要求人们在这两者之间作选择时，人们往往选择 H 彩票，认为 H 彩票更有吸引力；但当被问及他们所愿意接受的最低售价时，他们却对 S 彩票定较高的售价。如果用 Hc、Sc 分别表示对彩票 H 与 S 的定价，则偏好反转可以表示为：H＞S 但 Hc＜Sc。

6.1.2.2 现代决策偏好理论

（1）前景理论。前景理论由卡尼曼和特沃尔斯基于 1971 年提出，认为人的认知能力有限，并且受人的行为习惯和心理特点的影响，人们经常会做出非理性的决策行为。前景理论认为，人的决策过程是一个心理过程，人们的偏好只是决策过程的反映，偏好随着问题的改变而改变，并不存在一个明确的偏好关系。

（2）心理表征理论。有些心理学家从心理表征的角度来探讨决策偏好，将人们显示偏好的过程看成一个"表征—评估—反应"的过程。在表征阶段，将客观刺激转换为相应心理量；在评估阶段，将各种心理量整合，形成一个整体的印象；在反应阶段，将整体的印象在反应测量工具上标示出来。研究者认为，偏好改变是偏好显示方式的差异导致的，不同显示方式引起不同的心理加工过程，进而导致偏好改变。根据决策偏好改变发生在显示偏好过程的阶段的不同，心理表征理论被分为以下几种：

随机权重理论认为，在表征阶段，由于不同的偏好显示方式情境中人们对事物不同维度赋予了不同权重，人们会更关注在重要（显著）维度上占优的方案，会对兼容性更大的维度赋予更多的权重，从而导致决策偏好的改变。如在彩票问题上，人们面临选择时更看重中奖概率，所以倾向于选择 H 彩票；当确定售价时，由于收益值和售价单位相同，具有更大的兼容性，所以收益值被赋予了更多的权重，又因为 S 彩票的收益值更大，所以人们倾向于给 S 彩票定更高的价，于是偏好改变产生了。

表达理论则认为，偏好改变是在反应阶段产生的。在不同的偏好显示情境中，对同一只彩票的表征是稳定不变的，整合形成的彩票的效用或者总体印象也是不变的；但当它们在不同的反应测量工具上通过"锚定—调整"进行赋值时，由于锚值的不同和调整比例的不同，在不同的反应测量工具上显示的偏好顺序可能改变。戈德斯坦（Goldstein）和艾因霍恩（Einhorn）用表达理论成果解释了不同评估方式和评估工具引起的决策偏好改变。

变化处理理论认为偏好改变源于评估阶段的差异。不同偏好显示情境下，对同一只彩票具有相同的表征，并且能"准确"地在各种测量工具上标示出各"总体印象"之间的关系；但不同的任务情景导致人们采用不同的整合规则，从而未能使人们形成相同的总体印象，进而引起偏好改变。如在彩票问题上，该理论认为，个体在进行选择时采用的是将结果概率和效用值相加的方法，而在确定售价时采用的是将结果概率和效用值相乘的方法，从而使得决策结果发生改变。

（3）双系统加工理论。近年来，很多研究者都相继提出了双系统加工理论：基于直觉的启发式系统（heuristic system）和基于理性的分析系统（analytic system）。启发式系统更多地依赖于直觉，并行加工且加工速度较快，不占用或占用很少的心理资源，模块化封闭运行，反应自动化，容易受背景相似性、刻板印象的影响，通常只能意识到其加工结果而意识不到加工过程。分析系统更多地依赖于理性，串行加工且加工速度慢，占用较多的心理资源，非模块化，但分析系统不容易受背景相似性、刻板印象的干扰，主要基于规则进行，其加工过程和结果都可以被意识到。双系统加工理论认为，启发式系统与分析系统同时对决策或推理过程起作用，当两个系统的作用方向一致时，决策或推理的结果既合乎理性又遵从直觉；而当两个系统的作用方向不一致时，两个系统则存在竞争关系，占优势的则可以控制行为结果。斯洛曼（Sloman）认为，当两个系统的作用方向相同时，行为结果并不能反映两个系统的存在，只有两者作用方向相反，才有可能出现决策与推理中的非理性行为。卡尼曼则认为，在两者的竞争中，往往启发式系统会获胜，这正是很多非理性行为的根源。

6.1.2.3 决策偏好的影响因素

1. 决策材料特征

决策材料的内容领域、呈现方式、描述方式、反应模式、信息维度、信息性质等方面影响个体的决策偏好。

研究发现，面临同样概率结构的生命与金钱问题时，人们在前者的决策结果上表现得更为冒险。Wang① 关于生命救助、公共财产和个人金钱三种决策领域的研究发现，在面对生命救助决策问题的时候，被试者表现出比其他两个任务领域更多的冒险偏好，即更倾向于选择风险方案。

Hsee② 等人探讨了决策材料的呈现方式如何影响被试者的决策偏好这一问题。当同时面对两个选项作选择时，人们偏好其中的一个选项；当每次呈现一个选项，分开作选择时，人们却偏好另外一个选项。Wong③ 等人研究发现，仅仅改变决策信息的概率和数量的表述方式（以大数字和小数字呈现）也会影响被试者的决策偏好。决策任务中反应模式的变化也会引起偏好顺序的系统变化，反应模式包括在不同选项之间作选择、评估对选项的满意程度和对选项进行估价等。

研究发现，由于个体认知的局限性，个体在对决策信息的不同侧面、类别、数量的把握上都存在一定的局限性，无法承载过多的比较与选择。当人们面对两个以上的选项时，如果其可比的方面多于一个，即多维度类比情况下，人们的偏好选择会是什么？在信息多维度情境下，个体决策偏好的机制是什么？信息维度的数量是如何影响决策者的信息加工过程的？信息维度的性质，如信息维度的同质或异质，是否影响个体对决策信息的加工和处理过程？未来的研究应多关注这些，这将有助于决策偏好向实际应用的方向发展。

2. 决策情境因素

有无时间压力、决策情境的模糊程度和背景因素等方面会影响个体的决策偏好。时间

---

① WANG X T. Framing effect: dynamics and task domains. Organization behavior and human decision processes, 1996, 68: 145-157.

② HSEE C K, ZHANG J, CHEN J S. Internal and substantive inconsistencies in decision-making. In: Koelher D, Harvey N (Eds), Blackwell handbook of judgment and decision-making. Oxford, England: Blackwell, 2004.

③ WONG K F E, KWONG J Y Y. Comparing two tiny giants or two huge dwarfs? Preference reversals owing to number-size framing. Organizational behavior and human decision processes, 2005, 98: 54-65.

压力是影响风险决策的重要变量。柯青松[①]研究发现，不同决策任务下的时间压力对风险决策偏好的影响不一样，时间压力对选择任务有一定的影响，但对定价任务的影响较小。关于时间压力对决策偏好的影响，一个很重要的问题就是时间压力的测定是否有效。

张凤华[②]探讨了不同模糊程度情境下的决策偏好，发现模糊程度对决策偏好有影响。模糊程度较高时，被试者倾向于模糊厌恶；模糊程度较低时，被试者的选择偏好发生了改变，倾向于模糊寻求。

与传统的只考虑现在的静态风险决策研究不同，动态风险决策研究需要考虑过去、现在与将来的因素，动态情境对决策偏好具有一定的影响。Hollenbeck 等人[③]考察了从作出决策到出现潜在损失之间的间隔对风险回避的影响，结果发现，决策者在结果较远时倾向于风险寻求。王重鸣等人[④]利用计算机联网模拟团队分布式动态风险决策任务，研究了在动态情境下风险偏好的变化规律，研究发现风险敏感性同样适用于解释动态情境下的风险偏好。

3. 决策者因素

决策者的性别、年龄、风险偏好水平、情绪、动机和人格等因素也会影响其决策偏好。

关于决策的性别差异研究发现，男性在决策任务中更倾向于风险寻求。Fagley 等人[⑤]研究发现，女性较男性更易受到框架的影响，对于语言描述方式，女性比男性更为敏感。Bateman 等人[⑥]研究发现，框架效应不受性别影响，因此，性别对框架效应的影响可能还受其他调节变量（决策的内容、情境等）的影响。何贵兵等人[⑦]探讨了被试者性别对决策偏好的影响，认为性别、任务框架和即时情绪共同影响被试者的风险偏好预测。

Harbaugh 等人[⑧]研究了 5～64 岁的人在风险决策中的差异，结果显示 9～13 岁的儿童最偏向风险寻求，21～64 岁的成人最缺乏风险寻求，这种年龄差异表明儿童与成人的风险决策模式是不同的。

Hsee 等人[⑨]研究发现，人们在进行风险决策时存在自我—他人决策偏差，即：人们在为自己作决策时，往往比较保守，但如果让他们去估计或猜测别人会作出什么样的决策，他们的估计就会趋于冒险，出现偏好改变。刘永芳等人[⑩]考察了金钱决策和时间决

---

① 柯青松. 时间压力对偏好反转的影响. 山东理工大学学报（社会科学版），2009，25（3）：94-97.

② 张凤华. 不同模糊程度下模糊决策的决策偏好. 心理学探新，2009，29（6）：51-55.

③ HOLLENBECK J K，ILGEN D R，PHILIPS J M，et al. Decision risk in dynamic contexts：beyond the status quo. Journal of applied psychology，1994，79：592-597.

④ 王重鸣，梁立. 风险决策中动态框架效应研究. 心理学报，1998，30（4）：394-400.

⑤ FAGLEY N S，MILLER P M. Framing effects and arenas of choice：your money or your life?. Organizational behavior and human decision processes，1997，3：355-373.

⑥ BATEMAN C R，FRAEDRICH J P，IYER R. Framing effects within ethical decision making process of consumers. Journal of business ethics，2002，36（1/2）：119-140.

⑦ 何贵兵，梁社红，刘剑. 风险偏好预测中的性别差异和框架效应. 应用心理学，2002，8（4）：19-23.

⑧ HARBAUGH W T，KRAUSE K，VESTERLUND L. Risk attitudes of children and adults：choices over small and large probability gains and losses. Experimental economics，2002，5：53-84.

⑨ HSEE C K，WEBER E U. A fundamental prediction error：self-other discrepancies in risk preference. Journal of experimental psychology：general，1997，126（1）：45-53.

⑩ 刘永芳，陈雪娜，卢光莉，等. 决策者角色及相关因素对风险偏好的影响. 心理科学，2010，33（3）：548-551.

策中决策者角色及相关因素对风险偏好的影响，发现人们在为他人决策时更偏向于风险寻求。

Lauriola等人[①]研究发现，冲动性、焦虑和健康负性情感与风险选择中的风险态度有关。张银铃等人[②]用大五人格量表测量了军校大学生后，得出以下结论：当信息以正面方式呈现时，被试者保守和冒险的程度相当；当信息以负面方式呈现时，被试者倾向于冒险。当信息以正面形式呈现时，外向维度得分高的个体倾向于冒险，愉快性维度得分高的个体倾向于保守。

6.2 决策伦理

6.2.1 相关概念与理论

6.2.1.1 伦理道德[③]

1. 什么是伦理道德

伦理道德是引导我们行为的一系列标准，不管是对于个人还是对于一个组织的成员而言。这里讨论的伦理道德标准是一些我们从小都已明白的是非标准，比如要诚实、公正、尊敬别人等。职业应急管理人员代表着组织和职业，必须让同事和那些依靠你帮助的人对你有足够的信任和信心。在紧急情况下，应急管理人员能够以丰富的专业知识和公平的方式履行职责，从而让受害者和同事感觉应急管理人员靠得住。

2. 敏感的焦点是什么

在紧急状况下产生的伦理道德问题会影响到一个人的个人声誉和其单位的声誉，甚至会影响到公众对当地政府是否有能力成功处理问题的信心。另外，仅仅成功处理问题是不够的。公务人员必须避免那些哪怕是表面上不适当的行为。

3. 伦理道德上的禁忌

以下禁忌主要针对危机或紧急情况下对伦理道德标准的一些特殊挑战：

- 不要越权行事或作承诺。
- 不要以权谋私。以权谋私的例子包括：索要礼物；制定决策假公济私；以职位之便，利用内部信息为个人或家庭成员谋取利益；工作时间干私事或公物私用（比如电话或汽车）；以自己的职权认购某一产品或是在认购时收受好处。

避免哪怕是表面上的伦理道德违规。一定要尽量确保你的行为（即使它们都光明磊

---

① LAURIOLA M，RUSSOB P M，LUCIDIB F，et al. The role of personality in positively and negatively framed risky health decisions. Personality individual difference，2005，38：45-59.

② 张银玲，苗丹民，罗正学，等. 正负信息框架下人格特征对决策的影响作用. 第四军医大学学报，2006，27(4)：363-366.

③ FEMA Course of Independent Study. Unit 4：ethical decision making and problem solving，decision making and problem solving，November 2005.

落）不会被认为是违反伦理道德规范的。

4. 伦理道德上的规定

- 把法律和伦理道德准则置于个人私利之上。
- 行事作为要公正无私。决不能对一方（比如受害者或承包商）表现出任何的偏袒。下面两条准则可以帮助你在工作中公正无私：一是必须确保所有受影响方都获得充分的信息披露；二是在采取任何行动之前获得预先批准。
- 保护和保全单位的财产。该要求不仅适用于你个人的行动，还适用于在你看到欺诈、浪费或滥用现象时。
- 哪怕是和你的工作只有一丁点的关系，都应该全力以赴。

但在许多伦理道德问题上，存在结果主义和绝对主义道德原则的区别。结果主义道德伦理最典型的一个例子便是功利主义，18 世纪英国的政治哲学家边沁提出了该学说。而最著名的绝对主义道德伦理哲学家是 18 世纪的德国哲学家康德。

专栏

为救多数而牺牲少数的伦理道德

A. 假设你是一辆电车的司机，你开着电车飞速地行驶在一条轨道上，时速为每小时 60 英里。你突然发现在轨道的前头有五个工人在施工。你尽力地想停下来，但刹车失灵了。如果直接冲向这五个工人，他们都会死掉（假设他们一定会死）。这时，你突然发现，在右边有一条侧轨，这条侧轨上只有一个工人在施工。此时，方向盘还有用，你可以把你的电车转到侧轨上，去撞死一个而不是五个。怎么做才是正确的？（大多数人的讨论结果是，让“一个人死，五个人活”比“五个人死，一个人活”更好。这是第一种道德推理法，即结果主义道德伦理的典例。）

B. 假设你正站在桥上，俯瞰一条电车轨道。路上来了一辆电车，轨道前头有五个工人在施工。电车刹车失灵了，正要冲向这五个人，撞死他们。现在，你不是司机。突然，你发现，在你旁边有个胖子正向桥栏杆外探出身体。你可以推他一把，他会掉下桥，并摔在电车行驶的轨道上。他会死，正在施工的五个工人就得以活命。是否应该把把胖子推下桥？（大多数人的讨论结果是，就算是为了挽救五条生命而杀害一个无辜的人，也是不对的。这是第二种道德推理法，即绝对主义道德伦理。在绝对主义道德伦理中，道德具有绝对的道德准则、明确的职责与权力，无论行为结果如何。）

C. 假设你是急诊室唯一的医生。来了六个病号，他们经历了一场严重的电车车祸，其中五个中度受伤，另一个受了重伤。你可以花一整天去照顾那个重伤病号，但是在那段时间，另外五个中度受伤者会死去。或者，你可以去照顾那五个中度受伤者，让他们恢复健康，但是在这段时间里，那个重伤病人会死去。在这个二选一的选择中，是选择救那五个中度受伤者还是救一个重伤者？

D. 假设你是个器官移植外科医生，有五个病号，每个人都急需器官移植才能活下来。一人需要心脏，一人要肺，一人要肾，一人要肝，还有一人要胰脏。你没有器官捐献者，眼看着他们即将死去。这时，你突然想到，在隔壁的屋里有个健康的人来做体检，并且他——如你所愿——正在小睡。你可以悄悄地进去，强行取出五个器官。做体检的那个人会死去，但是你能救五个人。这种选择合适吗？

资料来源：哈佛大学迈克尔·桑德尔教授关于公正的公开课视频。

6.2.1.2　公共行政中的伦理选择①

20世纪政府政治管理职能不断暴露出的缺陷已经让每个国家意识到公共行政的主要职能不再是协调政治与经济发展之间的矛盾，而是将道德或伦理融入新的公共行政当中，伦理思考也应运而生②。

伦理冲突的存在具有客观必然性和普遍性。存在主义的代表人物、法国现代著名思想家让-保罗·萨特（Jean-Paul Sartre）在他1946年的名作《存在主义是一种人道主义》中，曾举了一个例子来说明伦理冲突：第二次世界大战期间，德军占领巴黎后，萨特以前的一个学生去看他，请求他帮助解决一个伦理选择方面的难题。这位青年人只有一个兄弟，被德国人杀害了，他的父亲当了德国人的走狗，他同母亲生活在一起。这位年轻人有意逃出沦陷区，到英国去参加“自由法国”部队，可是又想留在巴黎侍奉母亲。究竟应该选择哪一项，他感到进退两难。

1. 公共行政伦理冲突中的功利价值

有学者认为，所有的公共行政行为的选择都是为了实现功利价值。与此同时，对于每一个具体的公共行政行为选择来说，又要求行政主体必须选择特定的功利价值作为自己的目的，这其中便涉及公共行政行为选择中功利价值的普遍性与特殊性的关系。这就需要正确建立公共行政伦理价值的等级次序。在中国，要承认并坚持公共利益高于政府组织利益和个人利益，一切以为人民服务为宗旨和取向。

2. 公共行政行为选择中的目的与手段的关系

关于行为选择中的目的与手段之间的关系，“目的论”伦理学与“义务论”伦理学的观点截然相反。

典型的目的论者认为，行为之所以“正当”，是由它们的目的所致，目的可以使手段正当化。换句话说，目的本身与手段的性质毫无关联，不存在什么“卑鄙的”手段或“伦理的”手段。例如，意大利文艺复兴时期的著名思想家尼科洛·马基雅维利（Niccolò Machiavelli）站在暴力侵害与政治阴谋的立场上解释他那个时代当政者的暴力政策，并认为不论政治行为怎样残忍、邪恶，都可以用来追求和维护权力。

典型的义务论者则认为，行为的正当性在于行为本身“是”什么样的行为，或者说与行为原则相关。义务论认为，只要行为手段正确、合乎道德，可以不考虑行为出于什么样的目的、行为后果怎样。义务论反对一切暴力、强权和惩罚，认为这些行为手段都是恶的、不道德的，提出“勿用暴力抗恶”。

---

① 高晓红. 公共行政行为的伦理选择. 东南大学学报（哲学社会科学版），2010，6（6）：32-35.

② 李兆友，师容. 公务员行政决策伦理思考的嬗变. 兰州大学学报（社会科学版），2014，42（4）：92-96.

3. 公共行政伦理冲突中的伦理妥协

“伦理妥协”是为了在公共行政伦理冲突即不同的公共行政价值选择中追求“最小的恶”。在行政伦理学中，“伦理妥协”与“最小恶果”是相通的。“最小的恶”（或称“最小恶果”）的存在，一方面反映了公共行政过程中伦理冲突的客观性并以“最小的恶”的形式特殊地反映出来，另一方面也表明在公共行政伦理冲突中伦理妥协在原则上是被允许的。在具体的公共行政行为过程中，必须理性确定和遵守公共行政伦理妥协的限度，只有在必须选择“迫不得已的手段”和可能实现“最小的恶”的情况下，伦理妥协才会在实现公共行政目标的过程中最终表现出是有道德的。

专栏

1884年海难食人案

英国在19世纪发生过一起海上人吃人事件，此案在审理过程中，被英国媒体连篇累牍地报道，成为轰动世界的经典案例，史称“女王诉达德利和史蒂芬斯案”。

1884年5月19日，英国游船“木犀草”号离开南安普敦港口，船上有四名船员：船长达德利，水手史蒂芬斯和布鲁克斯，以及侍从帕克。帕克十七岁，是个孤儿，他没有成家，这是帕克第一次出海，他梦想通过远航磨砺成刚毅的男子汉。

7月5日，他们的游船接近好望角时，遭遇到强烈的风暴，狂风巨浪击破了船底，海水倒灌进船舱，船只逐渐倾斜，沉没于大西洋和印度洋的波涛中。四名船员只得放弃游船，登上了备用的救生艇。没有食物，没有淡水，他们在海上随波逐流，用仅有的两罐大头菜维持到第19天，四名船员极度饥渴，徘徊在生死线上。侍从帕克不听劝告，耐不住口干舌燥，喝了几口海水，病倒在救生艇上，奄奄一息地躺在角落里。船长达德利建议抽签，牺牲一个人救活其他人，布鲁克斯反对用抽签定生死。船长用眼神示意布鲁克斯，朝昏睡的帕克望去，并怂恿史蒂芬斯说：“没办法了，只能用帕克拯救大家的性命。”

史蒂芬斯按住帕克的双腿，船长用小刀刺破了帕克的颈部血管，杀死了他。三名船员吃着帕克的尸体，撑到第24天的时候，船长达德利在这天的日记中写道：“当我们正吃着早餐，一艘船出现了……”

他们被一艘路过的德国船救起，送回英国。海上遇险的经历，被英国媒体争相报道，引得舆论一片哗然。

很快，警方以涉嫌谋杀的罪名，逮捕了三名船员。

在法庭上，布鲁克斯反水做了污点证人，指控另外两名船员蓄意杀人。船长达德利和水手史蒂芬斯面对法官，丝毫没有愧疚之色，理直气壮地为自己辩护：“牺牲一个人，救活三个人，是我们最好的选择。”代表英国女王的公诉人针锋相对地回答：“谋杀就是谋杀!”

船长达德利和水手史蒂芬斯自辩的理由，借鉴了“结果评判行为”的思路，以结局的好坏佐证行为的正当性。如果不杀帕克，四个人都会死；杀了帕克，救活三个人。要么全部死去，要么死一人，在没有其他办法的情况下，一条命换三条命，合情合理。船长达德利认为，最佳的结果已经清楚地说明，杀死帕克的行为相当明智合理。

公诉人采用了“用行为自身评判行为”的逻辑，反驳船长的辩解。公诉人认为，不能用结果评价某个行为的好与坏，有些行为的本身就有善恶之分，既不需要也不应该通过结果检验。杀人行径，不管导致的结果如何，其行为本身就是邪恶的代名词，即使是极度饥饿，或是其他危及生存的极端状况，也都不能成为杀人的借口。一个好的结果并不是可以随意杀人的执照。

双方争辩的思路代表着人类选择自身行为的两种理念。

一种理念是“结果评判行为”，又称“结果主义”。这种理论认为，一种行为的对与错，只能用导致的结果来判断：结果好，行为好；结果差，行为错。行为相对结果而定，跟随结果而变化。

“用行为自身评判行为”是另一种理念，又称“绝对主义”。这种理论注重行为的本身，不看行为以外的其他因素。杀人是错误的举动，是因为其行为本身令人诟病，而非结果难以让人满意。

当时的英国民众对船长达德利的行为各执一词，争论不休。社会舆论大体分化为两个阵营，各自沿着“结果主义”和“绝对主义”的思路展开了激烈的辩论。

1884年12月4日，英国王室法庭公开审理了“海上吃人案”，认定杀人罪名成立，判处达德利和史蒂芬斯死刑。随后，英国女王给予特赦，将刑期减至六个月。船长达德利刑满释放后，移居澳大利亚，他始终认为对自己的审判不公正。

资料来源：1884年海难食人案和它牵涉的法律与政治思考.（2016-09-04）. http://chuansong.me/n/675274142658.

6.2.1.3 决策伦理评价理论①

西方的决策伦理评价通常是以伦理学理论为基础，诸如利己主义、实用主义、手段论、义务论和相对主义理论等。归根结底可分为目的论、义务论和相称论。

1. 目的论

以功利主义为代表的目的论，是一种以实际利益、功效等实质性内容为道德价值根据的伦理思想方法。其基本观点认为，判断行为对错好坏的标准是以其结果为基础的。所谓善，便是“最大多数人的最大幸福”。善也被描述为“效用”，效用是道德的基础，是正当与错误的最终判断。如果一项决策的效用比任何别的决策都大，那么它便是道德的。

2. 义务论

（1）道义义务论。以康德（Immanuel Kant）为代表的道义义务论的立足点是基于个体的内省修养，是个体对于绝对命令自觉服从的道德义务。该理论由英国人罗斯（W. D. Ross）提出。在大多数场合，神志正常的人往往不需推敲便明了自己应当做什么，并以此作为一种道德义务。罗斯提出了六条显要的、基本的标准义务：诚实、感恩、公正、行善、自我完善、不作恶。罗斯从正常人的直觉出发，以是否符合这些义务为准则来

① 郑瑶. 决策伦理评价研究述评. 统计与决策，2007，231（2）：140-142.

判断决策或行为的正当。

（2）权利义务论。以罗尔斯（John B. Rawls）为代表的权利义务论的立足点是个体的权利，是平等的基本自由权利这一价值信仰，以及对平等的基本自由权利维护的道德义务；关注的是基于平等基本自由权利维护的社会制度公正。因而，它所指向的是对个人自由权利的道义保证。

3. 相称论

相称论是结合了目的论和义务论的综合理论，认为判断一个决策是否道德，应从其目的、手段和后果三个方面加以综合考虑。相称论克服了单纯依靠利己论、功利论以及道义论的缺陷，促使决策者从动机、手段、后果三个方面评估行为的道德性。

此外，有必要提一下目的论中的合理利己论。该理论产生于18、19世纪欧洲资产阶级革命时期，代表有洛克（John Locke）、爱尔维修（Claude Adrien Helvetius）等。合理利己论从后果来评断决策的合伦理性，认为经济利益主体有追求自身利益的权利。同时，经济利益主体在市场交易中要遵守两个基本条件：通过利益共享手段，让交易诸方都能得到理想效益；保证非当事人享有最低限度的权利。

6.2.2 危机中的伦理道德困境

下面以场景思考题形式描述危机中的伦理道德困境①。

场景1：危化品火车出轨伦理道德问题

4月17日，一辆载有25个液化气槽的火车出轨并起火。事故处理指挥官一到现场做出初步判断之后，就做出了疏散临近社区的决定，并告诉疏散人员必须在2到3个小时之内完成。由于时间紧急，有些人连宠物都顾不上带。该地区的供电已经切断。4小时后，在咨询了紧急事态行动中心工作人员和化学专家后，事故处理指挥官命令疏散工作继续开展下去直到火熄灭为止。

该场景中牵扯到的伦理道德问题是什么？

场景2：核电站起火伦理道德问题

假如你是A县的应急管理负责人，你得到通知说A县一个核电厂的反应堆内有一个着火点。电厂经理已经向你确认该着火点不会导致核泄漏。然而，已经有好几个人受伤，乡镇应急人员正在应对。工厂处于紧急戒备之中，厂区紧急事故状态已考虑启用。

该核电厂离A县自然保护区的外围只有5英里。万一发生核泄漏，放射物质会随风飘散到整个保护区。

该场景中的伦理道德考虑是什么？

场景1答案：火车出轨

在该场景中，有以下几个伦理道德问题需要考虑：

---

① FEMA Course of Independent Study. Unit 4：ethical decision making and problem solving，decision making and problem solving，November 2005.

- 事故处理指挥官发布疏散命令是正确做法吗？或者他是否需要再停一停，等获取更多的信息之后再发布命令？
- 要求居民多长时间之内撤离家园？
- 以当前级别的危险状况，事故处理指挥官在伦理道德上能允许居民回家带出自己的宠物吗？

场景 2 答案：核电厂起火

该场景也提出了以下几个伦理道德问题：

- 应该告诉 A 县群众些什么？如果该事故不会导致核泄漏，还需要告诉他们什么吗？
- 这些在居留地里住的居民是在原地避难，还是被疏散？
- 那些在该地区旅行的人怎么办呢？需要改变现有的交通来躲避可能的放射性尘埃吗？

你也可能会想出更多的伦理道德问题。

专栏

“范跑跑”事件伦理道德问题

2008 年 5 月 12 日，汶川大地震发生时，时任四川省都江堰市光亚学校老师的范美忠正给国际文凭一年级班上语文课，他先行逃生撤至学校的操场，班上的十几名高中生随后才反应过来，陆续来到操场。5 月 22 日，范美忠在天涯社区论坛发表《那一刻地动山摇——5·12 汶川地震亲历记》，记述自己在震中及震后的经历，描述到这一情况。文中写道：“在这种生死抉择的瞬间，只有为了我的女儿我才可能考虑牺牲自我，其他的人，哪怕是我的母亲，在这种情况下我也不会管的。”这些言论引发了部分网民对其教师道德素养的声讨，一周内该帖在天涯社区上的浏览量达 14 万余次。

6.2.3　伦理道德决策的组成①

伦理道德决策要求你必须牢记自己和单位的伦理道德价值并随时利用。它需要你对自己的决策影响足够敏感并且能够对复杂、含糊或不完整的事实进行评估。伦理道德决策的三个要素是：承诺、觉悟、能力。

（1）伦理道德承诺。伦理道德承诺（或动机）就是恪守伦理道德准则，做正确的事，特别是当这些伦理道德行为会增加经济、社会或心理成本时。一种危机或紧急情况会使我们的伦理道德承诺面临很大的挑战。因此，你需要非常清楚自己的伦理道德价值并对自己的行为道德标准有深刻的理解。

① FEMA Course of Independent Study. Unit 4：ethical decision making and problem solving，decision making and problem solving，November 2005.

（2）伦理道德觉悟。伦理道德觉悟（或意识）牵扯看见或理解我们行为中的伦理道德蕴含并把这些伦理道德价值应用到日常的行为中。我们需认识到，人们往往把感知的东西当作现实的东西。因此，常常有些我们认为非常合法的行为会被纳税人认为是不正确的或不合适的。

（3）伦理道德能力。伦理道德能力（或技术）也就是较强的伦理道德决策能力。主要包括以下内容：

- 评价力。搜集和评价相关事实的能力，明白什么时候停止搜集事实并在事实模糊或不完整的情况下做出谨慎的判断。
- 创造力。通过机智的方法达成目标而且避免伦理道德问题或使伦理道德问题减少到最少的能力。
- 预测力。预测行为潜在结果以及评估一个人被一次行动帮助或伤害的可能性的能力。

在第4章第2节介绍的美国危机决策“问题解决模型”五个步骤的第三个步骤“确定实施方案”中，有伦理道德考量评价指标。在选择一个备选解决方案时，应该舍弃不合伦理的解决方案，哪怕这个解决方案仅是表面上看起来不合乎伦理道德标准。可以用美国危机决策“问题解决模型”对如下专栏所示案例模拟进行伦理道德决策。

专栏

山洪暴发伦理道德决策

大汤普森河发源于落基山脉的高处，朝东一直流到大陆分水岭的东部。大汤普森峡谷的大部分地区崎岖陡峭。从它的发源地科罗拉多州埃斯蒂斯帕克到位于拉夫兰市的河口落差有半英里之多。

1976年7月31日是个星期六，大汤普森峡谷地区天气很好，晚上和傍晚下阵雨的概率很小。1976年时值科罗拉多州建州100周年，因此估计有2 500～3 000人来到大汤普森峡谷地区或正开车向大汤普森峡谷地区驶来。

下午晚些时候，上游下起了大阵雨。到下午6点钟，大暴雨倾盆而下。大暴雨一直持续了3个小时，降了大约一英尺的雨水，两小时最大降雨量达8英寸。

大量的降水很快就充满了整个河流，使该河平时两英尺高的水位立马变成了高达19英尺的水墙。河水咆哮着冲向下游，所到之处无坚不摧：度假区、商业建筑、民居，以及唯一可用来撤出该峡谷的第34号国道。

利用问题解决模型回答以下问题：

假如你是应急管理负责人：

1. 你会派人去大峡谷警告其他人吗？为什么会派或不派？
2. 你对公众和应急反应人员有何伦理道德上的责任？

山洪暴发场景答案

该场景的答案没有对错之分。你的答案是正确的，如果它们：代表了你所有备选解决方案的最好选择；可行且符合伦理道德规范。

6.3 紧急情况下的决策

6.3.1 决策和压力

6.3.1.1 决策压力表现[①]

决策可以像分派日常任务那样简单，也可以像应对大的危机事故一样复杂。危急关头的决策往往因为压力的存在而变得更加困难。

1. 在压力下作出好的决策的障碍

（1）意识到的时间压力或真正的时间压力。

（2）可能的政治压力。

（3）不规律的饮食导致的高血糖或低血糖。

（4）咖啡因。

（5）信息缺乏。

（6）互相矛盾的信息。

（7）不确定性。

2. 在压力下决定者可能的行为

（1）和别的主要成员发生冲突。

（2）因感官超载导致选择性感知，从而可能错过重要信息。

（3）洞察力扭曲和判断变差。

3. 在压力下决策者可能的行为

（1）难于忍受模棱两可的话或现象，从而可能作出不成熟的决策。

（2）处理困难任务和高效解决问题的能力降低。

（3）暴力和逃避倾向增加。

4. 决定者或决策者其他可能的行为

（1）只考虑当前即时生存目标而牺牲长远考虑。

（2）作出冒险的选择。

（3）视域狭窄。

（4）屈服于“集体思考”。

在危急情况下高效决策的关键是要有系统性。培养系统性的一个好方法就是使用问题解决模型处理问题。

6.3.1.2 决策的时间压力效应[②]

虽然决策的压力很多，但有研究者认为，时间是影响人类决策制定的一个重要维度和

---

① FEMA Course of Independent Study. Unit 5：decision making in an emergency，decision making and problem solving，November 2005.

② 王大伟. 决策制定过程中的时间压力效应. 心理研究，2009，2（6）：42-46.

情境变量。制定或作出决策是一个消耗时间的过程，而决策的结果也会随着时间的变化而变化。若拥有充足的时间，决策者的决策是基于大量线索或策略的搜寻而作出的；而如果时间短暂或者缺乏，就会使决策者寻找到不完全的信息而进行决策，这就是时间压力对决策造成的影响，也就是决策过程中的时间压力效应。大量的研究表明，时间压力对决策制定的质量或有效性有消极的影响。具体讲，时间压力影响决策的框架如下：

（1）信息搜寻和加工能力下降。

（2）考虑的维度和选项的范围缩小。

（3）负面信息重要性提升。

（4）保护性反应，比如忽略或否定重要信息。

（5）巩固已选择的项目。

（6）倾向于运用过滤信息策略，即：知觉到的重要信息首先被加工，然后继续进行加工，直到时间用尽。

（7）取代代偿策略而提升了非代偿策略的运用率。

（8）遗忘重要的数据。

（9）错误判断和评价。

总之，时间压力损害了认知功能，包括决策制定的加工。

6.3.1.3 时间压力与危机决策

陈俊霖等人（2015）认为①，风险态度影响决策者行为，时间压力会通过影响风险寻求或规避的程度来影响决策质量。在应急情境下，决策者的总体风险态度表现为风险规避，在引入时间压力后，决策者的风险规避程度降低。他们运用前景理论，对风险态度进行测量，研究人们在应急领域和五大常规领域的风险偏好一致性，并得到如下结论：第一，风险态度在应急领域和五大常规领域中都是可测的；第二，应急环境下决策者表现为风险规避，时间压力会弱化风险规避的程度，在应急环境的四个领域（自然灾害、事故灾难、公共卫生和社会安全）中时间压力对自然灾害领域的影响程度最显著；第三，应急领域与五大常规领域的风险态度是不一致的，但在应急环境的四个领域中风险态度是一致的。

6.3.2 时间压力下的决策策略和决策理论②

6.3.2.1 时间压力

1. 时间压力的内涵

有学者将时间压力定义为“决策者感觉完成任务的期限越来越紧迫而形成的焦虑程度”，认为只要在决策进行之前，可用的时间少于正常完成一项任务的时间，便会形成所谓的时间压力。

---

① 陈俊霖，李沁雪，张春萍，等．应急环境下时间压力和决策者风险态度对决策行为的影响实验研究．中国管理科学，2015，23（专辑）：349-358.

② 刘金平，李红锋．时间压力下的决策策略和决策理论．河南大学学报（社会科学版），2008，48（6）：73-78.

时间限制和时间压力是有差别的。时间限制是指决策过程中有一个时间界限的存在，无论个体能否在该时间界限内完成任务。有时间限制并不一定会让被试者感觉到有时间压力。

2. 时间压力的类型

（1）来自决策时间限制的时间压力。假设：个体的决策时间是呈正态分布的，那么以小于平均时间一个标准差的值作为限制时间，就会使84%的被试者没有充分的时间进行决策。因此，可以通过实验确定人们在没有时间限制的情况下完成一项决策任务所需要的平均时间和标准差，以平均时间减一个标准差的时间作为时间压力情形下的决策时间。

（2）来自机会成本的时间压力。这是一种更具现实形态的时间压力，与延迟决策的潜在机会成本相关联。延迟决策能够导致机会的丧失或者导致失去精确性最大化决策所带来的收益的降低。

6.3.2.2 时间压力下的决策策略

决策者在时间压力下的决策策略有两种取向：一种是关注决策过程中的信息搜索，另一种是关注决策结果的考察。

1. 基于决策结果的类型

（1）加权加法策略（weighted additive，WADD）。这是一种期望效用最大化策略，必须考察选择任务中所有相关的信息，包括所有选项和描述选项的属性以及每一属性所赋予的概率或加权值。为了避免各属性间加权值不同造成属性间权值的冲突，需要将每个选项的每个属性值同相应的加权值相乘，并将乘积加总，求出每个选项的得分，得分最高的选项就被选取为决策结果。

（2）等值加权策略（equal weight strategy，EQW）。也称为无加权加法策略，与加权加法策略的相似之处是必须对所有的选项及其属性值进行考察；不同的是，该策略不需要考虑属性的概率或加权值，而是直接将每个选项所对应的各属性值进行加总，并将得分最高的选项作为决策结果。

（3）满意策略（satisfying strategy，SAT）。有时称为连接策略（conjunctive strategy），该策略依据选项在选择任务中出现的顺序，每次只对一个选项进行考察，并将当前选项的每个属性值与决策者自身设定的最低标准加以比较。如果属性值低于最低标准，将排除该选项；如果该选项的属性值都大于或等于最低标准，则选取该选项作为最终的决策结果。若是所有选项的属性值都无法满足最低标准，则需重新设定最低标准并重新进行相似的考察。

（4）词典策略（lexicographic strategy，LEX）。首先确定最重要的属性，然后在该属性上比较各选项间的差异，并选出在该属性上最好的选项。如果无法就此属性区分选项的优劣，则继续在次重要的属性上进行比较，以此类推，直到选项被选取为止。

（5）逐项排除策略（elimination by aspects strategy，EBA）。首先将各个属性按照重要性进行排序，并制定出每个属性的最低标准。如果某一选项的属性值无法达到最低标准，则排除该选项；接着继续就剩下的选项加以评判，将属性值不能达到最低标准的选项继续排除，直到选出满足标准的选项。

（6）多数优势属性策略（majority of confirming dimensions strategy，MCD）。又称为

配对比较策略，该策略首先选择两个选项，在每个属性上对这两个选项进行比较，拥有较多优势属性的选项会暂时被保留下来，与另外一个选项进行同样的比较，一直进行这种配对的比较，直到所有选项都被比较一次，选出最后拥有多数优势属性的选项作为决策结果。

（7）组合策略（combined strategies）。这是指决策者在面对多属性多选项决策任务时，为了适应决策情景的变化，采用两种或两种以上的策略来进行选择工作。典型的组合策略的特点是，在选择的起始阶段，先将不好的或不合意的选项加以排除，然后对剩下的少数选项进行较为详细的考察。

2. 基于决策过程的类型

决策者在时间压力下信息加工方式的改变大致可归纳为三种：提高信息加工速度、选择信息和转换信息搜索模式。前两种改变是决策者为了适应时间压力情形而采取的应对措施，属于微观层面的决策策略转变。转换信息搜索模式属于宏观层面的决策策略转变，包括补偿性策略转变为非补偿性策略和基于选项信息搜索策略转变为基于属性信息搜索策略。

（1）加速策略。这是指在时间压力情形下，决策者会以较快的速度来处理所接收到的信息，以达到提高决策速度的目的。有关研究显示，加速策略是个体应对时间压力和时间限制时使用最多的一种策略。

（2）选择性策略。这是指在时间压力情形中，决策者会有选择地处理有关的信息或是较为重要的信息。这是一种知觉窄化（perceptual narrowing）的过程，即决策者在时间压力下会更加有针对性地查看与决策有关的信息，减少信息搜索总量，以简化决策过程。选择性查看信息的方法有两种，即过滤（filtration）和省略（omission）。过滤是指在时间压力下，决策者不会对一个选项的所有属性进行查看，而是只查看其中的一部分。实际上，决策者会更多地查看具有较高重要性的属性，很少对这些属性采取过滤策略。省略是过滤策略的一种极端形式，是指为了简化决策任务而对某个或某些属性采取完全不考查的策略。有研究认为，在时间压力情形中，决策者常常是将使用过的信息先加以过滤，或者干脆将某些信息加以省略。

（3）补偿性策略或非补偿性策略。决策者在面临时间压力时，最常见的反应是从难以执行的补偿性策略转变为较不费力的非补偿性策略来简化选择任务。补偿性策略是指决策者在信息搜索过程中会对每个选项的所有属性的信息进行考察。在同一选项的不同属性间，一种属性的优势可以弥补其他属性的不足。对所有选项进行综合比较，得出决策结果。补偿性策略的基本假设是选项的各种属性是独立的、可以相互补偿的。权重累加策略、等值加权策略和多数优势属性策略均属于补偿性策略。非补偿性策略，是指决策者在信息搜索过程中不会对每个选项的所有属性信息进行考察；在同一选项的不同属性间，一种属性的不足也无法通过其他属性的优势来弥补。在非补偿性策略中，决策者往往会对各种属性按重要性进行主观评定或为每种属性制定一个最低可接受标准，然后以此为依据进一步比较和排除选项，直至得出最后的决策结果。满意策略、词典策略和逐项排除策略均属于非补偿性策略。

（4）以选项为主的搜索策略或以属性为主的搜索策略。时间压力会导致决策者的选择策略从基于选项的搜索策略转变为基于属性的搜索策略。以选项为主的搜索策略，是指决策者针对某一选项的各个属性加以查看和全面了解后，再对下一个选项进行同样的考察，以期提高决策的质量。权重累加策略、等值加权策略和满意策略均属于以选项为主的搜索策略。以属性为主的搜索策略是指决策者针对某一特定属性进行信息搜索并比较该属性的属性值在各个选项间的差异后，再比较下一个属性的属性值在各个选项间的差异。多数优势属性策略、词典策略和逐项排除策略均属于以属性为主的搜索策略。

6.3.2.3 时间压力下的决策理论

1. 成本/收益理论（cost/benefit theory）

策略的成本是指执行该策略所需要付出的时间、资源和努力程度等。某种策略的使用是决策者在综合考虑策略本身所产生的成本和收益的基础上决定的，决策的目的就是使用最小化成本获得最大化收益，即个体在决策过程中到底采用何种策略是渴望获得最大化收益与花费最小化成本进行权衡的结果。在时间压力下，决策者由于没有足够的时间去处理信息，将会降低决策的准确性，即个体会采用以决策准确性来换取决策速度的策略，以应对时间压力情形。

2. 构象理论（image theory）

构象理论为“适合”这个概念所驱动，而不是收益的最大化。该理论认为，对于决策行为的理解应该更多地构建在观察到的决策行为的根基上，而不是构建在理性主义的标准化观点的根基上。构象是对一个决策者对于将要执行什么行为、行为的理由、如何执行，以及行为的结果等知识进行总结的一种认知结构。有研究者认为，存在三种不同类型的知识：价值构象（value image）、轨迹构象（trajectory image）和策略构象（strategic image）。价值构象反映了决策者的价值体系、道德标准、伦理规范等；轨迹构象是在当前状态下个体想要达到的目标；策略构象是指实现这些目标的方法以及使用这种方法未来的预期将会如何。以此为基础，构象理论认为存在两种决策，即采纳型决策和进程型决策。在采纳型决策中，决策者通过测验来鉴定新增的选项与已有价值构象和轨迹构象中的信息是否兼容，若有两个或两个以上的选项通过了兼容性测试，接着将进行收益性测试，以判断与各选项相对应的收益情况。进程型决策只包括兼容性测试，涉及策略构象的一个特定计划对于产生朝向目标的进程来说是不是有效，即决策者要通过测试来鉴定当前的信息和自己的行为反馈是否与轨迹构象的目标相兼容。兼容性测试是一个筛选过程，收益性测试则是从多个选项中选择一个最好的。

3. 差异化统合理论（differentiation and consolidation theory）

有学者将决策过程分为四个阶段，其顺序分别为：情景考察阶段、差异化阶段、决策阶段和统合阶段。(1) 情景考察是指决策者了解决策情景，并初步获得与决策有关的基本信息。(2) 个体的决策过程可以看作优势选项的选择过程，即决策的目标不是为了满足决策规则要求，而是为了选出最具优势的选项。在这一过程中，决策者必须不断地重新建构选择任务，运用决策策略来检验选项的优势情况，以便解决决策问题。这被称为差异化过程，主要包括三种差异化过程，即整体差异化、过程差异化和结构差异化。(3) 决策阶段依据差异化阶段对各个选项和属性所形成的评价进行选择。(4) 该学者认为，个体的决策过程实际上是一种决策任务的建构与再建构的活动过程，在这种重新建构决策任务和检验选项优势情况的过程中，决策者可以通过查看决策结果和反馈信息或者在随后的决策中继续使用相同的策略来寻求对决策策略的支持。这一过程在差异化统合理论中被称为统合过程。时间压力常常导致差异化过程中重要属性的受重视程度更高，使决策者更多地使用非补偿性策略，以便使优势选项更容易凸显出来。

4. 努力/准确性交换理论（effort/accuracy tradeoff mode）

个体在进行决策的过程中，会随着决策任务特性的变化而采取不同的策略来解决所面对的偏好选择问题。在运用决策策略之前，决策者会对可用的策略进行努力与准确性的分析，选取耗用较少努力和可以获得较为准确结果的策略。这是一种努力与准确性交换的过程。

专栏

蓝田县液化石油气罐车泄漏的决策压力

2014 年 5 月 26 日 13 时 30 分

西安金顺危险化学品运输有限责任公司的重型罐式半挂车，装载 23 吨液化石油气从咸阳出发，前往河南西峡县。经福银高速（蓝田—商洛段全线长 92.79 公里，路段穿越秦岭山脉，呈现弯多、坡多、桥多、涵洞多、地形复杂、车流量大的特点；同时，它与西安绕城高速相连，是危险化学品车辆运输的必经路段）蓝田县段辋川一号隧道口外时，驾驶员和押运员按照行车规定停车检查，发现车辆左后轮中轴内胎温度很高，随即用水给轮胎降温，在向后轮胎浇第二桶水时，罐体后轮胎突然着火，二人在自救的同时拨打 119 报警，并及时向公司总经理报告情况。由于火势逐渐扩大，人力无法控制，二人在公路上设置警戒线，并主动疏散过往车辆，等待救援。由于火势不断蔓延，致罐体内液化石油气泄漏。假设你是此次事故现场指挥部总指挥负责人：

1. 在此次事故发生后，你准备何时启动紧急事件行动中心并通知哪些应急反应人员？
2. 在现场发生衍生风险，火灾进一步扩大时，你准备采取哪些措施？
3. 就发布强制疏散命令而言，你将推荐何种决策？如何推进疏散工作？为什么要这么做？
4. 对那些想在家里躲避灾难的人，你应该说些什么？对反应人员说些什么？
5. 在该场景中，你预见有哪些潜在问题需要提前制定应变计划？

蓝田县液化石油气罐车泄漏：2014 年 5 月 26 日 22 时

由于燃烧过程中排污阀被烧坏，现场组织消防人员对罐车车体喷水降温，并稀释罐体底部的泄漏气体，险情当时得到了控制。22 时突发意外情况：在降温稀释泄漏气体的过程中，由于静电，导致罐车二次着火，火势凶猛，火焰垂直上升，高达 2 米，罐车随时都有爆炸的可能，情况十分危急。

6. 你采取什么办法通知大家现在的危险程度或级别？
7. 在该场景中，你预见有哪些潜在问题需要提前制定应变计划？
8. 一对需要紧急疏散的老夫妇因家里耕地的老黄牛拒绝离开自己的家，你应该告诉这对老年夫妇什么？告诉救护人员什么？

9. 离爆炸范围外最近的学校成为临时的避难所，但大部分避难所里储备的食品不足以满足这么多人的需求，而且大部分学校都已经超容，这时候该怎么做？

个案学习答案

1. 在接到紧急事故报告的第一时间，由于该事件的紧急特殊性，作为总指挥应迅速启动应急指挥中心并通知应急反应人员迅速集合到位，奔赴事故发生现场。应急反应人员应包括西安市和蓝田县相关部门及省市有关应急专家，市级相关单位主要包括：公安人员，负责实施安全警戒和交通管制；消防支队，负责现场大火的扑灭工作；医护人员，保障现场救援人员安全及周围群众生命安全。

2. 现场指挥部经过研判，为防止火灾进一步扩大以致发生严重爆炸，果断决定采取加大灭火力度、安装接地线和转移周边群众等3项措施。

为了尽快处置泄漏事故，防止次生灾害发生，指挥部重新召集有关专家，再次对处置方案进行研究，决定实施倒罐作业。27日20时，现场指挥部组织技术人员对罐体实施倒罐作业；28日2时30分，完成倒罐并清理剩余气体；5时，将事故罐车拖离事故路段；6时30分，解除交通管制和安全警戒，该路段恢复通车。至此，经过40多个小时的紧急救援与处置，"5·26"蓝田县石油液化气罐车泄漏事故得到成功处置，未造成人员伤亡，未发生次生灾害。

3. 由于泄漏事故极可能引发次生衍生灾害，给事故的救援与处置带来了巨大的压力。"5·26"液化石油气罐车泄漏点周围方圆1.5公里内居住群众2 300余人，事发点距辋川一号隧道1公里。在处置过程中出现了二次复燃，火势凶猛，罐车随时都有爆炸的可能。根据国际标准测算，1吨液化石油气的爆炸威力相当于6吨TNT炸药的威力，23吨液化石油气的爆炸威力则相当于138吨TNT炸药的威力。一旦处置不当，很可能引发次生衍生灾害，形成爆炸，方圆2公里内的地面建筑将被夷为平地，事发地周围2 300余名群众的生命财产安全将受到严重威胁，秦岭辋川隧道可能遭受严重破坏，给国家财产造成巨大损失，福银高速大动脉将被长时间切断，给社会安全稳定和国民经济发展带来不可估量的损失。所以此时必须执行强制疏散命令。

由于二次复燃可能引发罐体爆炸，应急指挥中心下达疏散群众的命令。接到上级命令后，蓝田县应急人员和社区工作人员及部分志愿者都加入组织群众疏散的行列，在接到命令10分钟内全部赶到现场，一起挨家挨户动员疏散。在事故发生后，基层单位按照指挥部的指令提前利用村里广播发布了信息，要求村民不要睡觉，在家待命。正式接到疏散命令后，疏散行动迅即展开。对一些老弱伤残人员，疏散组建立了自己的队伍，采取背、抬、抱等形式，将群众疏散至安全地点。为了保证村民全部安全转移，应急疏散组在群众疏散后还冒着危险，一家一户地排查，确保做到无一人遗漏。疏散组还对高速路和公路管理人员进行了疏散和检查，确保人员安全撤离危险区。经过1个多小时的努力，事发现场方圆1.5公里内2 300多名人员全部疏散完毕。

4. 对那些想在家里躲避灾难的人，你应该说些什么？对反应人员说些什么？

我国对强制疏散并无明确规定，但这些人如果不愿意被疏散的话，不仅对他们自己，对今后事故升级恶化时救助他们的人也会造成很大危险。解决方案主要有以下几种（当然也会有其他的）：

● 放任他们躲避在自己的自救设施里。

● 利用紧急报警系统、公益广告宣传、地方新闻广播等手段强调不疏散的危害性。

● 强制他们撤离。

在这些选项中，唯一一个既符合伦理道德又不会制造麻烦的解决方案就是利用紧急警报系统、村广播、地方新闻广播等手段强调形势的严重性。

你对救援人员的指示取决于你对这些不愿意疏散的居民的态度。但不管你作什么决策，你都必须考虑到这些救援人员的安全。

5. 有几个潜在问题确实需要应变计划，因为爆炸有可能随时发生。

● 疏散花的时间可能要比原计划花费的时间多。

● 需要为疏散人员提供物资供应，包括住宿地及食物和饮用水。

● 需要为救援人员划定最后撤离的时间点，避免出现发生爆炸而来不及逃生撤离的情况。

● 需要为因爆炸受到影响的区域划定警戒线。

● 需要制定发生爆炸后的现场救援处置计划，例如爆炸物对环境的影响需要专家评估、爆炸造成的道路损毁和塌方的紧急补救等问题。

当然，你也许会预料到其他的问题需要应变计划。

6. 现场指挥部主动与媒体沟通，及时报道事故救援进展情况，并组织专门的新闻媒体接待组，不间断地向新闻媒体通报事故处置进展情况。通过这些做法，一是挤压了谣言、传言的传播空间，用现场处置的真实情况占领媒体主阵地；二是争取了社会的理解和支持，当市民从媒体了解到真实情况后，纷纷以各种方式加入救援与疏散的志愿者行列，充分体现了社会参与突发事件处置的巨大潜力；三是通过媒体宣传，让更多的出行人员了解到路况信息，有效缓解了道路拥堵问题。及时的宣传和舆论引导为这次应急处置与救援创造了良好的社会舆论氛围。

7. 需要有应变计划应对的最明显的问题有：需要为救援人员划定最后撤离的时间点，避免出现发生爆炸而来不及逃生撤离的情况；需要为因爆炸受到影响的区域划定警戒线；需要制定发生爆炸后的现场救援处置计划，例如爆炸物对环境的影响需要专家评估、爆炸造成的道路损毁和塌方的紧急补救等问题；长期的庇护问题；应急物资和其他救生要素的及时补充。当然，也可能发现其他的问题。

8. 尽管两位老人对帮他们耕地的老黄牛无法割舍，但人的生命（两位老人和救护人员）是头等重要的。在这种紧急情况下，确实无法把他们的牛一起带走，要做的是尽量向两位解释当时的危险程度并告诉他们必须离家。但如果由于年龄大或形势压力，他们不听劝告的话，就要采取强制措施了。

9. 该问题有短期和长期两种解决办法。短期来看，当前最迫切的需要是解决更多的物资供应和更多的庇护所这两个问题。物资供应可以启动蓝田县的紧急物资储备，可以在短时间内满足需求。长远的需要是，如果不幸发生爆炸，这些被疏散的村民需要稳定的庇护场所和长期的物资供应，这时需要向上级机关报告并请求支援。

资料来源：根据国家行政学院公共管理硕士 2014 级学生汪洋作业修改。

本章小结

1. 心理类型。一个心理类型就是一种人格模式。心理类型理论（MBTI）认为，人的心理可以从四个基本的维度去确定，每个维度由对立的两极构成。这四个维度是：外向—内向（E-I），感觉—直觉（S-N），思维—情感（T-F），判断—感知（J-P）。对于个体而言，在每对维度中偏向于一极。例如，对于感觉—直觉（S-N），同样是一个苹果，感觉型人（偏向S型）可能这样形容它："红的""多汁液的""脆脆的""果肉是白的，种子是黑的"。他们感知的苹果是可以实际感觉到的东西。而对直觉型的人（偏向N型）而言，苹果可能是一个人的脑袋、一样可以用来贿赂人的东西、"烘烤过的小猪"、"馅饼"等。偏向N型的人考虑的是由苹果的作用产生的有关的事物。四种功能的任何一种（感觉、直觉、思维或情感）都可能成为支配性的，但对于每一种人格类型只能有一个支配性功能，而它总是保持不变的。同样，对于每一种人格类型只有一个从属性功能，它也从不变化。支配性功能和从属性功能总是表明一个人如何获取信息（凭感觉或直觉）、如何作出决定（凭思维或情感）。

2. 心理类型与决策制定。在决策时，每一个心理类型支配功能的一般特征如下：

感觉：倾向于稳定。决策的制定一般是基于过去的经验。会问："事实是什么？花费和收益是多少？"直觉：倾向于创新。利用新的机会和见解进行创造性的决策。会问："有什么规律？有何种可能的解释？"思考：倾向于效力。决策必须客观且具有逻辑性。会问："事情的原因、结果以及优点和不足之处是什么？"感情：倾向于完整。决策应该考虑人们的价值观和需求。会问："会对那些涉事人员有何影响？"

3. 决策偏好的影响因素包括决策材料特征（决策材料的内容领域、呈现方式、描述方式、反应模式、信息维度、信息性质等方面影响个体的决策偏好）、决策情境（有无时间压力、决策情境的模糊程度和背景因素等方面会影响个体的决策偏好。时间压力是影响风险决策的重要变量）、决策者因素（决策者的性别、年龄、风险偏好水平、情绪、动机和人格等因素也会影响其决策偏好）。

4. 伦理道德。伦理道德是引导我们行为的一系列标准，不管是对于个人还是对于一个组织的成员而言。这里讨论的伦理道德标准是一些我们从小都已明白的是非标准，比如要诚实、公正、尊敬别人等。在紧急情况下，应急管理人员能够以丰富的专业知识和公平的方式履行职责，从而让受害者和同事感觉应急管理人员靠得住。

5. 伦理道德上的禁忌：不要越权行事或作承诺；不要以权谋私（索要礼物、制定决策假公济私、以职位之便利用内部信息为个人或家庭成员谋取利益、工作时间干私事或公物私用、以自己的职权认购某一产品或是在认购时收受好处）。

6. 伦理道德上的规定：把法律和伦理道德准则置于个人私利之上；行事作为要公正无私，决不能对一方（比如受害者或承包商）表现出任何的偏袒（一是必须确保所有受影响方都获得充分的信息披露；二是在采取任何行动之前获得预先批准）；保护和保全单位的财产（该要求不仅适用于你个人的行动，也适用于在你看到欺诈、浪费或滥用现象时）；哪怕是和你的工作只有一丁点的关系，都应该全力以赴。

7. 公共行政中的伦理选择。20世纪政府政治管理将道德或伦理融入新的公共行政当中。在公共行政伦理冲突中的功利价值理论中，有学者认为，所有的公共行政行为的选择都是为了实现功利价值。需要正确建立公共行政伦理价值的等级次序。在中国，要承认并坚持公共利益高于政府组织利益和个人利益，一切以为人民服务为宗旨和取向。关于行为选择中的目的与手段之间的关系，"目的论"伦理学与"义务论"伦理学的观点截然相反。典型的目的论者认为，行为之所以"正当"，是由它们的目的所致，目的可以使手段正当化。典型的义务论者则认为，行为的正当性在于行为本身"是"什么样的行为，或者说与行为原则相关。义务论认为，只要行为手段正确、合乎道德，可以不考虑行为出于什么样的目的、行为后果怎样。义务论反对一切暴力、强权和惩罚，认为这些行为手段都是恶的、不道德的，提出"勿用暴力抗恶"。公共行政伦理冲突中的伦理妥协认为，"伦理妥协"是为了在公共行政伦理冲突即不同的公共行政价值选择中追求"最小的恶"。

8. 决策伦理评价理论。西方的决策伦理评价通常是以伦理学理论为基础，诸如利己主义、实用主义、手段论、义务论和相对主义理论等。归根结底可分为目的论、义务论和相称论。目的论中的合理利己论从后果来评断决策的合伦理性，认为经济利益主体有追求自身利益的权利。以功利主义为代表的目的论的基本观点是，判断行为对错好坏的标准是以其结果为基础的。所谓善，便是"最大多数人的最大幸福"。义务论分为道义义务论和权利义务论。道义义务论认为，在大多数场合，神志正常的人往往不需推敲便明了自己应当做什么，并以此作为一种道德义务。权利义务论指的是对个人自由权利的道义保证。相称论是结合了目的论和义务论的综合理论，认为判断一个决策是否道德，应从其目的、手段和后果三个方面加以综合考虑。

9. 伦理道德决策的组成。伦理道德决策的三个要素是：承诺、觉悟、能力。伦理道德承诺（或动机）就是恪守伦理道德准则，做正确的事；伦理道德觉悟（或意识）牵扯看见或理解我们行为中的伦理道德蕴含并把这些伦理道德价值应用到日常的行为中；伦理道德能力（或技术）也就是具有较强的伦理道德决策能力，主要包括以下内容：评价力（搜集和评价相关事实的能力，明白什么时候停止搜集事实并在事实模糊或不完整的情况下做出谨慎的判断）、创造力（通过机智的方法达成目标而且避免伦理道德问题或使伦理道德问题减少到最少的能力）、预测力（预测行为潜在结果以及评估一个人被一次行动帮助或伤害的可能性的能力）。

10. 决策的时间压力效应。虽然决策的压力很多，但时间是影响人类决策制定的一个重要维度和情境变量。具体讲，时间压力影响决策的框架如下：（1）信息搜寻和加工能力下降。（2）考虑的维度和选项的范围缩小。（3）负面信息重要性提升。（4）保护性反应，比如忽略或否定重要信息。（5）巩固已选择的项目。（6）倾向于运用过滤信息策略，即知觉到的重要信息首先被加工，然后继续进行加工，直到时间用尽。（7）取代代偿策略而提升了非代偿策略的运用率。（8）遗忘重要的数据。（9）错误判断和评价。总之，时间压力损害了认知功能，包括决策制定的加工。

11. 时间压力下的决策策略。决策者在时间压力下的决策策略有两种取向：一种是关注决策过程中的信息搜索，另一种是关注决策结果的考察。

复习思考题

1. 知识检测

选择最佳答案，做完后核对答案。

（1）以下哪个不是决策时首选的功能项（　　）

a. 感觉　b. 直觉　c. 行动　d. 思考　e. 感情

（2）感觉功能项中的偏好是朝着（　　）

a. 稳定性　b. 创新性　c. 有效行　d. 完整性

（3）人们组织信息是通过（　　）

a. 感觉或直觉　b. 思考或感情

把下面第一栏中的特征和第二栏中的描述对应起来，做完后核对答案。

（4）知识	a. 高效的决策者思想开明，善于倾听新的观念和想法。如果有更好的选择，他们愿意更改路线或尝试新的方法。
（5）征求意见	b. 要想做出有效合理的决策，最重要的就是要对各种要素有足够深刻的理解。决策的好坏主要取决于决策者知识的多寡。
（6）综合性	c. 好的决策者会审视所有可用的选择，考虑每一个备选解决方案，并从中选出最好的。
（7）灵活性	d. 好的决策者对于各种风险以及由众多解决方案产生的结果必须认真权衡，勇于接受各种后果，不管是积极的还是消极的。
（8）愿意承受预期风险	e. 好的决策者知道他们需要别人的协助。他们能分辨谁能对决策过程做出贡献，并向他们征求意见建议

答案

(1)c　(2)a　(3)b　(4)b　(5)e　(6)c　(7)a　(8)d

2. 决策风格

根据人的个性和心理类型，人的决策方式也千差万别。心理类型是我们的偏好或者说是我们在接受和组织信息时偏好的方式。在以下四种解决问题方式中，我们会倾向于喜欢哪一个？

- 感觉（稳定性）
- 直觉（创造性）
- 思考（有效性）
- 感情（完整性）

每种方法都有自己的长处和不足之处。为了考虑周到并作出卓有成效的决策，学着去问下这四种方法提出的问题是很有帮助的。

3. 决策伦理知识检测

选择最佳答案，并核对答案。

（1）如果你确定自己的行动合乎伦理道德标准，那么你就不必在意别人怎么看你的行

动（　　）

a. 对　　　　　b. 错

(2) 下面哪个选项不属于以权谋私（　　）

a. 索要礼物　　　　　　　　　b. 越权或做承诺

c. 利用内部信息　　　　　　　d. 利用工作时间或公共物品

(3) 下列哪个选项不是伦理道德决策的内容（　　）

a. 动机　　　b. 意识　　　c. 直觉　　　d. 技术

(4) 下列哪个选项不是伦理道德能力的内容（　　）

a. 判断　　　b. 评估　　　c. 创造性　　　d. 预测

(5) 伦理道德承诺的另一个名字是（　　）

a. 意识　　　b. 技术　　　c. 觉悟　　　d. 动机

答案：

(1)b　(2)b　(3)c　(4)a　(5)d

参考文献

敖小兰. 心理类型理论概述［J］. 西南民族大学学报（人文社会科学版），2004，25（1）.

卞华舵. 关于不确定性情境下决策理论的研究综述［J］. 湖南社会科学，2007（5）.

边海宁，赵静. 从上海火灾和伊春空难看国民的保险意识［J］. 学术探讨，2011（9）.

蔡钧，陆建民. 铸造坚强的补给线：上海工业积极生产防治非典物资［J］. 上海工业，2003（5）.

曾维希，张进辅. MBTI人格类型量表的理论研究与实践应用［J］. 心理科学进展，2006，14（2）.

常光伟，王青春，阴国恩. 决策偏好研究述评［J］. 心理研究，2011，4（6）.

常健，等. 公共冲突管理［M］. 北京：中国人民大学出版社，2012.

陈靖. 从上海特大火灾看我国家庭财产保险投保率低问题［J］. 河北金融，2011（8）.

陈俊霖，李沁雪，张春萍，等. 应急环境下时间压力和决策者风险态度对决策行为的影响实验研究［J］. 中国管理科学，2015，23（专辑）.

陈蕾. 由"11·15"火灾反思相关险种的发展［N］. 中国保险报，2010-11-30.

程丹. 任务型组织的对比优势及现实价值［J］. 华中科技大学学报（社会科学版）. 2006（5）.

辞海编辑委员会. 辞海［M］. 上海：上海辞书出版社，1999.

丁勇，陈冠霖. 论群体性治安突发事件行动中警组的先期处置［J］. 政法学刊，2008，25（3）.

董泽宇，宋劲松. 我国应急预案体系建设与完善的思考［J］. 中国应急管理，2014（11）.

高晓红. 公共行政行为的伦理选择［J］. 东南大学学报（哲学社会科学版），2010，6（6）.

龚维斌，宋劲松. 提高我国事故灾难应对能力的对策建议［J］. 社会治理，2016，7（3）.

郭瑞鹏，孔昭君. 危机决策的特点、方法及对策研究［J］. 科技管理研究，2005（8）.

郭伟．汶特大地震应急管理研究［M］．成都：四川人民出版社，2009.

国家行政学院代表团赴美考察报告［R］，2011-09-30.

国务院办公厅应急管理能力建设赴法考察培训团．法国应急管理能力建设培训考察报告［J］．中国应急管理，2009（12）.

何海燕，张晓甦．危机管理概论［M］．北京：首都经济贸易大学出版社，2006.

黄健荣，胡建刚．公共危机治理中政府决策能力的反思与前瞻［J］．南京社会科学，2012（2）.

李东．对任务型组织的探讨［J］．教学与研究，2006（3）.

李明磊，王红卫，祁超，等．非常规突发事件危机决策方法研究［J］．中国安全科学学报，2012，22（3）.

李纾，房永清．再探框架对风险决策行为的影响．心理学报，2000，32（2）.

李晓春．70年代以来组织结构理论的发展趋势［J］．中国工业经济，1998（10）.

李兆友，师容．公务员行政决策伦理思考的嬗变［J］．兰州大学学报（社会科学版），2014，42（4）.

廖为建，徐来．公共危机中的领导者媒体形象建构问题：用角色研究的方法解析［C］．北京：2008第六届亚洲传媒论坛：国家形象传播论文集，2008.

廖雄军．危机事件的现场决策模式研究［J］．中国浦东干部学院学报，2009，3（6）.

林鸿潮．公共危机管理问责制中的归责原则［J］．中国法学，2014（4）.

刘金平，李红锋．时间压力下的决策策略和决策理论［J］．河南大学学报（社会科学版），2008，48（6）.

刘术，任元江．美国“9·11”事件对人群健康的影响分析［J］．人民军医，2012，55（3）.

刘文俭，井敏．法国应急管理的特点与启示［J］．行政论坛，2011，18（3）.

罗建军，蒋洲，等．应急管理实务［M］．长沙：湖南人民出版社，2014.

罗叶，鲜文铎，孙丽颖．突发事件下粮食抢购的特征与影响因素分析：基于四川省21个大中城市消费者的问卷调查［J］．中国农村经济，2011（5）.

彭宗超，邵东珂．基于组织要素视角的中西方危机决策研究比较［J］．湘潭大学学报（哲学社会科学版），2014，38（3）.

闪淳昌，薛澜．应急管理概念：理论与实践［M］．北京：高等教育出版社，2012.

闪淳昌，周玲，方曼．美国应急管理机制建设的发展过程及对我国的启示［J］．中国行政管理，2010，302（8）.

宋金明．“风评被害”谁之过？［N］．金融时报，2011-04-30.

宋劲松，代冬聆．我国民间借贷风险管理研究［J］．金融与经济，2013，424（9）.

宋劲松，邓云峰．我国大地震等巨灾应急组织指挥体系建设研究［J］．宏观经济研究，2011，150（5）.

宋劲松，邓云峰．中美德三国突发事件应急指挥组织结构初探［J］．中国行政管理，2011，307（1）.

宋劲松，刘红霞．应急管理第一响应者制度的产生与发展［J］，中国应急管理，2011（8）.

宋劲松，王宏伟．美国应急志愿者管理制度及其经验借鉴［J］．北京行政学院学报，2012，80（4）．

宋劲松．2013年康泰乙肝疫苗信任危机案例研究［J］．国家行政学院学报，2015，98（5）．

宋劲松．领导干部在应急管理中要善用分割原理［N］．学习时报，2011-02-21．

宋劲松．突发事件应急指挥［M］．北京：中国经济出版社，2011．

宋劲松．英国基层应急管理组织模式研究［J］．行政管理改革，2011，18（2）．

宋劲松．英国应急管理中的业务连续性管理及启示［J］．学术研究，2011，205（4）．

宋劲松．应急管理社会动员［M］．北京：中国经济出版社，2012．

苏莉．从“9·11”事件看国际保险业的调整［J］．世界经济与政治论坛，2002（2）．

孙德超，曹志立．群体性事件的新趋势、成因及预防策略［J］．东北师大学报（哲学社会科学版），2015，277（5）．

童星，张海波．群体性突发事件及其治理：社会风险与公共危机综合分析框架下的再考量．学术界，2008（2）．

突发事件应急预案管理办法．国办发〔2013〕101号．

王怡．魏则西事件网络舆论传播探析［J］．今传媒，2016（11）．

汪永清．中华人民共和国突发事件应对法解读［M］．北京：中国法制出版社，2007．

王大伟．决策制定过程中的时间压力效应［J］．心理研究，2009，2（6）．

王德迅．日本危机管理体制研究．中国社会科学院重点课题研究报告［R］，2011．

王宏伟．应急管理理论与实践［M］．北京：社会科学文献出版社，2010．

王敬波．略论政府应急征用法律制度的完善［J］．行政法学研究，2011（4）．

王磊，廖艳．生产能力储备：美军持续进行战争的保证［N］．中国国防报，2005-01-24．

王振华．公共危机与企业形象维护［J］．青年记者，2014（4）．

夏宝成．西方公共安全管理［M］．北京：化学工业出版社，2006．

肖唐镖．群体性事件中的暴力何以发生：对1 189起群体性事件的初步分析［J］．江苏行政学院学报，2014，73（1）．

熊炎，应急管理中的组织原理综述［J］．广东行政学院学报，2010，22（6）．

熊炎．灾难应急管理中的组织演进［J］．江西社会科学，2008（10）．

薛澜，等．危机管理［M］．北京：清华大学出版社，2003．

叶爱华．大乱之后有大治：湖北五峰“3·23”甲醇中毒事件的应急处置实践与思考［J］．中国应急管理，2011（2）．

叶贵炎．论公共危机中领导决策的基本原则［J］．行政论坛，2006，78（6）．

张强，吴加，赵大伟．请对号入座，新知客［J］．2007（3）．

张强，吴加，赵大伟．性格与领导力，新知客［J］．2007（3）．

张创新，韩艳丽．我国行政领导干部问责层级的实证研究［J］．吉林大学社会科学学报，2013，53（3）．

张国威，黄玉龙．美国“9·11”事件对保险业的影响［J］．中国保险管理干部学院学报，2001（6）．

张康之，等. 任务型组织研究［M］. 北京：中国人民大学出版社，2009.

张磊，龚维斌. 法国应急管理的权责关系［J］. 行政管理改革，2006（1）.

张培高. 联合战役指挥学［M］. 北京：军事科学出版社，2005.

张在地，吉迎东，胡琳娜. 管理决策理论、技术与方法［M］. 北京：清华大学出版社，2013.

张志平. 从庄“重”到“温”和：当今领导干部公众形象的转型［J］. 公关世界，2015（12）.

赵宇豪. 无直接利益冲突群体性事件的宏观成因及预防［J］. 改革与开放，2016（1）.

郑瑶. 决策伦理评价研究述评［J］. 统计与决策，2007，231（2）.

中国安全生产科学研究院赴美考察团. 美国的应急管理体系：上［J］. 劳动保护，2006（5）.

美国联邦反应计划［M］. 中国地震局监测预报司，译. 北京：地震出版社，2003.

周建瑜. 汶川地震理赔考量中国震灾保险制度［J］. 中共四川省委党校学报，2009（4）.

阿金·伯恩，保罗·特哈特，埃瑞克·斯特恩，等. 危机管理政治学：压力之下的公共领导能力［M］. 赵凤萍，胡杨，樊红敏，译. 郑州：河南人民出版社，2010.

罗伯特·希斯. 危机管理［M］. 王成，等，译. 北京：中信出版社，2004.

乌里尔·罗森塔尔，迈克尔·查尔斯，保罗·特哈特. 应对危机：灾难、暴乱和恐怖行为管理［M］. 赵凤萍，译. 郑州：河南人民出版社，2014.

凯瑟琳·班克斯. 危机传播（第四版）：基于经典案例的观点［M］. 陈虹，等，译. 上海：复旦大学出版社，2013.

哈诺德·J. 克莱姆. 经济动员准备［M］. 库桂生，张炳顺，译. 北京：北京理工大学出版社，2007.

约翰·阿戴尔. 决策与解决问题［M］. 林颖，译. 上海：上海人民出版社，2006.

叶海卡·德罗尔. 逆境中的政策制定. 王满船，尹宝虎，张萍，译，张金马，校. 北京：国家行政学院出版社，2009.

Xiaoli Lü. Managing uncertainty in crisis：exploring the impact of institutionalization on organizational sensemaking. Utrecht，the Netherlands：Utrecht University，2014.

FEMA Course of Independent Study. Unit 3：identifying decision-making styles and attributes，decision making and problem solving，November 2005.

FEMA Course of Independent Study. Unit 4：ethical decision making and problem solving，decision making and problem solving，November 2005.

FEMA Course of Independent Study. Unit 5：decision making in an emergency，decision making and problem solving，November 2005.

图书在版编目（CIP）数据

危机决策/宋劲松著. —北京：中国人民大学出版社，2018.3
全国党校行政学院系统应急管理系列教材
ISBN 978-7-300-25603-0

Ⅰ.①危… Ⅱ.①宋… Ⅲ.①突发事件-公共管理-高等学校-教材 Ⅳ.①D035.34

中国版本图书馆 CIP 数据核字（2018）第 032724 号

全国党校行政学院系统应急管理系列教材
危机决策
宋劲松　著
Weiji Juece

出版发行	中国人民大学出版社		
社　　址	北京中关村大街 31 号	**邮政编码**	100080
电　　话	010－62511242（总编室）		010－62511770（质管部）
	010－82501766（邮购部）		010－62514148（门市部）
	010－62515195（发行公司）		010－62515275（盗版举报）
网　　址	http://www.crup.com.cn http://www.ttrnet.com（人大教研网）		
经　　销	新华书店		
印　　刷	北京昌联印刷有限公司		
规　　格	185 mm×260 mm　16 开本	**版　　次**	2018 年 3 月第 1 版
印　　张	14.25	**印　　次**	2018 年 3 月第 1 次印刷
字　　数	329 000	**定　　价**	48.00 元